SOURCE POWER
THE INHERITANCE AND BREAKTHROUGH OF CHINESE PRIVATE ENTERPRISES

源动力

中国民营企业传承突围

《家族企业》杂志 ◎ 编著

中国出版集团公司
华文出版社

图书在版编目（CIP）数据

源动力：中国民营企业传承突围 /《家族企业》杂志编著. -- 北京：华文出版社，2021.1

ISBN 978-7-5075-5327-7

Ⅰ. ①源… Ⅱ. ①家… Ⅲ. ①民营企业-企业家-列传-中国-现代 Ⅳ. ①K825.38

中国版本图书馆CIP数据核字(2020)第132660号

源动力——中国民营企业传承突围

| 编　　著：《家族企业》杂志
| 责任编辑：郭俊萍　851925159@qq.com
| 封面设计：何金刚
| 内文制作：高　洁
| 出版发行：华文出版社
| 地　　址：北京市西城区广安门外大街305号8区2号楼
| 邮政编码：100055
| 网　　址：http://www.hwcbs.com.cn
| 电　　话：总编室 010-58336239　发行部 010-58336212 58336238
| 　　　　　责任编辑 010-58336254
| 经　　销：新华书店
| 印　　刷：北京明恒达印务有限公司
| 开　　本：710mm×1000mm　1/16
| 印　　张：20.5
| 字　　数：276千字
| 版　　次：2021年1月第1版
| 印　　次：2021年1月第1次印刷
| 标准书号：ISBN 978-7-5075-5327-7
| 定　　价：58.00元

版权所有，侵权必究

编委会

主　任：王立鹏
副主任：杨品文
委　员：郑四方　张子博
　　　　文　婧　刘　佳

（排名不分先后）

大江东流，前浪滔滔，后浪亦奔涌
——《源动力：中国民营企业传承突围》序言

2020年，不平常的一年！中国民营企业也在经历着"过山车"式的跌宕起伏！站在这个历史的交叉路口，回望过去40多年的峥嵘岁月，总有一些历史镜头不断闪过！

20世纪80年代初，安徽芜湖个体户年广久炒卖的"傻子瓜子"受到市场追捧，一天甚至可以卖出1 000多公斤，一家人忙不过来，年广久就请来几个人当伙计，不知不觉中，渐渐有了12人之多。这个"12人"的数字，却被"有心人"引用《资本论》的著名论断加以评判："雇工到了8个就不是普通的个体经济，而是资本主义经济，是剥削。"于是，"年广久是资本家、是剥削分子"的流言传播开来。

这不单单是年广久一家个体户的问题，放在当时的历史背景下，是关乎"姓社还是姓资"的根本方向问题，是改革开放的法理性和正确性的问题。所以，傻子瓜子事件被安徽省委上报给中央，报告摆在了邓小平的案头。

1982年4月，邓小平作出批示：不要动他，先放一放，看一看。[《在中央顾问委员会第三次全体会议上的讲话（一九八四年十月二十二日）》《在武昌、深圳、珠海、上海等地的谈话要点（一九九二年一月十八日——

二月二十一日）》，详见《邓小平文选（第三卷）》]

光阴似箭，岁月如梭！历史的镜头闪现出2019年的"56789"的数字画面。这是国家发展和改革委员会相关负责人用"56789"这样的5个阿拉伯数字表达了对民营经济的社会角色与社会地位的解读：

5——民营经济贡献了中国经济50%以上的税收；
6——民营经济贡献了中国经济60%以上的GDP；
7——民营经济贡献了中国经济70%以上的技术创新成果；
8——民营经济贡献了中国经济80%以上的城镇劳动就业；
9——民营经济的企业数量占90%以上。

"先放一放，看一看"的智慧，成就了中国改革开放的经济奇迹，而与之伴生的，是一大批企业家的崛起。

现代社会为什么呼唤"企业家"？

对于商业和商人的评价，从来都是褒贬不一的。而在中国传统的农业社会中，贬低远远多于鼓励，甚至似乎植入国人的"直觉"。在士、农、工、商的社会排序中，商人位列最后，是由来已久的。正如20世纪钱穆先生所说，"从这两千年的历史中，我们可以对以往传统统治，找出几条大趋势"，其中一条就是"抑商"，他说，"中国传统政治上节制资本的政策，从汉到清，都沿袭着"。而西方，也有经济学家说："生意人一直是普遍受到鄙视和诅咒的对象……一个贱买贵卖的人本质上是不诚实的"，"对生意人的仇视，尤其是史官的仇视，就像有记录的历史一样古老。"

但随着时间的推移，社会对企业家们有了新的认识。

法国早期经济学家让·蒂斯特·赛伊、英国经济学家阿尔弗雷德·马歇尔、美国经济学家约瑟夫·熊彼特、美国经济学家彼得·德鲁克等，将"创新、冒险、重组"等作为核心词，为"企业家"赋予了新的含义。进入21世纪，随着科学技术的突飞猛进，企业家的身份与角色，正在摆脱传统意义上的认知，以"企业家精神"或"创业精神"的名义，他们成为社会变革和人类创新行为的推进者！谁能够用较少的资源，生产出较多的商品和服务，谁就拥有更强的竞争力，谁就可以登上更宽阔的全球舞台，对人类社会就拥有更强的推动作用。企业家们，在轰轰烈烈地创造"新物种"的社会变革中，正在成为"推手"，推进人类社会的进步。

而具体到中国，企业家存在的作用和意义远不止于此，他们不仅要以更高效率激活生产力，还肩负着特定的社会责任。在改革开放初期，中国民营经济起步于一个美好的共识——"一部分地区、一部分人可以先富起来，带动和帮助其他地区、其他的人，逐步达到共同富裕。"

抱着"且挨过三冬四夏，暂受些此痛苦，雪尽后再看梅花"的信念，这些创业先驱者踏上了探索的征程，不仅带动了大批劳动力就业，而且，越来越多的企业家，拿出真金白银反哺社会，承担自己的社会责任，他们也是"小康社会"真正的建设力量。

与企业家带头"创富"过程相一致的是，国家陆续出台了一系列保护企业产权和鼓励企业家精神的措施。在2018年的民营企业座谈会上，习近平总书记说，"民营企业和民营企业家是我们自己人"；在2020年表决通过的《中华人民共和国民法典》中，对于财产、隐私、债务等问题，做了进一步的说明。

政府的发声和法律的进一步完善，对于民营企业和企业家而言是一场及时雨；营造了良好的政策环境，是一种可贵的认定与保护。与此同时，对于民营企业来说，进入传承高峰期所面临的危机，更多的是来自企业内部。

中国语境下的企业传承问题

中国民营企业经历了40多年的风风雨雨，迎来了传承高峰期。这也是民营企业发展的敏感时期。然而一些研究数据却给人以警示。香港中文大学教授、经济及金融研究所主任范博宏团队研究了250多个华人家族上市企业的交接班过程，发现：上一代企业家交班前5年到交班后3年，这八九年间，上市企业市值会缩水60%左右。而媒体曝出的诸多股权之争与"豪门争斗"，也往往指向民营企业的传承场景。纵观国内民营企业传承的林林总总，在交接班方面存在几个误区，归纳如下。

1. 企业家生命不等于企业生命

有数据显示，日本企业的平均寿命长达52年，欧美企业平均寿命24年，而中国民营企业平均寿命仅2.9年。创业已属不易，但许多经营绩效良好的企业，却因为创始人的恋栈不去而错失机遇，造成企业的业绩下滑，甚至走向风雨飘摇。这样的案例不胜枚举。

在企业生命与企业家生命之间，夹着一个传承问题。要把企业打造成百年老店，成就企业生命的长寿，就必然要有平稳的传承。企业家的生理寿命是有限的，但企业家的精神命脉是可以通过传承来延续的。因此，要将企业家的生命在企业中得到延伸，就必须保障企业家的精神财富代代相传，以促进企业生命的长寿，保持可持续发展。企业家如果立志于打造一份百年乃至数百年基业，就不能让生理寿命成为企业组织生命的局限或终点。何不趁精力尚可，企业尚好，"扶上马，送一程"，让企业生命得以延续？

2. 身份错位：父母 or 董事长，子女 or 下属

民营企业代际传承中的冲突，很多时候来自冲突双方对于自我身份与他人身份的认知错位。作为"创一代"，在家是父母，在公司是董事长；作为接班人，在家是子女，在公司是下属。合理的互动，应该是董事长对应下属的总经理或经理等职位，在家里才是父母亲对应于子女。而有趣的是，上一代往往将公司角色代入家庭之中，而下一代往往将家庭角色代入公司之中。发生身份角色的错位代入时，双方对于自我身份的认知呈现交叉式的错位互动，从而引发冲突和矛盾。

在正常情况下，在交接班过程中会有一段创始人和接班人共同管理企业的时光，这是两代人之间的交集时段。在这个时段里，来自身份角色的错位发生频率高，冲突强度大，后果比较严重。

因此，让企业身份与家庭身份两者的边界更清晰一些，在边界清晰的基础上增大沟通效能，似乎是减少冲突的不二法门。假如，上一代在家庭中多一些父辈应有的慈爱与宽容，下一代在公司里多一些下属应有的矜持与遵从，矛盾是否会少上很多？

3. 文化缺失：企业没有风帆和指南针

在这点上，必须夸夸与中国一水之隔的日本。日本江户时代，商人和商业思想家石田梅岩吸收阳明心学和朱子家训，发展为"石门心学"，这影响了包括半兵卫麸等家族在内的一大批企业，发展出"一所悬命""先义后利"等经营理念，这些理念有效地约束了一代代继承人的经营行为，客观上减少了经营风险。

在中国，企业经过"由小而大、由大而强"的发展阶段后，开始追求"由强而长"，在时间维度上考量企业发展，探索传承规划，而不仅仅局限于空间维度上的增长。很多富有洞察力和智慧的企业家敏锐地意识到，企业文化必须根植于某种具有强大生命力的文化土壤，才能欣欣向荣。

新生代企业家，他们"行"吗？

就像每年都是"史上最难毕业季"一样，"前浪"对于"后浪"们的质疑古已有之。对于"新生代企业家是否可行"的发问，既是民营企业家个体对自身企业接班人的考问，也是全社会对企业家新生代群体的集体考问。

在中国迅速崛起的历程中，两代人有着鲜明的差别。财经作家吴晓波在《激荡三十年》中写道："他们出身草莽，不无野蛮，性情漂移，坚忍而勇于博取。他们的浅薄使得他们处理任何商业问题都能够用最简捷的办法直指核心，他们的冷酷使得他们能够拨去一切道德的含情脉脉而回到利益关系的基本面，他们的不畏天命使得他们能够百无禁忌地去冲破一切的规则与准绳，他们的贪婪使得他们敢于采用一切的手法和编造最美丽的谎言。"这段对民营企业老一代的描述，无关乎感情色彩，无疑生动而客观。

但是新生代企业家们的成长环境则完全不同：父辈良好的物质积累不需要他们过这种"辛苦而滚烫的人生"，而由于长期以来社会的偏见以及话语权的缺失，他们被单方面地扣上了"富二代"的帽子，看似中性，实多贬义。

《家族企业》杂志每年均会发布《中国新生代企业家调研白皮书》，基数庞大、真实可信的调研数据为我们勾勒出这样一个新生代企业家的形象：高学历、留学、金融或管理专业，敏锐、上进、雄心勃勃……

诚然，新生代企业家有着经验缺乏等诸多"硬伤"，但相比于"创一代"，最难能可贵的，是有着更多"熵减"的可能。

热力学第二定律阐述了自然界不可能将低温自动地传导到高温，必须有动力才能完成这种逆转。比如，一个房间关闭门窗，也会变得更脏；衣服总会越来越皱；水果慢慢会腐烂……企业也是如此，发展到一定阶段，容易进入一种自闭状态，走向熵死。企业有企业熵，个人有个人熵。

要打破这种熵增的自发演变趋势,触发企业发生逆转,必须激发新的势能,而激发新的势能,就要建立吐故纳新的触发机制。华为在致力于熵减的道路上不遗余力,从而激活了组织、激活了组织中的人。

在实际接触中不难发现,中国的民营企业,尤其是中小型企业或小微型企业,其传承意愿比较弱,客观原因固然多样,比如,一个时期的独生子女政策导致的无人可选;而归根结底,最大的原因还是没有一个合适的接班人。而合适的接班人,也是需要培养和淬炼的!与其让企业滞留在"创一代"能量消耗殆尽的旅途上,不如把新生代企业家视为负熵因子,来搅动和打破企业组织的平衡,给企业创造新的势能!

新生代企业家有这样几点优势:他们普遍接受过系统的管理学训练,所以对于制度的尊重远大于"人治";他们没有历史包袱,不必羁绊于人情世故,方便进行有利于提高生产效率的任何改革;他们拥有更为广阔的视野,所以在企业"跨界"和"瘦身"上,会有更多资源选择。

最重要的一点是,他们还年轻,年轻到跌得起跟头,也年轻到足以成长为任何他们想成为的人。

本书精选了20多个具有代表性的民营企业,讲述了"创一代"企业家的创业过程和心路历程,同时也有新生代企业家与父辈的龃龉和冲突,书中着重于对事实的描述,而不急于给出答案。而事实,不就是最有意义的答案吗?

(北京理工大学管理与经济学院教授,
中外家族企业联合研究中心主任,国际家族企业学会资深会员)

目 录
Contents

合力

褚氏果业褚时健 / 马静芬：如何找回自己的姓氏？ ... 2
    一　钝感力，成就褚时健 ... 2
    二　褚时健的绝地求生方法论 ... 6
    三　马静芬：褚时健的最佳合伙人 ... 10

TCL集团李东生 / 魏雪：重生的鹰和他的首席情感官 ... 15
    一　实业报国，不做市长做厂长 ... 15
    二　TCL，为什么没有倒下？ ... 18
    三　夫妻，"有所作为"更要"有所陪伴" ... 21

新希望集团刘永好 / 刘畅："混合制"传承模式 ... 26
    一　中国"第一猪倌"养成记 ... 26
    二　分家的秘密 ... 30
    三　混合制传承模式 ... 34

远东集团蒋锡培 / 蒋承志、蒋承宏：一个家，活成一支队伍 ... 38
    一　五次改革股权，远东如何顺势而为？ ... 38
    二　见自己，见天地，见众生 ... 41

  三 家族四人作战小组 44

冲突

福耀玻璃曹德旺 / 曹晖：机遇猎手，直指本心 50
  一 如何做机遇猎人？ 50
  二 做慈善的"大手"与"小心" 54
  三 折翼试飞 58

东软集团刘积仁 / 刘峻麟：只有亲身经历，才最刻骨铭心 62
  一 教授如何转型企业家？学会谈钱！ 62
  二 山不就我，我便就山 66
  三 新生代的"追光者" 68

娃哈哈集团宗庆后 / 宗馥莉：锋芒即是力量 72
  一 "一瓶水"成就的首富 72
  二 成长的烦恼——达娃之争 75
  三 宗馥莉：更希望能并购娃哈哈 77

酷特云蓝张代理 / 张蕴蓝：企业家，凭什么不能留长发？ 84
  一 "快人一步"张代理 84
  二 转型！用工业互联网思维做衣服 87
  三 父爱如铁，造就霹雳娇娃 90

互驯

泰康保险陈东升 / 陈奕伦：从"高举高打"到"高举低打" 96

一　如何画好一个瓢？　　96
　　二　从"画瓢"到"造葫芦"　　99
　　三　把哈佛搬进山村　　102

苏宁易购集团张近东 / 张康阳：跟随榜样，成为榜样　　105
　　一　"独行侠"张近东　　105
　　二　服务才是唯一的产品　　108
　　三　榜样式教育，不谈梦想　　112

杉杉集团郑永刚 / 郑驹：从优秀到卓越　　116
　　一　杉杉的"三生三世"　　116
　　二　"巴顿将军"式管理　　120
　　三　自己的孩子别人教　　123

新凤祥集团刘学景 / 刘志光：先学"拍桌子"，后学接班　　126
　　一　撑起麦当劳、肯德基的"鸡肉大王"　　126
　　二　从"金鸡独立"到"二龙戏珠"——新凤祥转型之道　　129
　　三　父亲的"创始合伙人"　　133

香飘飘集团蒋建琪 / 蒋晓莹："定位"胜利法　　138
　　一　奶茶开创者，如何"吃第一只螃蟹"？　　138
　　二　王者法则：定位　　141
　　三　"蜗camp"到"订单来了APP"：大学生自主创业案例　　144

拓新

万向集团鲁冠球 / 鲁伟鼎：双足支撑，万向传动　　150
　　一　鲁冠球，有点"轴"　　150
　　二　"中国民营企业常青树"的生意经　　153

三　千亿元"万向帝国"的新船长　　　　　　　　　　156

格兰仕集团梁庆德／梁昭贤：从1到100的秘密　　　161
　　一　"狠人"梁庆德　　　　　　　　　　　　　　161
　　二　"价格屠夫"的磨刀秘诀　　　　　　　　　　164
　　三　"一法通，万法通"　　　　　　　　　　　　168

海澜集团周建平／周立宸："我不是空着手回来的！"　172
　　一　"直男"的创业法则　　　　　　　　　　　　172
　　二　海澜之家，不只是衣服　　　　　　　　　　　175
　　三　衣柜不应是"老男人的专利"　　　　　　　　177

正佳集团谢铁牛／谢萌："红色"改造创二代　　　182
　　一　正佳集团12字发展心得　　　　　　　　　　182
　　二　把海洋搬进市中心　　　　　　　　　　　　185
　　三　"海归欧巴"变形记　　　　　　　　　　　　190

观澜湖集团朱树豪／朱鼎健：看好中国，"高尔夫+"　193
　　一　荒地上的高尔夫球场　　　　　　　　　　　193
　　二　"超级联系人"的超级策略　　　　　　　　　196
　　三　"二代创业者"朱鼎健　　　　　　　　　　　199

制衡

吉利汽车李书福／李星星：家族创企，用人"排内"　206
　　一　蛇吞象的"汽车狂人"　　　　　　　　　　　206
　　二　营销实战手册　　　　　　　　　　　　　　209
　　三　吉利如何去家族化？　　　　　　　　　　　213

联想集团柳传志 / 杨元庆：如何打磨接班人? — 218
- 一 "IT教父"，40岁创业 — 218
- 二 "贸工技"还是"技工贸"? — 221
- 三 接班，为什么是杨元庆? — 225

美的集团何享健 / 方洪波：美的模式，"体外"传承 — 230
- 一 "三好学生"美的如何打怪升级? — 231
- 二 "机制管理"大师那些年绕过的坑 — 233
- 三 去家族化传承，"管家"如何管好家? — 237

碧桂园杨国强 / 杨惠妍：选择道路，不握方向盘 — 241
- 一 "借人帮忙"杨国强 — 241
- 二 碧桂园模式：水桶管理法 — 244
- 三 家族成员和职业经理人的"收"与"放" — 247

百年

华茂集团徐万茂 / 徐立勋：司令员是打出来的! — 252
- 一 篾匠办教育，一份情怀 — 252
- 二 做教育的"笨功夫巧方法" — 255
- 三 打响"三枪"，成为司令 — 258

老牛基金会牛根生 / 牛犇：老牛要活一千年 — 264
- 一 "想要知道，打个颠倒"——蒙牛睁眼狂奔 — 264
- 二 三大战役定乾坤 — 267
- 三 慈善传家 — 270

均瑶集团王均瑶三兄弟：企业愿景要"看十年，做一年" — 275
- 一 胆大包"天" — 275

二　后均瑶时代，如何给大船掉头？　　　　　　　　　　278
　　三　中国百年老店的探索者　　　　　　　　　　　　　　282

罗莱生活薛伟成、薛伟斌/薛嘉琛：圣贤心法，古为今用　　286
　　一　"我最满意的四个决策"　　　　　　　　　　　　　286
　　二　罗莱的"伙伴"文化　　　　　　　　　　　　　　　290
　　三　打造传承基因，从阅读圣贤心法开始　　　　　　　　294

方太厨具茅理翔/茅忠群：半部《论语》治方太　　　　297
　　一　方太做高端，首在不贪　　　　　　　　　　　　　　297
　　二　科技的人文基因　　　　　　　　　　　　　　　　　300
　　三　"狭路相逢"，儿子胜　　　　　　　　　　　　　　304

合 力

褚氏果业 褚时健/马静芬
如何找回自己的姓氏？

郑四方

褚时健和妻子马静芬之间的浪漫，或许就表现为平时的那些磕磕绊绊。但每当人生最危急的时候，这对生活中的"冤家"就成为最坚定的战斗伙伴，从新平到曼蚌到玉溪，从红塔山到监狱到哀牢山，从巅峰到谷底，从黑发到白首，他们始终相伴。

褚时健用40年，翻越红塔、哀牢两座"山"，成为一名大写的"企业家"。马静芬用一辈子，找回姓氏，在褚时健去世以后，仍热火朝天地筹建"褚马学院"，传播企业家精神。

面对这对夫妇，人们只能感叹：时间苛待的只是弱者，而不是老人。

一 钝感力，成就褚时健

褚时健少年丧父，青年丧母，中年被"下放"，老年进入监狱，并且失去了自己的女儿，却在74岁高龄再次创业成功。这个老人一生踩过了无数的沟沟坎坎，他的力量来自他强韧的神经，用一个现代的词形容，叫"钝感力"。

"钝感力"这个词来自日本作家渡边淳一,它指在面对灾难和痛苦时需要的从容坚定的状态,因而显得迟钝。老话讲"商场如战场",想把事做好,"玻璃心"是最要不得的。

褚时健的钝感力是怎么形成的呢?咱们慢慢道来。

1927年农历腊月初一,一个男孩出生于云南的一个小山村,他的爷爷给他起名叫"石柱",后来他有了个大名叫"褚时俄",再后来才叫"褚时健",他曾经还有个代号叫"黑猫"。这四个风格迥异的名字,也代表了他人生的几个不同阶段。

"石柱",意为石头做的柱子,这个名字透着一股子憨厚朴实。褚时健的父亲褚开运做生意,母亲操持家里,家境相对富裕。褚时健小时候很自由,没事就下水摸鱼,或者上山打猎,这俩爱好他也保留了一辈子。后来,90多岁依旧眼不花耳不聋,可能也跟褚时健年轻时掏鸟摸鱼打下的底子有关系。"文明其精神,野蛮其体魄",钝感力的第一个秘诀就是一副好身板。

褚时健15岁以前是比较幸福的。后来,在日本侵略云南的时候,他和小伙伴一边追"画着膏药旗"的日本飞机,还一边喊:"飞机飞机,下个蛋嘛!"但1942年,他的父亲褚开运被日军的轰炸机炸伤,去世前的半年多,在病床上一直咒骂着侵略者,褚时健一下子长大了,他知道了"国仇也是家恨"。父亲的去世,极大地冲击了这个15岁的少年,他第一次知道了什么是离别,什么是责任。

褚时健还用过"褚时俄"的名字。这个"俄"是"俄国"的"俄",起名的小学老师对他说:"俄国呀,大国家,气派着呢!"后来他才知道因为老师是共产党才给他起的这个名字。

褚时健16岁时去昆明上初中一年级,巧合的是,他的堂哥褚时俊在昆明读西南联大。西南联大是一座特殊的大学,是抗日战争期间北大、清华、南开等几所高校为躲避战乱、联合成立的,这个学校了不得,诞生了邓稼先、李政道、汪曾祺等一大批人才。西南联大的这些学生,穿着破旧的长衫,经常一边啃着窝窝头,一边谈论着中国的未来,激动时甚至还有人站到桌子上来场即兴演讲。褚时健经常给堂哥送咸菜，不知不觉就获得了思想启蒙。

1945年，褚时健跟党组织建立联系。后来正式"闹革命"，代号"黑猫"。但"革命不是请客吃饭"，他的堂哥褚时仁、弟弟褚时杰先后为革命牺牲。褚时健在游击战的时候，有次他和通讯员正抽烟聊天，突然一颗手榴弹飞了过来，因为引信长了点儿，被当兵多年的通讯员一脚踢开，但炸起的泥土碎石仍溅了一身，那是褚时健第一次如此近地接近死亡。

父亲的去世，亲人的永别，战友的牺牲，褚时健也时刻面临着死亡。面对生死这个终极命题，以及战争这种极限环境下，藏着钝感力的第二个秘诀豁然开朗了：在极限环境下，提高自己的痛苦阈值，不要"少年不识愁滋味，为赋新词强说愁"。

1957年开始的"反右运动"被扩大化，褚时健不幸被波及，他的妻子马静芬老人后来这样回忆道：

> 我们平时相距只有几公里路，具体我记不得了。每个礼拜六我都带着儿子闺女回去，出事那个礼拜我就背着女儿回去，正好半路碰上他了。他问我到哪里去，我说就回家嘛。他说"回什么家嘛，回学校"，就转头回学校了。我也没问他什么事，就一起回学校去了……他递给我一个存折，里面有几百块钱，这是我们平时积攒的。他说"收好"，我就藏在一个洞里面，那些人来了没有找到。

褚时健被下放到农场进行劳动改造，因为表现不错而被调任曼蚌糖厂工作。那时社会上贴"大字报"、搞"批斗"正进行得如火如荼。红糖在那时是一种紧缺资源，由供销社统一售卖。按现在的市场化思维，紧缺就意味着利益。但蹊跷的是，不愁原料也不愁买家的曼蚌糖厂当时是一个年亏损额达20万元的国营企业，褚时健上任后不管外界如何波澜起伏，只管埋头做事。他观察糖厂的各项操作，迅速着手"技术革新"。他把改革分为三步。

第一步是"敲锅"。当时熬糖就是在种着甘蔗的田间地头搭上窝棚，支上土灶用大铁锅熬甘蔗汁，水干了，糖就出来了，操作简单而粗放。褚时健看到熬糖的大铁锅外结了厚厚一层泥巴和铁锈，就让人敲掉这层硬壳，以便更好地导热。第二步是"改灶"。熬糖的燃料用的是褐煤和木柴，但是褐煤结构散，烧不完就掉落，浪费严重，木柴价格又高。褚时健把榨过的甘蔗渣堆起来，晾干水分后做燃料用，大大节省了费用。第三步是"加滚筒"。把甘蔗塞进滚筒榨出汁来，原先用3只滚筒，出糖率只有9%，褚时健又加了两组滚筒，把出糖率提高到12%。这些立竿见影的举措让褚时健在"技术导向"的道路上一发而不可收。

沉浸于工作的人是幸福的，曼蚌糖厂当年实现盈利11.7万元，这里就藏着钝感力的第三个秘密：只有做事才让人踏实。

后来，褚时健出任玉溪卷烟厂厂长，他把这个在云南产值只能排到第五的小厂，推上亚洲第一、世界前列的位置，但临退休时，褚时健因为经济问题入狱，他的儿子褚一斌出走国外、女儿褚映群自杀。他曾向律师马军哭诉："我对不起姑娘，她一直喊我退休……映群自杀了，我对不起姑娘。"白发人送黑发人，这个打击可以说非常沉重。

谁也没想到，几年后褚时健保外就医，以74岁高龄再次创业。2002年，褚时健成立新平金泰果品公司，在一片反对声中，褚时健租下900亩山地，种起了橙子，取名"云冠"，意思是"云南第一"。他在跟手下人开会的时候说："我种的橙子以后不是拿到菜市场卖的。我们要做的是高端产品，按我说的做，保证橙子卖得比肉还贵。"褚时健面对挫折的强大反弹力，让人惊叹不已。接受《家族企业》杂志采访时，褚时健说：

> 这些事情都想办法把它（们）做好了，这是我们对社会的态度。不消极，对社会不要埋怨它，把社会建设好，（是）大家的责任……

我们这个时候，还是要想到我们自己对社会的责任，不要为个人利益……

褚时健将"把社会建设好"视作自己的责任，这种远大目标就是他钝感力的第四个秘诀。

二　褚时健的绝地求生方法论

作为一个企业家，有三个字是褚时健绕不过去的。"糖果"的"糖"，"烟草"的"烟"，还有"橙子"的"橙"。从1963年进入糖厂工作以后的55年，他接手了三个"烂摊子"，却孵出了三只金凤凰。幸运的是，我们从褚时健的三次崛起中，发现了一些孵出金凤凰的方法。我们从一个小故事讲起。

褚时健在红塔山集团的时候，按照中国烟叶的评定标准，表面平滑、锻黄色的是最好的烟叶，但他发现让烟叶再长一段时间，表面变得粗糙、黄色再深一些的时候，烟的味道更好。所以他直接绕过国家标准，按自己的标准干，这违反了有关标准。褚时健拍着桌子据理力争："无论什么标准，唯一有价值、有意义的标准应该是消费者的选择。我们的红塔山、阿诗玛都非常受欢迎，这就是标准！"

这就是褚时健"一眼看到底"的能力，也叫"终局思维"，他总能用最终的目标来反过来判断当下的行为。

2002年，褚时健保外就医，他"闲不住"想种点橙子。在品种上，褚时健选的是卖相很差的普通品种，在地点上，他选的是哀牢山——一个听来不太吉利的名字。"橙子要的是好吃，选哀牢山是因为那里昼夜温差大，适合种果品。"好不好看、大不大牌，褚时健完全不在乎，他说，"口味决定一切"。

想要腰杆挺得直，归根结底还得产品好！"真理"总是很简单的，但往往因为"长得难看"而很难被大家接受。问题来了，褚时健年过七旬，

也没有种过果树。对恪守"质量就是生命",褚时健如此总结自己的方法:

> 就是要认真。原来没种果树,不太懂——虽然农业我接触多,但以前我种烟——所以每天到四五点钟,一想着今年我的果树还有哪些问题,我就睡不着了。我就去翻别人的资料,天明找人讨论,总之会把问题一步一步解决。

褚时健遇到问题,会先看书,然后和别人讨论,就是为了摸索出"科学的方法"。举个违反常识的例子:云南大部分地处亚热带,光照充足,而烟叶因为密植——当时人们每亩地平均种植2 000多棵,使烟苗缺乏光照,烟叶不够肥大,质感也差。褚时健根据美国专家的建议,每亩让种1 300棵。他拉着绳子量间距,也让靠天吃饭、随性而为的烟农们第一次体验了"标准化作业"。按照这种方式种植,烟叶比以往大了两三倍,中上等烟叶比例超过85%,达到了国际先进水平。这培养了褚时健"一眼看到底"的能力,后来种橙子的时候,他便清楚:橙子树多,不一定橙子就多,橙子更不一定会好。

除了"科学的方法",褚时健还特别擅长用工业化思维来指导农业。工业讲究的是两条,一是产品质量的统一性,二是产品能不断迭代升级,确保质量越来越好。但传统农业都是"靠天吃饭",想做到这两条实在是难如登天。要知道,就算是同一棵树上的橙子,也会有这边甜一些、那边酸一些的情况。

褚时健的方法有点像"福特工作法",又或者称为"流水线作业"。他首先把橙子的各项生产要素尽可能地分解,变成一个个的小"模块",比如,种橙子需要什么?需要好水、好阳光、好肥料等。然后他就把一个个小"模块"确保落实。事实上,褚时健的农业工业化思想,是目前中国农村最缺乏也最急需的。

比如说,水果好吃的头等要素就是要用"好水"。水果是要靠水来养的,水量的充沛和水质的优良是成就一颗好橙子的关键。褚时健从举债借来的1 000多万元中一下子调拨1/10，从19公里外的南恩瀑布引进甘冽的山泉水，并且还承包下沿途所有的水塘——这保证了每年三四月份旱季的供水。

2003年，褚时健成立"生产技术部"，这个部门除了研究果树管理外，还有个重大的职责就是研究肥料配比。按照常识，传统橙树肥料以氮肥为主，但研究表明，其中磷和钾元素并不充足。怕影响消费者口感，褚时健有个硬规定是"不准使用化学肥料"，所以自创了"鸡粪+糖泥+草炭+烟梗"的配方，而且在2 400亩果园里，要求统一作业：挖一米见方、20厘米深的池子，撒进肥料，盖上草和土，用自然法沤肥。

2006年，果树全面挂果，但是平均下来一棵冰糖橙树只能结两三公斤橙子，这愁坏了褚时健。在田间地头观察了很多天，让果园各区域负责人做了统计后，褚时健发现平均1个橙子对应超过了100片树叶，而果园边缘区的橙树挂果要多一点，他隐约觉察到这是光照的问题。

于是他下令做了个实验，实行间伐，把每亩地果树砍掉一些，先从146棵砍到90棵。这对我们而言只是一个单纯的数字，但对褚时健和工人而言，果树就是他们历经千辛万苦才养大的孩子，而间伐也缺乏理论依据，只是一种猜测，所以工人们抵触情绪很大。但事实又证明，褚时健的猜测是正确的，于是他又下令每亩地保留80棵橙树，其余的全部砍掉。一下子砍掉1万棵果树！

有了方法，也有了流程，但最终的执行还是要靠人，而褚时健管人，很有自己的一套方法。农业是很难标准化的，所以农民们干活经常一个人在那儿挖坑干活、一群人在旁边抽着烟聊着天，反正"磨蹭"一天就有一天的工钱，何必累死累活呢？但褚时健不给他们"磨洋工"的机会，他采取的是"计件工资"，做一个就有一个的钱。在收橙子时，他用机器来筛选橙子，等级不一样，付的酬劳当然也不一样。这样，同样的树，农民的收入能差一倍，自然而然，农民就像对宝贝儿子一样地"伺候"橙子树。

在管人上，褚时健的方法很笨，也很有效。不论是工序繁杂的卷烟，

褚时健和马静芬在自家小院里。给外界冷硬观感的褚时健内心也有温柔丰富的一面，他养了两只猫、两只鸟，还在小院里种了很多花花草草

@图片来源：企业提供

还是难以量化的橙子，他坚持定岗定责，谁做了什么、做得怎么样，全部用数字衡量，最终的奖励当然也会与数字挂钩，这就实现了权利、责任、利益三者的统一。

企业家王石喜欢用巴顿将军的名言评价褚时健："衡量一个人成功的标志，不是他站在顶峰的时候，而是他从顶峰跌到低谷时的反弹力。"这种反弹力来自褚时健对"企业家"身份的理解：

> 企业家自己，或者说企业本身，就是要为社会创造财富。每个所谓的企业家，如果没有为社会创造财富，就是没有对企业负责。

褚时健用科学的方法论武装自己；用工业化思维拆解生产过程，保证产品质量统一；用"计件工资"的方式，让生产直接与收入挂钩，激发农民劳动积极性。这一个个举措的背后闪烁着管理的智慧。

老兵已死，但不会凋零。

三　马静芬：褚时健的最佳合伙人

马静芬的父亲是云南近代一家银行——兴文银行驻上海的高管，日本侵略中国的时候，马静芬一家乘飞机从上海逃难到昆明。马静芬上到小学，说什么都不愿意去学校了，她给母亲的理由是："那个老师是个小脚，头上还梳着一个鬏鬏，我不想跟她学。"她自小就很有主见，又在姐妹中排行老二，所以家里人都说：二小姐不好惹。

褚时健和马静芬的缘分要从1954年算起。彼时的褚时健作为地区领导到云南省呈贡县检查文教工作，而马静芬正在那里做老师，因为说话办事锋利，搞得一圈儿人都怕她，学校领导向来检查的褚时健诉苦，顺带着告了一把马静芬的黑状。但褚时健仔细翻看这个"最不守规矩"的女老师的档案时，意外发现马静芬的自我介绍，接受《家族企业》杂志采访时，褚时健说："短短100多个字，写得非常得体，抓得住重点，没有一句空话。一个只有小学文凭的姑娘,比高中生、中专生表达得还要清楚。"

两个人真正接触之后,褚时健发现"这个小马利落爽快,原则性强,工作能力也很强",总而言之,越看越觉得她跟其他人不太一样。决定性的谈话是在认识一年以后,褚时健把马静芬喊到办公室,两个人隔着一张办公桌坐着,桌子上还搁着两只保温瓶。马静芬拿出笔记本等待记录领导讲话,没想到褚时健沉默了半天,才吞吞吐吐地说:"你觉得……我……我怎么样?"马静芬忘了自己怎么回答他的,只记得回到宿舍趴在床上哭了半宿。

结婚后的生活没那么顺心如意。强势的褚时健和"刁蛮的马小姐"之间充满了磕磕绊绊。

> 实际我跟他说的就是,要是我们两个能够联合起来,力量将更大,但是他就是不希望我跟他联合。他什么都不希望我学习,我就感觉别的人家——和我们同时结婚的,跟他在一个单位的——叫老婆学什么学什么,我呢,他什么都不让我学。我去学自行车,他说"你自己去骑",摔倒了他都不来拉。

1991年,报告文学作家先燕云在写《太阳般的汉子》的时候,曾经采访过马静芬,我们从中能看到褚时健笨拙又少得可怜的温柔。

> 先燕云问我:"他怎么关心你?"我说:"从来没有过,从来没有关心过我。"先燕云就问:"他有没有做过一回关心你的事情?"我说有过一次。先燕云问是什么事,我就告诉他:"因为他(褚时健)到嘎洒了,嘎洒有位老师生病了,叫我去代课。我去了以后就感觉他们在欺负我,瞧不起我。褚时健就说:'谁敢欺负你,谁敢欺负你我就把他杀掉。'"

马静芬不是个矫情的人，甚至还很能干，她当过老师，还曾经管理过造纸厂，也管理过厂区的绿化，都做得有声有色。或许是褚时健这个太阳般的汉子实在是太耀眼了，马静芬这个月亮显不出自己的光辉，直到褚时健因为经济问题入狱，在2002年因严重的糖尿病保外就医后，有了种橙子的想法。当时一圈亲友都强烈反对，他们的理由主要是：第一，褚时健当时已经74岁，年事已高，而且身体不好；第二，按褚时健的设想，承包土地、购买树苗以及肥料、水源等前期投入就得1 000万元，投入太大，风险太高；第三，农业是个看天吃饭的行当，谁也拿不准老天爷的脾气，而且干起来很辛苦。大家都劝褚时健安心享清福，不要再折腾了。在无数的反对声中，只有马静芬是支持褚时健的。

她的理由很简单：一是几十年风风雨雨走过来，她相信自己的男人不会失败；二是当时社会上有种说法——玉溪卷烟厂的崛起是因为国家政策好，跟褚时健没啥关系，就算让根扁担当厂长都一样！也只有马静芬才能够理解褚时健的那份不甘心。于是在哀牢山上，人们能看到这样一幅画面：两个白发苍苍的老人，相互扶携着在山上来来去去，一起憧憬着6年之后橙黄的果子挂满枝头。

而橙子结果以后，马静芬迎来了人生的"第二春"。云南地区的风俗，婚后女人要把丈夫的姓氏放在自己的姓氏前面，比如，褚时健的母亲叫"褚王氏"，马静芬也被人称作"褚马氏"，这让上海来的二小姐愤愤不平了很多年，直到80多岁的马静芬成为"褚橙"的第一个推销员，她感觉自己的名字又回来了。

第一天早上摆好了，就开始了，来的客人有一家小孩子叫："妈妈，妈妈，要这个要这个！"孩子的母亲看看以后就说："哎呀，太难看了。"我们那果外面的斑点比较多，她就走开了，我就着急：怎么办呢？我就让干女儿赶紧切了一个橙子，让人家尝——外面不好看，里面好吃。结果第二天，一个早上两吨就卖完了。

而不单单是打开了橙子的线下渠道,甚至"褚橙"这个品牌,也是马静芬误打误撞之下建立起来的。

> 我想不会造成什么坏的影响的,我就大着胆子——背着他做了一个条幅——在展览会现场挂了出来。一开张,人家一看牌子"褚时健种的冰糖橙","买一点买一点,以前的'烟王'种的冰糖橙",一下子大家都知道了,"烟王变果王了"!这就是品牌的基础。

2018年1月,在褚时健90岁生日那天,马静芬说:"下一生,如果褚时健还要我的话,我还嫁给他!"说完瞅了一眼略微走神的老伴,小声地抱怨了一句:"褚时健没有听到。"在生日那天,褚时健确定把手中的果业交给儿子褚一斌。

但当时已87岁的马静芬完全没有退休的打算,她想着怎么改良品种,怎么让插花更有云南民族特色,怎么推广自己的禅修班,她说要干到闭上眼睛那天。当有"创二代"问到马奶奶有什么话想对年轻人说时,她握着拳头举起右手:"不要怕苦,不要怕累,把困难打倒,就是胜利!"

只有马静芬才能容忍褚时健,只有马静芬才能理解褚时健,只有马静芬才能无条件地支持褚时健。或许这就是他们独一无二的爱情吧。

编者说

这个健忘的时代,始终没有忘记云南小镇的这位鲐背老人。

2019年3月5日,云南红塔集团原董事长、褚橙创始人褚时健先生,因糖尿病并发症在云南玉溪去世,享年91岁。同时,"褚时健"这个词条的百度指数平时只有1 200左右,而3月5日他去世当天,激增至64.7万。新浪微博的微指数显示,"褚时健"一词从平时的40左右,去世当天飙升到113.7万。

褚时健是一个弥足珍贵的时代样本。1997年，时任国务院副总理的朱镕基启动了雷霆万钧的国有企业改革，当时的国有企业平均负债率高达78.9%，净资产投资收益只有2%，而国家为此补贴却高达3 653亿元。在这个大背景下，褚时健却提出"企业的职责，第一条就是要赚钱"，他引进设备、改良烟叶，带领着玉溪卷烟厂产值从云南第五冲到亚洲第一、世界前列。

正在光芒万丈时，古稀之年的褚时健因被起诉贪污下狱，妻子被关押、儿子出走国外、女儿在狱中自杀。在这样的人生沟壑面前，褚时健出狱后，以74岁高龄再创业，并且选择了种植6年才能挂果的橙子，开始了一场与命运的对赌。

褚时健这个"太阳般的汉子"闪耀了几十年，他的妻子马静芬不止一次抱怨丈夫的粗心和大男子主义，还对自己被称作"褚马氏"愤愤不平。但是在所有人都反对褚时健种橙子的时候，只有她理解丈夫心中的荣耀与梦想。于是两个风烛残年的老人，用土坯打了间房子，用几块石头支起了一口锅，开始了创业之旅。

TCL集团李东生/魏雪
重生的鹰和他的首席情感官

王晓东

众所周知"鹰的重生"的故事。李东生带领 TCL 成长期间，曾面临企业国际化后的挫折，在那段"至暗时刻"，他的妻子魏雪用专业化的品牌策略和柔顺的女性情怀，为这位跌落山涧的老鹰理顺了翅膀和爪牙。

李东生能重新飞翔，他的"首席情感官"魏雪功不可没。

一 实业报国，不做市长做厂长

李东生，这位改革开放后的第一届大学生放弃了政府机关的"铁饭碗"，而选择了一家在农机仓库里起家的企业，并且带领这家小工厂一步步成长为中国家电行业巨头之一——TCL 集团。

1957 年，李东生出生于广东惠州、东江之畔，母亲便给他取名为"东生"。小时候的李东生性格内向腼腆，最大的爱好就是看书，学习成绩一直很好；高中毕业后，李东生和其他同学一起被分配到惠阳县马安农村插队，在那个年代，学的东西用不上，只能挥着锄头刨地，而且还不知道什么时候是个尽头，很多同学习惯下工之后在一块喝喝闷酒，发发牢骚，宣泄一下胸中块垒。李东生显得有点不太合群，他很少参与这些活动，总是一个人默默看书。

1977年冬天，李东生正一身泥巴挖水库的时候，他的高中老师专程骑了15公里自行车来了，告诉他一个石破天惊的好消息：高考恢复了！

在四面漏风的茅草屋里，挑灯夜读三个月之后，李东生以理化生全县第一的成绩被当时的华南工学院，也就是后来的华南理工大学——无线电专业录取，成为恢复高考后的第一届大学生之一。命运是如此妙不可言，十余年后，中国彩电市场有TCL、康佳、创维三巨头，这三家家电巨头的掌门人分别是李东生、黄宏生和陈伟荣，这些未来的大佬此时正在同一个教室里，听老师讲解无线电原理。

1982年，李东生毕业了，他在惠州市科委仅仅干了两个月，就甩掉了让别人羡慕不已的"铁饭碗"，25岁的他敲开了TTK家庭电器有限公司的大门。这时的TTK与其说是一家企业，不如说是一家建在废弃的农机仓库里的小作坊。李东生之所以做出这样的选择，根本上还是因为那位高中老师的一句话："学理工科能投身实业，建设一国之基础。"后来，李东生在接受杨澜访谈时如此回忆他进入TTK的情景：

> 当年进入企业是我自己的选择啦。我回到惠州的时候，是分配我到机关的——到科委。我想我学工科的，如果待在机关里呢，几年之后专业就荒废掉了。我还是想实实在在干点事，所以就跑到这个合资企业去了。他们刚刚开办，也很需要人……租了一个仓库，生产录音磁带。我是从一名车间技术员开始做起，当时管着我的是一个线长——一个女孩子，比我还小。

就这样，李东生成了TTK的第43号员工。TTK对于李东生而言，最大的好处在于有极大的发展空间。入职两年后，当时主要生产磁带的

TTK 新辟了一个涂带车间，公司大胆起用年轻人，李东生挑起新车间安装调试设备、培训工作人员、组织生产的重任。这是他第一次走上管理岗位。在车间主任的岗位上，他在生产和技术上的才能、抱负得到了施展，尤其是，他创新、务实的特质渐渐显露。

1983 年秋，李东生代表 TTK 到北京参加一个展会。找到展位之后，他发现大家的产品都摆在呆板的展柜里，摆得像个大杂货架。于是他做了一个 TTK 公司的金字大招牌，还买了很多花花绿绿的装饰品和小彩灯。以今天的眼光看，算不上什么巧妙的设计，但是在那些土味满满的展位中，TTK 就有点"鹤立鸡群"的味道了。那天来的最高领导是时任国务院副总理陈慕华，她在展位前停留了很长时间，向展台前的年轻人李东生提了不少问题，李东生对答如流。电视台和报纸都对这一情景做了报道，此后很快 TTK 的订单翻了一番。TTK 当时的董事长兴奋地说："年轻人平时不声不响，关键时候会动脑筋会做事，搞出的名堂不小嘛。"

获得认可的李东生随后为公司再次肩负起一项重任：帮助公司寻找新的业务增长点。经过广泛调研，李东生眼光独到地选择了电话机业务。"楼上楼下，电灯电话"，这曾经是新中国初期人们对美好生活的向往，但直到 1978 年，中国的电话普及率还仅为微不足道的 0.38%。随着改革开放后人们生活水平的提高和电话业务向全社会的开放，国内的通信行业迎来了大爆发。

在这个背景下，1985 年，中港合资的 TCL 通讯设备公司成立，TTK 正式改名为 TCL。这个名字是李东生起的，是英文"Telephone Communication Limited"的首字母缩写，意为"通讯设备公司"。年仅 28 岁的李东生意气风发，走马上任总经理。然而风光无限的背后，却有一道不小的难关在等着他，他将遭遇上任企业领导后的第一个挫折：

> 当年我才 28 岁，应该讲是没有干好。我是很努力，想把事情干好……虽然很努力，事情却没有做好。当时缺乏经验嘛，对怎么做企业，自己想得不是很明白；最关键是，怎么当企业领导人，找

不到感觉；该怎么做决策，心里也非常没底，于是晚上睡觉梦的都是工作……当时 TCL 是一个中外合资企业，特别怕外商把公司的钱骗走了，和外商的关系搞得也很紧张。

当了 9 个月总经理的李东生看到了年轻的自己在业务经验和市场能力上的不足，于是他主动调离总经理的岗位，到惠阳地区负责招商引资工作。正是这段工作经历为他后来重返 TCL 提供了宝贵的经验。李东生后来毅然决然放弃竞选副市长的机会，重回 TCL，并带领它成为"彩电大王"。

二 TCL，为什么没有倒下？

从仓库起家，到成为"彩电大王"，TCL 一路走来殊为不易。任何一个企业能够"称王"都不是轻而易举的，李东生在掌舵 TCL 后，做了两件大事，一是企业改制，二是国际化。但这两项改革差点儿让李东生的精神和身体双双垮掉。什么决策以至于让他遭遇如此险境？李东生又是如何化险为夷的？

李东生曾将 TCL 的发展分为三个阶段。第一个阶段就是我们前面所讲的草创时期，TCL 凭借敢为人先的拼劲淘到了第一桶金。第二个阶段是企业的体制改革，将一个地方性国企改造成为一个真正的股份制公司。第三个阶段则是企业的国际化，通过并购海外业务实现从一个本土化企业向跨国公司的转型。后两个阶段，李东生简直是在钢丝绳上跳舞，一不留神就掉落万丈深渊。

20 世纪 90 年代，很多国有企业冗员过多、效率低下，长期依赖国有银行的贷款支撑企业的运转，到 1996 年，国有银行的坏账加上逾期呆滞贷款，占到银行贷款总额的 70% 左右，如果继续为国企注资，金融系统将被拖垮。而当时中国正积极申请加入 WTO，也就是世界贸易组织，但是 WTO 接纳中国有个前提，即以 15 年为期，中国必须建立市场经济。

在这个大背景下，改革是大势所趋。但是怎么改革呢？企业家与地方政府的利益存在冲突，很容易造成国有资产流失，元气大伤。李东生苦思冥想，他闯出了一条新路子，叫"以国有资产增量作为管理层股权激励指标"，简单来说，就是TCL现有的蛋糕不动，但以后增长的部分需要分管理层一杯羹，这样就照顾到了各方的情绪和利益。

1997年，李东生与惠州市政府签订了为期5年的授权经营协议：核定当时TCL净资产约为3亿元，全部归国家所有，每年企业净资产增长率不得低于10%。根据协议，作为第一责任人，李东生需要交50万元风险抵押金，且从授权经营之日起，基本工资只发50%，达到目标才能领到全额的工资。

为了筹措50万元保证金，李东升甚至把母亲的房子都做了抵押，这项被称为"面向未来的契约"的改制方案最终获得了成功，TCL每年的企业净资产增长率超过50%。2017年，李东升在《江湖》节目中说道：

> 那几年的授权经营，我们的考核是以净资产回报率作为奖励的基础，所以大家都很努力，觉得有一个拼命的目标。到2001年，我们公司从一个地方的初具规模的企业，发展到在中国电子行业百强企业的第十名左右，在国内电子业已算小有名气。这是TCL在90年代的快速发展阶段。

改制的成功激发了TCL的发展活力，也增加了管理层的经营自主权，企业进入了快速发展的阶段，李东生又将目光投向了国际市场。2000年以后，李东生开始实施全球化战略，这让他高高飞起，也让他重重落下。

这里就要说到TCL的第二次危机。2004年，为规避欧美市场的反倾销和专利费困扰，TCL集团并购了法国汤姆逊全球彩电业务和阿尔卡特的手机业务，当时在国内国际上都引起了轰动。因为汤姆逊公司这家百年老店是法国最大的国有企业，曾经多年占据全世界彩电行业的霸主地位。TCL凭借着这起并购，一跃成为全世界最大的彩电企业。在一个主流行业中成为第一，这在中国企业中尚属首次，掌声和鲜花纷至沓来。

事实上，汤姆逊公司2003年彩电和DVD等电子业务亏损2.54亿欧元，按照当时汇率，折合人民币约23.1亿元，TCL集团当年的净利润在5.6亿元左右，李东生自信地放出话去："18个月扭亏。"

巧合的是，通用电气的掌舵人是有"全球第一CEO"之称的杰克·韦尔奇，正是他将通用电气的电视业务卖给了汤姆逊，而14年后，汤姆逊又将该业务卖给了TCL。李东升在收购完成后与杰克·韦尔奇坐而论道，杰克·韦尔奇说了一句意味深长的话："通用电气没有做到，今天李先生要帮汤姆逊扭亏为盈，和三星、索尼进行竞争，所以李先生现在是肩负起一个具有全球意义的重大挑战。"

杰克·韦尔奇的担心成了现实，情况急转直下，此后的两年间，日韩兴起的平板显示技术取代了显像管技术，而获取显像管技术的专利正是李东生当初决定并购汤姆逊的初衷，很显然，汤姆逊的显像管技术已经在新技术的冲击下丧失了价值。此后的3年间，TCL开始了20多年来的首次亏损，18个月亏损18个亿，TCL彩电在欧洲市场全面陷入被动，资金链出现紧张，企业命悬一线。李东生谈及并购汤姆逊的教训时说：

> 我们并购的时候有一样东西没看准，就是未来电视会往哪个方向走，究竟是等离子还是液晶电视，当时更多人认为是PDP（等离子）。当时汤姆逊有很强的DLP（背投）技术，我们认为汤姆逊的背投（DLP）更胜等离子，一脑门子扎下去，结果赔了大钱。

2006年，美国《福布斯》杂志更是将"中国最差的上市公司CEO"的称号送给了李东生。李东生当时的压力非常大，不仅整夜失眠，体重也在短短几个月里下降了10多公斤。TCL处境艰难，李东生苦苦支撑，直到有一天他读到一篇文章：传说鹰可以活到70岁，但在它40岁的时候，爪子和羽毛已经出现严重退化，必须要经历一个漫长而痛苦的更新过程。"鹰首先会用它的喙击打岩石,直到其完全脱落,然后静静地等待新的喙长出来。鹰会用新长出来的喙把爪子上老化的趾甲一根一根拔掉,鲜血一滴滴洒。当新的趾甲长出来后,鹰便用新的趾甲把身上的羽毛一根一根拔掉。五个月以后,新的羽毛长出来了,鹰重新开始飞翔。"

李东生深为感动,亲笔写出"鹰的重生"系列文章勉励员工。通过经营管理方式的转变和战略思路的调整,TCL 终于在 2007 年底以 3.6 亿元的盈利走出了亏损的阴霾。当谈起这段惊心动魄的往事,李东生这样说道:

> 现在经营业绩确实证明,战略上我们是对的。项目如果是按照 10 年的这样一个过程来看,也应该说是成功的。当年我们确实对并购的困难估计不足。就是说 2004 年到 2006 年那个亏损确实我没有想到,这个超出了我们当时并购计划的预期……但是我还是讲,战略上是对的,没有当年那个并购,其实不可能有今天的 TCL 在产业市场的地位。

李东生的自我评价是"战略上是对的"。这次收购虽然短期内让 TCL 消化不良,但是从长期来看,有两个巨大的好处。一是坚持国际化战略没有错,至今,TCL 的海外业务占比已经超过 50%。二是通过"小齿轮协作",也就是建立了适应外国市场的小规模的协作小组,让多人组成的"小齿轮"带动公司的"大齿轮",也培养了一批市场人才。

三 夫妻,"有所作为"更要"有所陪伴"

如前所述,2004 年,TCL 并购了汤姆逊和阿尔卡特的业务,但 18 个月亏损了 18 个亿。那段时间,李东生承受着巨大的财务和精神压力。也正是在他人生最低谷的时候,一个叫魏雪的女人义无反顾地嫁给了他。著名经济学家吴敬琏先生在他们的婚礼上,举着酒杯说:"东生啊,你能娶魏雪真是三生有幸!"

李东生是普通的农家子弟;而魏雪的外祖父白瑞启,是民族企业"白家老字号"第 15 代传人,他在 1931 年创立的"白敬宇药行"是电视剧《大宅门》的故事原型之一。所以这是一个穷小子和白富美的故事,出身如此迥异的两个人如何会走到一起呢?

答案是"慈善"。

民族企业家白瑞启一生奉行实业救国,在那个战乱动荡的年代始终坚持:台儿庄战役前,他曾为前线将士捐献 30 万支眼药;河北水灾严重,灾民流离失所,白瑞启就在老家定州开设粥场、孤儿院和学校,通过一己之力赈济灾民,还开办编席厂组织妇女生产自救。祖辈对于家国的担当和作为熏陶出良好的家风。在魏雪父母亲的房间里,常年摆放着三把中式的椅子,这里就是一家三口促膝长谈的地方。与父母的围炉夜话、祖辈的故事,成为魏雪记忆中和想象中最温暖的画面,也在她心中种下"善良的种子"。(直到现在,魏雪的父亲还时常提醒她:"微博上少谈自己的私生活,少秀幸福。你们成功了,很多人还在奋斗当中。""不要炫耀,多帮助别人。""要艰苦创业,要有社会责任感。")

1992 年,魏雪先后到日本和美国留学,她接触到平等的价值观念。其中,特蕾莎修女的故事对她内心触动极大,这更加坚定了她从事慈善的决心。魏雪在接受专访时说:

> 特别是我念书的时候一直是在教会大学,这方面的活动就更多一些。并不是说真的要去参与什么大的项目,而是在日常学习过程当中,平等的理念贯穿始终,所以我在大学生活当中接受了比较深的影响。

1997 年魏雪回国后,创办了一家名叫普勒普的公关公司,短短几年,魏雪就把自己的公司做得风生水起。商业上的成功让她有更多的实力从事社会事业,她留意到社会上对女性存在一种偏见和压力,在当时各种社会组织还不健全的情况下,魏雪将目光投射到女性问题上来,她与别人联合发起了"亚洲女性论坛",致力于推动女性参与社会发展和交流沟通的事务。

2003年的秋天,在一次欧美同学会商会午餐上,魏雪和李东生相遇了。李东生畅谈民族企业的国际化发展,他言辞间流露出的担当与情怀,让重视社会责任感的魏雪暗生情愫。

步入婚姻殿堂之后,在李东生的人生低谷期,魏雪为了丈夫,放弃了自己的事业。但做出这样的决定,对于一名倡导女性权利的职业女性而言,并不轻松,起初她在心里甚至是抵触的。

李东生和魏雪为这件事反反复复讨论了好多次,最后还是李东生的话打动了她:"魏雪,你不能总跟我讲'独立女性'这个那个!现在集团遇到这么大的困难,作为亲人,你要来帮我。举贤不避亲,我们一起渡过难关!"从此,魏雪开始从专业角度协助李东生管理TCL的企业品牌战略,陪李东生飞来飞去参加各种会议,给丈夫的事业默默助力,在最艰难的岁月里带给李东生来自家庭和亲人的温暖。说起那两年,魏雪说:"天天和他飞来飞去的,我看见行李箱就想吐。"

那段时间,魏雪经常会陪李东生一起散步。而牵手的时候,李东生因为汤姆逊的收购案压力很大,思考问题时不自觉地会因为紧张而用力地握着她的手,把魏雪握得生疼。而魏雪不敢打扰丈夫,她说"我忍着"。而正是在一次次扶携同行中,李东生带领着TCL走出了困境。魏雪在接受央视《财经周刊》节目采访时说道:

> 第一,可能我们做的是制造业,比较艰苦;第二,可能他自己的年龄、性格使然,凡事都要亲力亲为,就造成了他实际上陪伴家人——无论是在原生家庭陪伴自己的父亲母亲,还是在我们这边陪伴妻子孩子——时间都非常非常有限。

作为恢复高考后的第一批大学生,在农村插队三年的李东生靠着受教育改变了自己的命运，因此他日后特别热衷于慈善，特别是教育慈善领域，他从来不吝啬自己的投入，他想通过自己的力量来回报社会，让更多的孩子能像他一样通过教育改变自己的命运。而这一点，正好与热心公益的魏雪不谋而合。

> 我和我先生结婚以后，因为我们做的慈善领域不同嘛，我的先生就说服我说，我们应该集中精力去做教育。他说教育其实是根本的"授人以渔"的事业，说服我未来去关注教育领域。我也确实是被他说服了。

2007年，李东生和魏雪夫妻二人成为公益事业的一对黄金搭档，捐资成立了华萌基金，专注于资助贫困地区的高中生。"华萌"的寓意是"慈济中华，萌动爱心"，选择高中生为资助对象，填补了我国九年义务教育领域以外的资助空白。到2018年，华萌基金已经累计投入7 000多万元，资助了1 000多名家庭贫困的优秀学子。不单单是这样，他们还关注乡村教师，成立了专门的基金会进行运作。

"20岁创事业，40岁做慈善，"魏雪说，"我不知道这条路会走多远，但我会依然平静、坚定地走下去，也会牵着先生和孩子的手，坚定地走好未来的每一步。"

编者说

夫妻关系对于企业来说至关重要。

商界夫妇像潘石屹和张欣那般比翼齐飞的少之又少，从夫唱妇随到劳燕分飞，也许只需要一场争吵而已。具体参与企业经营的妻子，其价值毋庸置疑。有研究发现，对于处于创业阶段的家族企业而言，来自配偶的支持是企业重要的竞争优势。

但是不直接参与经营活动的妻子，她们的作用和影响同样不容小觑，她们往往肩负着维系家庭成员之间关系和谐、亲密的责任，是整个家族的问题"协调员"，充当着家族成员沟通和交流的平台，她们的角色类似于"首席情感官"，看似没有具体产能，但是作为承上启下、弥合四周的黏合剂，不可或缺。

不仅仅是参与经营或者提供情感支持，企业家的妻子还有另一个重要的作用，即明确家族企业存续的意义，以及为企业未来的发展注入使命和愿景，让企业实际操盘手在重大抉择时能获得多维度考量，而减少企业的风险。就这个层面来说，她们依然为企业赋予价值。

新希望集团刘永好/刘畅
"混合制"传承模式

韩瑶

1997年11月4日,希望集团分别刊登在《经济日报》和《中国证券报》上一篇不足300字的公告引起了一片哗然:根据希望集团董事会决议,希望集团下面只设大陆、东方、华西、南方四个二级实业公司,分别由刘永言、刘永行、刘永美(陈育新)、刘永好负责。希望集团同时决定,自1997年6月3日起,由刘永行董事长出任法人代表,负责希望集团对内对外的活动;由刘永美总经理主持集团的日常工作;刘永好不再担任集团的法人代表。公告并指出刘永好所创立的新希望集团只是希望集团下属南方公司的一个分支机构。

四兄弟分家的事情一时间天下皆知。

在常人眼中,企业分家也往往是衰败的开始。但出人意料的是,希望集团分家后,反倒芝麻开花——节节高,铸就了另一番辉煌。

一 中国"第一猪倌"养成记

出生于1951年的刘永好,在20岁以前没有穿过布鞋,能饱饱地吃上一顿红薯拌饭就是他最大的愿望了，而白米饭则属奢望，更不要说吃肉。但可能他自己都想不到，他能成为中国最大的饲料生产商，还成为"中国第一猪倌"。

1979年1月17日，邓小平约见工商界代表，鼓励大家："钱要用起来，人要用起来。"在一个漫无边际又死气沉沉的地方走了太久，突然出现了一束光，大家死命地往有光的地方跑，这时候出现了一个新词，叫"下海"，每个人都想到海里摸条大鱼出来。

刘永好兄弟四人也是"下海"浪潮中的一分子，他们四兄弟的名字起得很好，分别叫刘永言、刘永行、刘永美、刘永好，省去姓和排行"永"字，合起来就是"言行美好"。1982年，兄弟四个"下海"，与别人不一样的地方在于，他们都是大学毕业生，做的第一件事却是养鹌鹑。在2018年的亚布力论坛上，刘永好如此回忆道：

> 到1982年的时候，提出允许乡村发展，联产承包责任制开始搞起来了。我们是不是可以以乡镇企业的名义去创业呢？于是直接找到县委书记。我们问："在农村搞一些养殖企业行不行啊？"书记说："好啊，你们是大学毕业生，是知识分子，到农村去搞养殖，把科技带到农村去，我支持你们。"就这样，我们开始创业了。我记得这个时候，我们四兄弟在农村成立育新良种场。

得益于大学生的素养，兄弟四个对形势有着准确的判断，在创业中坚持"科技化""规模化"的思路，这也让他们跟"草莽之辈"区别开来。他们从饲料到育种都严格遵循科学步骤，并且像化学家一样通过严格而精密的实验，把数据精确到克，精确到小数点后两位。四兄弟的科学方法令他们的企业很快脱颖而出，他们研究出的"鹌鹑红羽、麻羽杂交鉴别雌雄离种体系"被列入了国家级"星火计划"项目。他们甚至还设计了一套生态链，用鹌鹑的粪便喂猪、用猪的粪便喂鱼、用鱼沙喂鹌鹑……

兄弟四个培育出的鹌鹑，产蛋率高达80%，之后又首创了一套鹌鹌鹑养殖繁育技术，使鹌鹑蛋的生产成本降低到和鸡蛋差不多。而当时正流行一个说法，一颗鹌鹑蛋营养顶三个鸡蛋。成本能控制，市场有需求，兄弟四个仅4年的时间就把注册资金从创业时的1 000元变成了1 000万元，成了"鹌鹑大王"。

1986年，哥儿四个觉得鹌鹑市场过热，就拿着1 000万元，转战饲料市场。但刚进去就先"干了一仗"，对手是正大集团。这是第一个进入中国市场的"世界500强企业"。这么说有点抽象，要是说中央电视台的《正大综艺》栏目就是他们赞助的，大家应该都有点印象。

这家公司也是做猪饲料的，而且也是兄弟四个，他们分别叫"谢正民""谢大民""谢中民""谢国民"，名字中间的字合起来就是"正大中国"，对上"言行美好"四兄弟，似乎有点宿命的味道。

双方的"战争"如火如荼。做企业无外乎"物美价廉+品牌宣传"，刘永好兄弟认识到"物美"是根本，为了这个根本他们下了血本：高薪聘请30多位动物营养学家；同美国的科研机构建立合作；派出科技人员到美国、德国进行考察。而最终研制出来的"1号乳猪饲料"，让猪崽长成膘猪只需要3个多月的时间。

在"价廉"一项更是开动脑筋。比如，蛋白质方面，他们就想了很多办法，鱼粉的蛋白质含量和纯度都比较好，但是国内质量不够好，国外的需要外汇，而且价钱偏高，他们就通过实验和科学论证，最终先用蚕蛹代替鱼粉，后来更进一步用奶液下脚料代替鱼粉，最终，确保在不降低蛋白质含量的情况下，每吨猪饲料价格下降了60元。

在"品牌宣传"方面，希望集团凭着直觉创造了有极大"杀伤力"的小广告形式：按农村传统风俗，把小广告设计成农民喜闻乐见的门神样式，贴在农家的墙头、门口，真正让养猪的人对希望公司"抬头不见低头见"，加上简单直接的宣传语：吃一斤，长一斤，希望牌乳猪饲料就是精！产品逐渐得用户之心，希望集团在短短3个月里，销量就赶上了正大集团。大门口车水马龙，买饲料的络绎不绝，甚至有的批发商提货要等28天！

无奈之下，正大集团采取了降价战略，它降20元，希望集团跟着降20元，它降100元，希望集团就跟着降100元。成本原来就比较高的正大饲料扛不住了，主动与希望集团握手言和，退出成都市场。

在打败正大集团之后，1990年，希望集团已经成为饲料行业的"西南霸主"。但是饲料的运输成本很高，如何进军全国呢？

他们四兄弟看到一个现象：随着改革开放的深入，部分国企开始引入外部资金，有一些小的国企甚至被兼并或者拍卖了，在市场经济的法则下，残酷的竞争让昔日的"铁饭碗"也不再吃香。

希望集团提出了"国有私营，优势互补，共求发展"的思路，即著名的"1+1>2"的理论，受到地方政府的肯定，被经济学家称为"希望模式"。简单说，就是希望集团出钱、出技术、出管理、出品牌，国有企业出厂房、出设备，两家"搭伙过日子"。效果很明显，企业变为混合经济以后，以前亏损的厂，平均两个月就可以实现盈利，两年就能赚回一个新厂的价值。

凭借这种模式希望集团仅仅两年时间就合资、兼并、重组了38家国有企业，让这些企业重新焕发了活力。在做客《经济半小时》时，刘永好如此回忆：

> 大概在1992年的时候，我们开始兼并、收购或重组。1992年以前，中国的饲料行业90%以上是国有企业，主要是国有粮食企业系统，也有农垦系统的，还有些乡镇企业。由于粮食是计划供给，它们有充足的粮食，所以发展得很好。但是粮食计划取消以后，问题出现了，很多的国有饲料企业出现了亏损。而这个时候，我们开始积极在饲料领域做投资发展，并且做得相当不错。用了几年时间，我们兼并、收购、重组了30多家国有的饲料企业，奠定了我们集团的基础。

1994年，希望集团成为排名中国500家私营企业第一，已经是饲料行业的巨无霸。分家之后的新希望集团更确立了"打造世界级农牧企业"的目标，这个目标的重点在于打通全产业链。全产业链，说白了就是"从田间到餐桌"，从最底层的饲料加工到养殖再到生产加工，最终运输配送到餐桌。

延伸产业链最大的好处就是可以提高产品的附加值，从生产商向服务商转型也是刘永好的既定战略。而布局终端，加强和消费者之间的联系，不仅有利于新希望食品提高利润空间，而且可以分散经营风险。

2006年，新希望收购了北京千喜鹤集团，这标志着新希望集团打通了肉猪产业链，实现了从养殖到餐桌的一条龙服务。

二　分家的秘密

有细心的读者会注意到一个细节，为什么有的地方用"希望集团"，有的地方用"新希望集团"呢？这不得不提到企业家们很忌讳的一个话题：分家。刘氏四兄弟很有意思，他们历经两次分家，堪称中国企业史上最精彩最完美的"亲兄弟，明算账"，而且是企业越分越壮大。

从1982年开始，"言行美好"四兄弟一起吃大锅饭，历经千辛万苦终于把希望集团做起来了。1990年，在饲料市场站稳脚跟之后，问题也出现了。刘永好在2018年的亚布力论坛上如此回忆：

> 我们兄弟四人没考虑这么多，股份一样多，都是一把手，为了方便区分，我们规定老大叫主席，老二叫董事长，老三叫总经理，老四叫总裁。究竟哪个大，哪个管哪个，根本没去想。当然，企业小的时候没问题，当规模做大的时候，问题来了：谁说了算？听谁的？四个兄弟想法不可能完全一致，尽管我们有很一致的地方——我们都很勤奋，很聪明，各有特色，而且我们形成一个规矩，家属不参政——没有一个家属参加公司的运作，今天依然是这样。
>
> 最大的问题是，在1995年的时候，我们已经是中国饲料企业

第一了，我们兄弟在一起讨论下一步怎么发展。老大提出，他喜欢一些电子高科技，应该往科技方面进行投资。老三说喜欢种蔬菜水果。老二跟我认为，既然已经在农业饲料方面做得这么好了，为何不继续朝这个方向发展？经过讨论，最后我们达成一致，决定分家并签订协议。但我们并不是完全的分家。原有的产业不动，新的增量调整，这就是所谓的四兄弟分家。

1992年，刘氏兄弟第一次"明晰产权"，产权的划分相当"简单粗暴"，兄弟四人各占整个集团25%的股份。一夜之间，中国最大的民营企业一分为四，老大刘永言创立大陆希望公司，老二刘永行成立东方希望公司，老三刘永美建立华西希望公司，而老四刘永好成立南方希望公司，也就是后来的新希望集团。这就是第一次分家。

这次分家后，学计算机的老大刘永言投入高科技领域，喜欢树木花草的刘永美选择了房地产，老二刘永行和老四刘永好则继续坚守在饲料行业，但是四兄弟的企业仍然可以说在广义上的希望集团内。

第一次分家后的希望集团，老二刘永行擅长内部管理，老四刘永好擅长对外公关与谈判，两兄弟可谓珠联璧合。当时兄弟俩一张办公桌相对而坐，老二签过的文件推给对面的老四，立马就能签，效率之高可想而知。"希望模式"就是在此时推出的，这对黄金搭档，用3年的时间合并了38家企业。

1997年11月4日，希望集团刊登一篇不足300字的公告说，希望集团下设四个分公司由四兄弟负责，并明确指出新希望集团只是希望集团下属南方集团的一个分支机构。一时之间，四兄弟第二次分家天下皆知。但其实，早在1995年4月，分家已经完成，这份公告推迟了两年多。

为什么会又有一次分家呢？刘永好和刘永行两人都是学习的高手，合作两年后，刘永行对外交流的潜质激发了出来，而刘永好的内部管理功底也更加成熟，能力从互补变成了竞争，决策时容易产生分歧，于是决定分开。

刘氏兄弟分家为什么能成功呢？

首先是兄弟四人深厚的感情，分家不分心是很难得的。据说他们的父亲刘大镛有一件呢子大衣，这在缺衣少穿的年代可是件宝贝，结果刘大镛穿过之后，依次传给了老大、老二、老三、老四，艰难时期的"同袍"之情，弥足珍贵。后来在企业发展中，兄弟几人也能抱团取暖，不争夺名利。

其次，兄弟四人良好的品质和个人素质也是和平分家的关键。20世纪80年代的大学生，被称为"天之骄子"，以1982年为例，大学生人口只占到全国总人口的万分之三。他们能够良好而有效地沟通。第二次分家，虽然分成了4个公司，但位于四川成都新津县的总部仍被保留了下来，这算是4个公司共同的"母体"，也是四兄弟共同的情感寄托。

最后，则是公平合理的分配机制。尤其是第二次分权，主要是刘永好和刘永行之间进行资产分割，两人按照"资产平均分配"原则，将全国27家子公司的资产一分为二。此外，兄弟之间约法三章：两个片区禁止跨区域开拓市场；干部流动必须双方认可；董事会开支不得在集团报销。简单来说，就是不准抢"地盘"、不准"挖人"、不准"乱伸手"。

1995年第二次分家之后，刘永行的饲料产业被限定在长江以北地区，这与成都希望集团的总部隔着千山万水，于是刘永行在1999年4月将旗下的东方希望集团迁往上海，他主要看上了上海资讯发达、外资众多的一面。在豪雄林立的竞争环境中，刘永行有着"华山论剑"的豪情。

另外，刘永行还投资参股了光大银行、上海银行、民生银行、光明乳业、北京南山滑雪场等，投资规模超过2亿元。这些投资，选的都是高保值的行业或者公司，并且有很好的退出机制。

但是刘永好与他不同，投资极为大胆，并且还建立一套"爆米花理论"——爆米花爆炸时体积会骤然增大，一般会膨胀3~5倍，大的有10倍多。刘永好说：

> 我们通过研究发现，一些垄断行业逐渐放开时，会产生类似爆

刘永好和女儿刘畅出席活动

@图片来源:视觉中国

米花爆炸时的效应，放开会带来巨大的膨胀，而这里面有超额的利润。这样的机会曾在20世纪60—70年代的香港地区、台湾地区出现过，现在中国内地正在演绎同样的故事。这样的机会不多，一定要好好把握。

刘永好把金融行业视为应该"好好把握"的机遇，并且下手极有魄力，从银行、信托、保险到证券，几乎所有的金融行业他都有试水。而最具代表性的是，他不顾另外兄弟仨的劝告，在1998年3月，"新希望"股票在深交所上市，总股本14 002万股，流通股3 600万股，融资4亿元。此外，还耗资1.86亿元，分三次从民生银行原股东手中收购了1.38亿股，在2001年民生银行上市的时候，新希望成为它的第一大股东，而今，每年的分红都有好几千万元。

今天回过头看，希望集团的第一次成功分家有很大的"侥幸"成分。分股权是企业的重中之重，平分股权更是一大忌讳，股权平均分配会导致企业缺乏一个核心股东，在关键时刻没有能一锤定音的人。对于中国许多家族企业家来说，最大的问题不在创业阶段，而在守业阶段，多少父子成仇、兄弟反目的故事就是这样产生的。但刘家四兄弟从联手创业，到明晰产权，到最终和平分家，至今仍是一段佳话。

三　混合制传承模式

目前，家族企业的主要传承模式，大致就是传给儿女，或者传给职业经理人，但总的来说，都比较难以平衡"能力"和"信任"之间的关系，能力够的不一定可靠，而可靠的人选能力又不一定行。

刘永好却偏偏独辟蹊径，独创了一种"家人+外人"的混合制传承模式，很好地平衡了这种关系，也体现了一个父亲的煞费苦心。刘永好用10多年的时间精心谋划，培养女儿刘畅接班。

我们先简单讲一下刘畅的个人经历。她出生于1980年，高中的时候就被送到美国留学。追求个性独立的刘畅为了表达个性，把头发染成一绺黄一绺白的，活脱脱一个"朋克少女"。

2001年，21岁的刘畅正式进入新希望集团，最初负责广告业务，结果因为没有铺开渠道，钱打了水漂，这对于心高气傲的刘畅是一个很大的打击。她选择了离开，在成都的春熙路上开了一家饰品店。时至今日，她依然很乐于回忆那段无拘无束的自由时光："去进货时有人说你钱包丢了你千万不要理他；包要背在前面用手搂着，不管进什么货一定要用大黑塑料袋装着……"对于这么一个天性自由的女儿，刘永好在接受杨澜访谈时说了自己的引导方法：

> 刘畅从美国回来以后，一方面在学习，一方面做点事。我就带她到我们的饲料场和养猪场去看一看。养猪场那时候条件不是太好，比较脏，还有很多苍蝇，有些臭味，结果她就不进去，而且说今后再也不去了；饲料场她去看了一下，也不再想去了。
>
> 她觉得不够时尚，那个时候她喜欢做时尚的事。她说想开个店，去卖装饰品。我说"只要你愿意都可以"。于是刘畅就开始做这方面的生意了。货品没有怎么办？她就到浙江温州那边进货，但是那个时候飞机也不太方便，她就和几个人扛着麻袋，坐火车，去淘各种东西，买完装到麻袋里面再拿回来卖，生意做得也挺好。我觉得不要强求她，一开始我要是说"你必须到我公司去""你必须养猪"，那她绝不会养猪，而且这辈子她也不会进猪场。相反，顺着她来，按照她的思路去做一段时间，结果还开创出一个天地。

对于刘畅来说，创业是一个去自我化的过程，帮助她快速成长起来，尤其是在观念上，她逐渐学会将爱好和职业区分开来。而恰好2008年，在读北大MBA的刘畅请求北京大学国家发展研究院院长周其仁担任其毕业论文指导老师，周教授随口说道："我当你导师行呀，除非你的论文写养猪！"出乎意料，刘畅一口答应了下来。接下来，她访问农户，学习新型养殖技术，并第一次从真正意义上了解新希望。童年时对家里阳台上养鹌鹑的气味耿耿于怀，而现在刘畅向别人做自我介绍时，已经可以半开玩笑地说："我是一个养猪的。"

2013年5月22日，刘畅接力父亲，成为新希望六和集团董事长。这一年刘畅33岁，要掌管一个6万人的大企业，仍然需要历练。于是刘永好给她找了一位联席董事长兼CEO、当时的华南理工大学教授陈春花。他为此解释道："可能她在管理理念、战略引领这些方面的经验，需要慢慢地培养。我想呢，把陈春花老师请过来，辅导一下——请陈春花作为联席董事长，三年的时间。她（刘畅）也觉得挺好，她也觉得需要锻炼。"

那么，刘永好为什么会选中既非职业经理人，也非创业元老，更非家族成员的陈春花为女儿上位保驾护航呢？

首先，当时的新希望刚与山东六和集团合并，但互相"看不顺眼"，新希望以资本主导发展，六和坚持实业为本，六和的元老们拒不搬迁到北京的新大楼。除了人不和，还有天灾，异常频繁的禽流感让人们不敢吃肉了，新希望的中层领导有将近1/3选择辞职。

想打开如此复杂的局面，刘永好需要一个能站在高处看到全局的人，这就要求有很高的理论素养。而这一块，也是刘畅所缺乏的。

其次，陈春花与山东六和的渊源颇深，可以追溯到2003年她以兼职的方式出任山东六和集团总裁。作为山东六和的元老，加之之前干出的成绩，陈春花在六和有一定的威望，请她出任联席董事长辅佐刘畅，可以服众。但就算这样，在后来推进改革的时候，也有高管流着泪对她说："陈老师，你是错的！"

最后，作为教授的陈春花醉心于学术研究，可以避免"请神容易送神难"的问题。陈春花在新希望发动的改革——关闭了70家子公司，裁员2万多人，都是吃力不讨好的活，也是刘永好能做却不方便做、刘畅想做但做不好的事情。

2016年，陈春花宣布辞去新希望六和董事长兼CEO的职位，刘畅开始独挑大梁，开启新希望的"刘畅时代"。

"攘外必先安内",内部妥当之后,刘畅把重点放在了企业国际化上。新希望国际化步伐加快,饲料工厂从东南亚扩展到了欧洲,海外布局从单纯的饲料厂到养殖一体化。尤其是"一带一路"倡议提出以来,新希望集团开始更多地在"一带一路"沿线以投资合作的形式升级布局,这也是新希望集团国际化转型的重要组成部分。

在刘畅领导下,新希望集团国际化转型步伐不停,并卓有成效。2016年,新希望集团海外生产产品的销售额已经占到集团总销售额的10%。2017年,国外主营业务收入达到67.76亿元。目前,新希望集团在全球30多个国家和地区拥有分公司、子公司超过600家。

编者说

"信任"是人类的一种情感,被认为是"一种期望对方不会利用自己脆弱性的信心"。马克斯·韦伯认为"在中国,一切信任,一切商业关系的基石明显地建立在亲戚关系或亲戚式的纯粹个人关系上面,这有十分重要的经济意义"。然而,中国民营企业从基于感情逻辑的个体信任,到基于利益逻辑的社会信任,是企业跃迁最为困难的点之一。

2017年《中国家族企业发展报告》调查显示,中国资产超过200亿元的118名顶级富豪中,仅有31位年龄低于50岁。但另一个严峻的现实是,民营企业家二代中有接班意愿的仅有35%。在家业传承上,这些所谓"富二代"不感兴趣。

但是这两道坎,都被刘永好化解了,他不仅成功平衡了希望集团发展过程中"感情"和"利益"的关系,而且对于叛逆的刘畅,刘永好引导她从一个"杀马特少女"成为一名合格的接班人。

刘永好用极好的耐心和极有效的手法,保证了企业的发展与传承,步步为营又目光长远。

远东集团蒋锡培/蒋承志、蒋承宏
一个家，活成一支队伍

王弘达

远东集团发展至今，权威与亲情交织的家族企业文化功不可没。在发展早期，蒋锡培的"独断"与事必躬亲，使远东集团在一系列变革中游刃有余，面对瞬息万变的市场能迅速反应和积极应对，也在集团内部建立起一种整肃又和谐的文化氛围。

这也意味着在某些时候，家族成员的行为以促成整个家族的兴旺和荣耀为核心。这种驱动力是持久而深刻的。蒋锡培的妻子陈晓芬默默无闻，数十年无怨无悔地在生产和生活上支持丈夫。长子蒋承志毕业后回归家族，主动担负起接班重任，而小儿子蒋承宏在企业外积极开拓，意图为远东集团建立一块"飞地"，以帮助远东在未来的嬗变中取得先发优势。

以企业聚心，一家人俨然一支队伍。

一 五次改革股权，远东如何顺势而为？

在 2018 年 8 月国务院召开的"降成本减负担专项督查座谈会"上，

远东控股集团创始人、董事局主席、党委书记蒋锡培提出12条为企业减负的建议，并且一针见血地指出："当前经济、金融、市场最大的问题是信心问题，政府必须下决心减轻企业的税费负担。"事实上，蒋锡培关注企业降税已近10年，这也不是他第一次提出相关建议。

应该说，蒋锡培对经济形势的洞察贯穿在整个远东控股的发展过程中。出生于1963年的他，高中毕业后当了钟表匠，后来在江苏宜兴一个偏远的乡镇成立了仪器仪表厂。从1985年成立仪器仪表厂到2019年远东控股入选"中国制造业企业500强"榜单，这期间蒋锡培对自己的企业进行了5次改制。而每一次改制他都摸准了跌宕起伏的时代脉搏，在不同的发展阶段，让企业更好地适应内外部环境。

2010年，蒋锡培在接受《巅峰访问》采访的时候如此说道：

> 我们20年当中进行了五次股权制度的改革。确实，要能够使企业生存下去，要发展好，我们就从创办时候的民营企业，在1992年的时候改制为乡镇企业，在1995年的时候又改为股份合作制企业，在1997年的时候呢，又是全国第一家混合所有制企业，在2002年的时候又回归了民营企业本身。

那么问题来了，蒋锡培为什么要这么多次地"折腾"呢？这要从第一次从民营企业变成乡镇企业谈起。

1985年，他创办宜兴市范道仪表仪器厂。后来，仪表仪器厂失败了。于是，1990年，自筹资金180万元，带领28位亲朋好友，创办宜兴市范道电工塑料厂（是为远东控股集团的前身）。塑料厂成立以后飞速发展，当年就实现了盈利，仅仅两年的工夫，销售额就达到5 000万元，这在当时是一个非常惊人的成绩！

就在企业飞速发展的时候，1992年蒋锡培对企业进行了第一次改制：将企业的500万元资产划归乡里集体所有，把自己创办的企业改制为乡办企业。范道电工塑料厂虽然在成立后发展迅速，但要想马儿跑就得有粮草，塑料厂资金总是跟不上。蒋锡培曾经为了贷款20万元，往银行跑了一年多，最后还是乡政府出面做担保，才解决了这次的贷款问题。20世纪90年代初，中国民营企业还不被信任，蒋锡培意识到，要解决人才困境和融资难题的最好方式就是得到政府部门和当地群众的认可和支持。1992年底，范道电工塑料厂正式更名为无锡市远东电缆厂，成为乡办企业的一分子。改制后的第二年，远东的销售额达到1.5亿元，年底总资产为5 000万元，是改制前的10倍。

很快，远东又迎来它的第二次"变身"。股份公司这一现代企业形式最初引入国内时曾遇到种种阻力，当地方政府鼓励推行股份制时，远东电缆厂率先响应号召，成为江苏省股份制企业改革试点单位。在蒋锡培看来，企业要生存，持续盈利和持久发展的能力是重要的竞争因素。当同时期联想、珠江电器等公司还在为股权清晰化而努力的时候，远东已经顺利完成股权改制。通过改制，80%的远东员工通过自愿认购的方式，掌握了远东95%的股权。改制不仅解决了企业的融资问题，更彻底激发了企业员工的主动性。

用数据来说话，改制后的1995年、1996年两年，远东的利润同比分别增长182.8%和126.5%，可以说相当成功！

如果说前两次改制是很多中国民营企业普遍经历过的，后三次改制则体现了蒋锡培特有的胆识和魄力。1997年是风云激荡的一年，而国有大中型企业改革也走到了深水区，许多国有企业开始向外探索新的合作模式。蒋锡培主动递出了橄榄枝。1997年4月，远东与中国华能、江苏电力、国家电网、中国华电四大国企合作合资，建立混合所有制。在新的合资公司中，四家国有企业共占了68%的股份。这便是远东的第三次改制，是一次混合型经济模式的探索，也是一次创新的战略合作，远东让出的是控股权，获得的是市场主动权。远东把最大的用户、最有实力的企业变成自己的股东，在国内开创了既有国家股又有职工股，还有集体股的混合企业模式，为自身发展创造了更好的环境。后来几年，尽管电缆市场持续低迷，远东依旧能够逆势增长。也正是这次混合所有制改革，让蒋锡培得到了"电缆大王"的称号。

与此同时，混合所有制使企业管理权和所有权上的分歧也越来也大，开始不利于企业的成长。2002年，远东回购了国有股和集体股，成立了由大多数员工持股的远东集团，完成了第四次改制。股权购回后，远东集团全面完善法人治理结构，健全了董事会、监事会等职权部门，正式成为一个新型的现代化企业。

2010年，远东集团通过资产重组，实现了电缆整体上市，完成了企业市场化运作和战略转型发展的第五次改制。

在《巅峰访问》中，蒋锡培如此解释自己多次改制的原因：

> （不管怎样）我都要办下去啊，办下去一定要天时地利人和，因为中国的环境变化很大，江苏的环境变化也很大，一个自己投资的民营企业要在这样的环境当中生存发展，一定要考虑什么样的制度、什么样的结构适合企业的发展——我必须审时度势，我必须与时俱进。

二　见自己，见天地，见众生

蒋锡培主持的5次改制，使远东集团从创业时仅有180万元资金的一艘小帆船，变成现在市值千亿元的航空母舰。俗话说"船大难掉头"，企业越大对船长的要求越高，很多人感叹：蒋锡培太厉害了，好像他把手直接搭在了时代的脉搏上一样，每一步都走得如此准确。

蒋锡培这么果决，来自他不断进化的学习能力。王家卫的电影《一代宗师》里面有句话：见自己、见天地、见众生。这话用在蒋锡培的学习经历中十分合适。

如何"见自己"？

蒋锡培出生于江苏宜兴，参加过一次高考，但是不幸落榜。农民出身的父母自然希望儿子可以复读继续参加高考，成为大学生，以光耀门梄。但是蒋锡培选择了去杭州学习修钟表。在那个 1 公斤粮食两毛钱、国家工作人员月平均工资只有 20 元的时代，成为万元户就非常了不起了。蒋锡培只用五六十天就把修钟表技术都学会了，之后他开了一家修钟表的小铺子，因为修钟表技术好，为人又热情周到，所以很多人都愿意来找他修钟表。一个人忙不过来，他就招徒弟帮忙。

这个时期蒋锡培的学习还停留在一种点对点的状态上，也就是为了自己的生活需要而学习知识。他在接受《中国经营报》采访的时候说道：

> 要去学这门手艺的时候，我给自己定下了一个目标：这一生如果有五万块钱的存款，再有两间楼房，再娶一个漂亮贤惠的老婆，就心满意足了。在不到两年的时间里我这个目标就实现了。

蒋锡培的"小目标"很快就实现了，但他并没有满足于"十亩耕地一头牛，老婆孩子热炕头"的生活，而是在 1990 年成立了范道电工塑料厂，主营电线电缆的生产和销售。成立这家企业的时候，蒋锡培对电线电缆的知识基本属于一片空白，为了带动企业的发展，蒋锡培开始拼命地学习，学习造电线电缆，更要学习如何经营管理企业，提高效率。

假如说第一个阶段他的眼中只有自己，那现在蒋锡培已经到了"见天地"的境界，他把自己放置在社会的大环境中，开始思考自己有哪些优势、哪些劣势，而学习的对象不限于一种技能或者一门学科，从具体技术到宏观管理，学习的范围更加广泛，也更加多元。他在接受《经济观察报》访谈时这样说道：

> 在创业的过程当中有很多的事情要做，很忙也很累，但是我也没有放弃学习。我觉得不学习是跟不上的，因为毕竟有很多的人特别优秀。看到人家都是硕士博士、是名校出来的，不学习，你今后怎么跟人家竞争呢？后来我不论去南大学习也好，去北大清华也好，

还是去中欧长江也好，一路学习过来，不光是学习到很多理论方面的知识，能够跟自己（的实践经验）很好地结合，而且我还有了很多特别优秀的同学，他们每一个人都是值得我学习的。

2006年，蒋锡培报名学习长江商学院中国企业CEO第一期课程，同期的同学有马云、牛根生、朱新礼、江南春、郭广昌、李东生等人。在这个阶段，蒋锡培学习的目的不再是学一手技术养家糊口，而是着眼于以个人素养的提升带领企业的发展。

而蒋锡培"见众生"的标志，是他在2010年创办了远东大学。

蒋锡培不爱说漂亮的话，他常常朴实地说，"搬凳子给人家坐，就是搬凳子给自己坐；倒茶给人家喝，就是倒茶给自己喝"。在他心目中，帮助和成就他人，也是在奠定自己的事业根基。从远东成立起，蒋锡培就确立了打造学习型组织的目标，因为他始终相信，唯有员工和自己一起坚持学习，企业才有可能一次次与时俱进，一次次突破发展瓶颈。后来，为了给员工创造系统学习的环境，蒋锡培干脆创办了一所企业大学——远东大学。

首先，作为一家企业大学，远东大学下设营销学院、生产学院、管理学院和福斯特学院，学科建设的相对完备，在全国5 000多家企业大学中名列前茅。学校"授人以鱼，不如授人以渔"的办学理念，让每个有学习动机的学员，能得到切实的提升。

其次，远东大学不设置准入门槛，没有文化程度限制，任何员工都可以根据个人发展需要自由申请。因此，远东集团内主动学习的氛围十分浓厚。

最后，远东大学的成绩、学分，会跟员工的薪酬、晋升挂钩，组成合理的激励机制，激发了一波又一波的学习潮流。

蒋锡培的眼光不止于此，他在社会上大力投入公共教育事业，设立了众多的奖学金，单远东教育奖励基金一项，每年就拿出600万元，奖励宜兴市范围内取得突出成绩的教师和学生。蒋锡培说：

以前我们总是看到哪个好就学哪个，好学的精神可嘉，学好固然也不错，但还是要根据自己的实际情况来定学什么。再先进的武器握在手上，你不会使用，还不如拥有一把锋利的刺刀更有杀伤力。我一向认为，适合自己的，才是最好的。企业要制定适合自身发展的策略、路线，形成一定的核心竞争力，才能实现长足的发展。

三　家族四人作战小组

美国的特种兵非常流行一种作战方式，那就是"四人作战小组"，有人好奇了，为什么是四个人呢？答案很简单，人多了容易暴露目标，人少了小组的功能就承担不起来。

巧合的是，蒋锡培家庭也是四个人，并且每个人都承担着不同的任务：蒋锡培是第一突击手，扛着枪冲锋陷阵；他媳妇陈晓芬拿着救护包，负责后勤保障；大儿子蒋承志是第二突击手，接过父亲的钢枪消灭新的敌人；小儿子蒋承宏则是扛着电脑雷达的信息兵，不断探索新的作战方式。

前面讲过，蒋锡培在杭州做钟表匠的时候，有过一个"小目标"，那就是赚5万块钱，买两间房子，娶个漂亮媳妇，剩下的钱呢，就存到银行吃利息。蒋锡培的小目标只用了两年就完成了，他娶的贤惠媳妇叫陈晓芬。

陈晓芬不是蒋锡培的影子，她是蒋锡培的战友，也是远东集团和蒋氏家族的幕后功臣。陈晓芬对蒋锡培的支持是方方面面的。

在蒋锡培最早成立仪器仪表厂的时候，因为经验不足，生产的零部件出了大问题，不仅工厂面临着倒闭，而且背负了20多万元债务。在20世纪80年代初，20万元是个天文数字。陈晓芬知道后是怎么做的呢？她回了趟娘家，向亲朋好友借钱，甚至把猪圈里还没长成的猪，都赶到集市上卖掉了！

在蒋锡培成立范道电工塑料厂后，因为人手不足，陈晓芬这名温柔的女子站在了车床边，坚持干冲压这类重体力活儿。有一次因为连续加班体力不支，陈晓芬突然眼前一黑，巨大的车床重重压了陈晓芬的手，一时间血流如注。而清醒后的陈晓芬对蒋锡培说的第一句话就是：我很快就好了，你不要为我耽误生产。

陈晓芬出身普通的农村妇女，随着公司的壮大，她从范道电工塑料厂的会计到远东集团资金管理部的副部长，一直坚挺地站在丈夫背后，付出的努力可想而知。蒋锡培曾经动情地说："这么多年来，无论我到哪里出差，无论多远，我都会在晚上睡觉前给我太太打个电话。"而对于妻子的学习精神，他十分佩服，在"致良知四合院"论坛上，蒋锡培如此说道：

> 我太太学习比我认真，回去以后，每天少说也学两个小时三个小时，早上要把芳姐讲的课、立萍老师讲的课、白老师讲的课，要听好多遍，晚上也是如此。更重要的是，有时候我一忙来不及，她就说"你还没有学呢""你要交作业了""你要写家书了"……我以前算是很用功的人，从读小学到读初中，班上我算成绩最好的同学之一，但也没有这么学习过。

蒋锡培对两个孩子坚持"穷养"的策略，他说："他们读高中也好，大学也好，从来是给很少的零花钱。学费什么该交的交，但是（零钱）就几百块到1 000多块，肯定没有超过2 000块。他们大部分时间都是乘地铁、打车，住的也是6个人或10个人一间的宿舍，没有单独租房去住。儿子在美国念研究生的时候，连一辆二手车都没舍得买。这跟我们家的传统有关系，他们深知'每一分钱都来之不易''粒粒皆辛苦'。"

2008年的时候，曾有人问蒋锡培："两个儿子谁接你的班？"蒋锡培说："老大说现在想自己做事业，'如果需要，可以帮忙'；老二说，'你太辛苦了，等我自己把事业干好，争取把你公司收购掉'。"

那时，蒋承志、蒋承宏兄弟还是二十几岁的在校生，个性迥异已经明显表现在外。

蒋承志出生于1986年，按照传统，长子应该受到万般宠爱，但是童年的蒋承志有个"对手"在和他争夺父母的关爱，那就是范道电工塑料厂，这个工厂比蒋承志大一岁。他童年最深的印象就是"我们睡觉，父母回家，我们起床，他们出门"，父母聚精会神于创业和企业发展，他们的勤奋和心系企业是不言的身教。

蒋承志从小在爷爷身边长大，这个侍弄了一辈子庄稼的老人，有朴素的智慧。蒋锡培那句著名的经商哲学——"你搬凳子给人家坐，就是搬凳子给自己坐；你倒茶给人家，就是倒茶给自己"，就是这位老人教导的。而在后来的管理中，蒋承志对文化传承非常重视，跟这"朴素的家教"有很大关系，他在《家族企业》杂志主办的"2016中国家族企业传承"主题论坛上这样说：

> 不管家族企业还是国有企业，任何结构的企业能够长期发展下去，就核心来说还是这个企业能提供对社会有价值的产品。这其实跟企业自身的价值观、创始团队的文化直接相关，对我们（来说，传承）最重要的一点就是文化价值观的理解和贯彻。

尽管如此，蒋承志并不因循守旧，自2016年任职远东控股集团董事及旗下智慧能源董事长后，他一直在推动集团公司的战略转型与产业升级。比如，为远东引入361绩效考评体系，即提拔30%的人、培养60%的人、淘汰10%的人，这个方案刚开始被员工强烈抵触，经过多次修改后，最终推行了下去。在原则性问题上，蒋承志丝毫不让步。他主动跟"10%的员工"一一单独谈话。"有理有据地提出问题，不让员工觉得自己被冤枉，能调岗的尽量不辞"，每次谈话前蒋承志都这样反复告诫自己。他在不断挑战一些东西，但始终不出"搬凳子给人家坐"的祖训。作为一名新战士，蒋承志可能还略显稚嫩，但是老组长蒋锡培还可以手把手"传道"好几年。

而对于小儿子蒋承宏，蒋锡培则要相对"纵容"得多。蒋承宏读的是南京大学国际贸易专业，大学毕业后，他进入专注于中国市场的私募股权基金新天域资本工作。但工作两年后，蒋承宏的叛逆姗姗来迟。24岁的他选择了辞职去留学，修社会学。研究生期间，他开始思考"人活着的意义""人类世界未来的走向"。

>那年的我26岁，在研究生生涯接近尾声的那段时间，我迷失了自己的方向，我不知道毕业后我应该干什么。我突然开始怀疑人生，质疑自己，甚至对生活渐渐失去了兴趣。我开始问自己："我是谁？我从哪里来？我活着到底有什么意义？"我翻阅书籍，接触佛学，接触西方哲学，接触儒家和道家学说，试图在前人总结的智慧里找到答案。

蒋承宏在短时间内依然无法从认知上解开自己的疑问，但是他似乎找到了可以让自己活得更有意义的事。他决定要像他崇拜的偶像比尔·盖茨、乔布斯、埃隆·马斯克等人一样，做一件可以推动人类历史进程的事情。

蒋承宏认为伴随着人工智能、AR和VR的发展，人类社会已经正式步入第七次信息革命和第四次工业革命时代。在他的设想中，在可见的未来，摄像头就是人类观察世界的第三只眼睛，人工智能就是辅助人类记忆和分析的第二个大脑。为此，他毕业后创办了北京琳云信息科技有限责任公司。

蒋锡培家族——冲锋陷阵的丈夫，温柔体贴的妻子，踏实笃定的长子，天马行空的幼子，每个人都在发光发热。他们很好地诠释：家族企业兴盛的背后，是所有人在努力奋斗。

> **编者说**

中国人民大学公共管理学院教授吴春波认为：支撑企业活下去需要三种力量，企业文化是一个企业的长期牵引力，激励和约束机制是企业的内部动力，科学规范的管理则是企业的推动力，三者相辅相成，构成企业的核心竞争力。

"激励"和"科学管理"因为见效快而广被企业家们重视，但是站在更长的时间维度上，企业的文化选择真正决定企业的生死存亡。比如，已传承300多年的日本半兵卫麸家族坚守"先义后利，不易流行"的经营理念；"二战"时日本政府对国内资源进行统一分配，物价奇高，但半兵卫麸家族宁愿停产歇业也不去黑市购买原材料，这种品格赢得了顾客的尊重；"二战"后日本房地产行业迅速发展，但半兵卫麸坚守只做麸的企业定位，避免了房地产泡沫的冲击。

蒋锡培为远东集团也找到了一个文化坐标，那就是"致良知文化"，用中华传统文化的力量引导企业发展方向。他期望以阳明心学之"知行合一"的文化软实力，"链接"1万多名远东家人，也"链接"产业链上下游，推动远东集团百尺竿头更进一步。

冲突

福耀玻璃曹德旺/曹晖
机遇猎手，直指本心

郑四方

1946年5月出生的曹德旺已是年过七旬，笃信佛教的他生就一副弥勒佛般的身板和面容。在慈善场所可以频繁地看到曹德旺和福耀的身影。

捐钱是一件痛快事，曹德旺每一笔钱都要求花对地方，因此他曾让中国扶贫基金会签下"史上最严苛"的捐款协议。讲原则，也讲方法，是曹德旺做人做事的特点。

而对于子女教育，他同样如此。让孩子在一次次飞行中受伤乃至折翼，以铁一样的冷酷造就下一代的"空中之王"。

一 如何做机遇猎人？

曹德旺一手创办了福耀玻璃，据称，他生产的汽车玻璃占据了国内市场的70%、国际市场的30%，是无可争议的行业巨头。当初一个连7分钱一包的香烟都抽不起的人，怎么可能打下这样的基业？曹德旺最厉害之处就在于猎杀机遇。

闽剧里有出戏叫《门槛刀痕》，戏里面的主人公原型叫曹公望，这个人曾经是福建福清的首富，就是曹德旺的曾祖父。而曹德旺的父亲曹河仁曾经在日本做过学徒，从刷马桶做起，一直干到店长，接受过系统的商业训练，但不幸的是，曹河仁于1937年归国之后在上海永安百货几年间积累的钱财，因躲避侵略者和战乱，都随着一艘铁壳船沉到了河底。

钱都打了水漂，曹河仁一肚子的生意经成了屠龙之技，无用武之地。直到改革开放前，国内大环境都不适宜经商，曹河仁只好把功夫放在了儿子身上。曹德旺对童年最深的印象就是，隔上三五天就得撒脚丫子跑到镇上，给父亲打酒，然后曹河仁在吃饭的小桌上撒把花生，剥两颗花生就一口小酒，顺便"敲打敲打"旁边站着的儿子——给曹德旺讲讲做生意的心得，其中最重要的一句话是：要用心做事，有多少心，才能做多少事。曹德旺几十年后才真正咂摸出这句话的味道，他在接受《流行无限》节目访谈时说道：

> 你有多少心，就可以做多少事。这个事情，我研究了很长时间才知道。人到底应该有多少心？后来我把每一个"心"，比如说，信心、忠心、诚心、孝心、自尊心……把它们列出来，好像有快30个"心"了。

做生意也是一个修炼的过程，曹德旺修炼的第一个"心"叫"野心"。家里兄妹六个，穷得连锅都揭不开，饥饿是曹德旺幼时最惨痛的记忆——这也可以说是20世纪六七十年代中国的集体记忆。一天只能吃两顿饭，还只是些汤汤水水，不能吃饱，这对正在长高的曹德旺来说是一件难以忍受的事情。（以至于很多年后，完全财务自由的他依然会为得到喜欢的食物而由衷地开心。在国务院侨务办公室组织的一次去甘肃的考察中，曹德旺入住宾馆后第一件事就是溜出去找坐车时"看上去就流口水的猪蹄"，考虑到西装革履地啃食有碍观瞻，他还颇费心思地先进旁边的拉面馆，让拉面馆老板代为购买，多年后在央视镜头前回忆起来，曹德旺还一边咽口水一边夸赞连连。）

为了生存，曹德旺养过牛，卖过水果。要知道，在那年代，一个人骑自行车到另一个村，要是车后座上有两只鸡，都有可能被定为"投机倒把"。1972年，靠往江西倒卖白木耳，曹德旺成为"千元户"。这是一笔不小的财富，当时的米价只有0.14元/斤，肉价0.95元/斤，在计划经济时代，工人月平均工资只有28元左右。曹德旺此时仍然抽着7分钱一包的香烟，但不甘平庸和敢干能干的个性日渐显露出来。

所以成为猎人的第一步，是不断练习猎杀技巧，向老师学，向书本学，向社会学。

1983年，曹德旺和别人一起承包了高山异能玻璃厂，生产水表玻璃。有一次曹德旺出差的时候，顺道拜访了一下武夷山，他还给老母亲买了根拐杖，上车的时候，送他的司机说："老曹，你小心点——把车玻璃打破了，你可赔不起！"曹德旺说："不就一块玻璃吗，我看最多值100块！"司机较起劲来，说道："你还真别不信，一块玻璃好几千呢！"

细心的曹德旺打听了一下，马自达的一块前挡风玻璃要6 000元。说干就干，曹德旺回去后就改组高山异能玻璃厂，在保证水表玻璃生产的同时，着手汽车玻璃的研发。他从上海耀华玻璃厂引进了一套淘汰的设备和一些图纸，此后便一身油灰，和工人们一起泡在车间，没日没夜地钻研。上海耀华玻璃厂的负责人在接到曹德旺要求派技术人员组装总成的电报时，止不住惊叹：疯了，曹德旺疯了！只用了四个月，曹德旺就克服了压机和鼓风机的难题，这比上海耀华玻璃厂预计的时间少了一半！他们半年就赚了70多万元。

巧合的是，第二年，也就是1986年，一辆车牌"Z"开头的"0001"号汽车行驶在上海街头，中国从法律层面开始允许私人拥有汽车，而中国民用汽车保有量从1985年的321万辆，激增到2017年的2.1亿辆。曹德旺一脚踏入了聚宝盆。

所以成为猎人的第二步，是对行业信息保持高度敏感，寻找猎物丰富的水草地。

站稳国内市场以后,曹德旺把目光投向了国外。1996年,法国圣戈班公司出资1 530万美元,福耀玻璃出资1 470万美元,合资成立万达汽车玻璃有限公司。

但合作中双方对公司的定位显然是不同的。法国圣戈班公司让曹德旺做董事长,给他发很高的薪水、配最好的轿车,而他所有的建议都不被采纳。圣戈班只是把这家公司作为进入中国市场的跳板。

不过曹德旺也没闲着,在这将近三年的合作期间,他把福耀的员工送到圣戈班公司的生产一线接受培训,把生产流程、设计、工艺和服务都摸索了一遍,还学习了国际水准的管理模式,福耀玻璃从只会加工生产发展到有了自主设计能力,有了跟国际一流公司打擂台的资格,这个公司反倒成了他后来进军全球的一块跳板。

1999年,合资公司连续三年亏损达3亿元,曹德旺提出退回圣戈班入股资本金,并且亏损的钱算在福耀自己头上。曹德旺在与圣戈班的谈判中强势地说道:"这个工厂是我建的,这里的一草一木、一兵一卒都是我带出来的,要是让我离开,我买张机票马上远走高飞,头都不回一下,但是你能玩转这个工厂吗?这里是中国!"

圣戈班采用迂回策略,他们认为曹德旺没有魄力拿出这么多钱,于是要求七天内付清,但曹德旺在签合同前已经准备好了资金。他在《流行无限》节目上不无得意地回忆道:

> 合同签完,他说七天付款。
> 我跟他秘书讲:"麻烦你一件事情。"
> 他说:"什么事情?"
> (我说:)"打电话问问你的老板。"
> 他说:"什么?"
> "我如果今天下午就把钱打给你,省得我再跑一趟,你能不能把这七天的利息还给我?"

他很失落地说:"那就算了吧。"

不过曹德旺这3个亿不是白给的,他有个附加条件:五年之内,圣戈班不准进入中国市场。这个五年之约,曹德旺保住了中国日臻向上的汽车玻璃市场,他开始一心一意地去开拓国际市场。

学会在"斗争"中合作,以合适的代价换取自己急需的东西,是曹德望成为猎人的第三步。

二 做慈善的"大手"与"小心"

先讲一个小故事:貔貅,传说中是龙的第九个儿子,这个神兽有个特点,"纳万物而不泄"。做生意的,家里除了财神爷,往往要再供上这么一尊神兽,寓意不言而喻。

曹德旺家里也有一个,而且很大,但不一样的地方在于,他亲自动手给貔貅凿了个屁眼,这可是很犯忌讳的举动。他的理由很简单:只进不出,还不得憋死啊。

曹德旺"出"的方式就是做慈善,但想把钱花到正确的地方,可是一项高超的本领。曹德旺觉得:"慈善不是捐钱,慈善是做人,慈善的终极目的是构建一种和谐稳定的环境,让人人都有发展。那些穷人也不都是缺钱,他可能只缺你鼓励几句,因为钱不是万能的,捐钱只是慈善的一种方式。"

曹德旺做慈善的第一个特点:他对钱和帮扶对象,有着超乎常人的大度。

曹德旺对金钱是很看得开的。他在教育儿子曹晖时曾说:"别把钱当真。谁有水平,钱就留在身边多玩几天,没有水平,钱就少玩几天。反正钱是不会永远留在你身边的。"

1983年,曹德旺刚接手高山异能玻璃厂,他的小学老师找到他,想让他为学校捐些钱,曹德旺看到孩子们用的还是自己上小学时用过的

Netflix公司出品的《美国工厂》获第92届奥斯卡最佳纪录长片,主人公正是曹德旺和福耀玻璃

@图片来源:视觉中国

"稀里糊涂"成了富翁的曹德旺,最爱三件事:啃猪蹄、喝茅台、捐钱

@图片来源:视觉中国

破旧桌椅，当即捐了2 000元。由此开始，他一发而不可收，玉树地震时捐1个亿，西南五省旱灾时捐了2个亿，到2017年，他个人捐款已经超过80亿元，被称为"中国首善"。

有人问曹德旺：要是你资助的贫困户，拿了钱不买种子化肥，去买酒喝怎么办呢？曹德旺哈哈一笑，"这也是他的需要嘛，而且我得跟他说喝酒一定要再买只猪脚，那个就酒好。我们要充分尊重穷人的尊严，要相信他们会安排好自己"。

这么一个一掷千金、态度豁达的人，会不会被别人用慈善的名义给骗了？这里就要说到曹德旺做慈善的第二个特点：他做慈善有严苛的目标管理和监督机制。

2010年，西南五省发生干旱灾情，粮食严重减产。曹旺德与中国扶贫基金会签订捐赠协议，向受灾区的农户捐赠2亿元。但对于中国扶贫基金会来说，这笔善款有些"烫手"，因为曹德旺跟他们约法三章：第一，《基金会管理办法》规定，慈善组织的管理费在10%左右，但曹德旺要求不超过3%；第二，半年内，把2亿元以每户2 000元的标准发给10万农户，差错率不能超过1%；第三，一旦超过，超出部分按30倍进行赔偿。

这次捐赠被称为"史上最严苛捐款"。每10天曹德旺要审核一下工作报告，最后，10万份带有受助农户指纹和签名信息的资料，把他的办公室堆了个满满当当。曹德旺如何看这件事情呢？他在接受央视采访的时候，解释自己为什么选择了"代理发放"而不是"委托发放"：

> 慈善也是项目，项目必须管理，这是国际上很流行的做法。中国人里我是第一个这么做，他们说我太苛刻。

从这个项目能充分看到曹德旺的粗中有细。而更能体现他慈善观念的，应该是他一手创立的"河仁基金会"。"河仁"是曹德旺用父亲的名字命名，并为这个基金会写道："做慈善不是富人的专利。我捐几十个亿，和你们拿工资的人捐几千块是一样的,因为你已经尽力了。即便没有钱,你还可能给人以笑容,展示你的同情心。"

这个基金会更能体现出曹德旺做慈善的第三个特点:他期望能建立起可持续的运行机制。换句话说,他要把做商业的科学管理,引入慈善中去。

2010年,河仁基金会在中国民政部登记注册成立。曹德旺捐出3亿股股票,当年的价值为35.49亿元,这是"中国股权第一捐"。但曹德旺创立河仁基金会,有两个地方很特殊。一是他建立了完善的组织结构和监督机制,河仁基金会设置有理事会、监事会、秘书处,相互制衡和监督,并邀请13位社会知名人士做监事,监督基金会运行。基金会定期公布审计报告和慈善项目名单,要求基金会的每个项目都要向社会公告。二是基金会独立运作。换句话说,曹德旺虽然完全个人出资建立了河仁基金会,但钱捐出去以后,和曹德旺及他的家族,甚至他的儿子曹晖都再无关系。曹德旺在2010年接受《小崔说事》访谈时这样讲:

> 去年我宣布捐款之前,就叫他(曹晖)在捐款协议上签字,说:"支持你爸,就在上面签字……"他问为什么要签,说:"这东西是你的,给谁都是你的决定权,我有什么权利决定你的东西?"

曹德旺很低调,他很少主动宣扬自己做了哪些善事。他觉得按照中国的文化,隐功才能积德。"施"分三种,分别是财施、法施、如意施,"财施是功德最小的,没有功德,对有钱人来说没有意义,因为困难的人不一定就是缺钱。而捐钱的人,如果不学得谦虚、低调的话,那么这钱白捐了。"

生财有道,"散财"也有道,他把慈善当成项目来做并且用去家族化等举措,让基金会运行得更科学合理。

三　折翼试飞

曹德旺的班不好交。他先后尝试过交给职业经理人、内部高管等方式，均不成功。尝试让儿子曹晖接班，曹晖两次出走，直到2018年6月，才确定由曹晖掌舵福耀集团。那他的儿子为什么不愿意接班呢？

问题就出在曹德旺的"鹰爸"式教育上。据说动物界有一种老鹰，会在雏鹰学习飞翔之前，把雏鹰的翅膀给折断，然后把雏鹰从悬崖上踢下去。因为鹰的骨骼再生能力非常强，如果雏鹰能够忍着痛苦拍打翅膀飞起来，翅膀充血以后会更加强健，才能成为真正的"天空之王"，但如果不能忍受这份痛苦，雏鹰就会被活活摔死。

曹德旺对曹晖的历练可以用"不近人情"来形容。

曹氏家族是一个能吃苦的家族，几代家长都有意识地锻炼孩子们的吃苦能力。曹河仁18岁时，曹德旺的舅公把他带到日本学习手艺，却没有把他安排在自己的店里，而是让他在日本一家布店做了三年的学徒，没有工钱，吃的是布店老板的剩菜剩饭。第一年让他拖地、端茶，乃至刷马桶；第二年让曹河仁挑着店里的布头，沿街吆喝叫卖；第三年才让他学习怎么站柜台、怎么做生意，甚至老板还让曹河仁嘴里咬着筷子对着镜子练习微笑和鞠躬。这些严苛的锻炼是曹河仁以后发家的基础，在曹河仁回国时，他已经挣了10万日元。

而曹德旺自小因为家庭境况和父亲的调教，也备尝生活的艰辛。曹德旺倒腾过水果，对一个17岁的少年来说，每天凌晨2点起床，骑车到福清县城，天刚亮，再载着150公斤的水果回高山，到家时，约莫下午3点，水果卖完基本要晚上8点了，所以曹德旺记忆中母亲早上总是一边轻轻推被子里的他，一边抹着止不住的泪花。也正是这一段经历，曹德旺养成了早起的习惯。

到了曹晖这一代，曹德旺同样"狠心"，虽然已经富甲一方，但是曹晖在父亲的"魔爪"下很少享受到财富带来的便利。他高中毕业就被曹德旺"扔"进了生产车间，而且往往是三班倒，为了多挣一点钱，每天工作 10 小时以上，就这样坚持了 6 年，一步步升为车间主任。而曹德旺也只是淡淡说了一句："这孩子，能吃苦。"

熬成了车间主任，刚有点起色，就被调到香港，在没有人脉也没有渠道的情况下，被要求组建分公司；曹晖历经千辛万苦，终于组建了团队，并搭好了新公司的框架；本以为终于能松口气了，曹德旺又把曹晖一下子"扔"到了美国，要求他自己挣钱攻读 MBA。最终曹晖在美国组建了家庭，也有了稳定的工作，终于找到了自己的生活，但多年"被折腾"也埋下了对父亲的深深不满，在美国的 6 年时间里，曹德旺打的电话，曹晖从来不接。

而这时候，曹德旺遇到了传承难题：福耀玻璃 4 年内换了 5 位 CEO，日本的丰桥重男因为不适应中国文化黯然离去，而以每月 25 万元高薪聘请的通用集团原高管刘小稚也回天乏术。曹德旺终于意识到，这个班归根结底还得儿子来接，儿子从小在企业里摸爬滚打成长起来，可能能力上还需要磨炼，但他是曹德旺的儿子，而且手上有决定公司走向的股票，只有曹晖坐上这个位置才能够真正服众。

2006 年，曹德旺派出中间人去美国劝说曹晖，他们对曹晖说："福耀这么大个公司，有那么多员工，你不能看它倒下去，你不能只承担个人的责任，还要担起社会的责任！"这句话说服了他，曹晖最终回到福耀担任总经理。

但我们能通过一些细节看到曹晖并不平静的内心。他宁愿吃住都在工厂也不愿意住曹德旺的大房子。他在办公室挂着曹德旺的画像，有人问他：是因为崇拜父亲吗？曹晖的回答是：父亲获得的每一个奖励，对我来说都是一种压力。或许曹晖之所以归来，并不单单是因为"责任"，更是因为想要超越父亲的"那把火"。2010 年，曹德旺在接受崔永元采访时，对现场的观众讲：

> 我相信我的儿子……将来年轻人做父母的时候，应该坚定地相信你的儿子有本事，一定会胜过你的。如果对自己的儿子都没有信

心，你做什么有信心呢？……你既然对儿子有信心，你留钱给他干什么？

曹德旺虽然对儿子多有夸赞和肯定，但在他看来，真正的企业家是白手起家干出来的，不然充其量也就是个职业经理人。在有着父亲深刻烙印的福耀，曹晖显然很难超越父亲，于是曹晖选择了第二次"出走"。2015年，福耀集团发布公告："曹晖先生因希望专注于其他商业事务，向公司提出辞去其所担任的公司总经理职务。"

这次"出走"，是因为曹晖看到了新的商机，他在负责福耀美国的业务时，就萌生过一个想法，搞汽车玻璃零售。他判断，汽车玻璃的零售市场比配套市场更有发展潜力，电子商务的成熟和"互联网+"的出现，正促成了商机。但曹晖的成熟在于，他不再把这个机会仅仅看作用来超越父亲，而是学着成为一名真正白手起家的企业家。曹德旺如此描述他和儿子的沟通：

> 今年是福耀创业30周年，我本来想搞个隆重的仪式与他交接。他说："你这么辛苦做这么大产业，我不接肯定是不行的，肯定要接。你白手起家的，我没有白手起家，我没有办过工厂，我是在你的羽翼下面长大的。我已经自己在办企业，办两年了，让我再做几年，不是为了赚多少钱，我主要也想像你一样白手起家，我做起来，五年后，你如果给我一个机会，随时都可以接（福耀）。"

曹晖创立的三锋集团从事汽车零配件的生产，而不仅仅局限于汽车玻璃，在高科技汽车配件方面，他开始了自己独立的探索。但是已经年过七旬的曹德旺始终在殷殷期待着，这位饱经风霜的老人需要卸下身上的担子了。2018年6月，福耀玻璃用2.24亿元全资收购三锋集团，曹晖顺理成章地回归福耀玻璃。

或许目前来看，曹晖仍然没有超越自己的"鹰爸"，但未来，留给曹晖的时间还很多。

编者说

　　曹德旺这个古稀老人做事,有一颗赤子之心。他一直像《皇帝的新装》里的那个小孩子,对着赤身裸体的国王说:可是他什么衣服也没有穿呀!做人做事直指本心,是曹德旺的特色。

　　2016 年 12 月 17 日,美国总统特朗普在推特上发文:"买美国货,雇美国人!"曹德旺给他上了一课。2019 年,以福耀玻璃美国工厂为背景的纪录片《美国工厂》,让他们看到"中国制造"的优势和制造业在美国的困境。年底,该片获得 2019 年奥斯卡最佳纪录片奖。

　　曹德旺的本真贯穿在他的商业、慈善、传承的始终。

东软集团刘积仁/刘峻麟
只有亲身经历，才最刻骨铭心

娄华轩

刘积仁有多重身份：中国第一位计算机应用专业博士、东软集团董事长兼 CEO、学者型企业家等。但对于刘峻麟来说，褪尽所有光环之后，刘积仁就是一位父亲，他对父亲从疏远到亲近，从博弈到认同，不仅是成年后平等对话的结果，更源于他学不会代码时，脱离技术岗位多年的父亲为辅导他，数个深夜独自重新温习专业知识时那份无言的爱。

爱是家庭中所有奇迹的根源。企业家也不例外。

一 教授如何转型企业家？学会谈钱！

刘积仁是一个传奇人物，他是中国培养的第一位计算机应用专业博士。1988 年，33 岁的刘积仁成为中国最年轻的大学教授之一——4 年之后，IBM 才正式进入中国。后来刘积仁创办了东软集团，有人把"东软"这个名字解读为"东方的微软"。

1986 年，中国推出一项中美联合培养计划，刘积仁在导师的鼓励下，奔赴美国留学深造。其间他很顺利地完成了博士学位论文，赢得了美国同事的认可,他所在的实验室提出,希望刘积仁能继续留下从事研究。但是刘积仁拒绝了。

> 我的(中国)老师跟我说,任何一个国家,一个民族,从贫穷中变革,整个过程中的奋斗,都需要有一批人牺牲自己换取未来的美好。我老师说他自己当年从美国回来,尽管当时失去了很多,也遇到了很多的困难,但是他从来没有对这种选择后悔过。……今天我变成一个收获者,但是我认为这种收获是因为我的导师当时给了我一个十分正确的指导,那就是把自己的知识和国家的发展、把自己的命运和国家的命运能够绑在一起。

1988年,东北工学院(现东北大学)计算机系软件与网络工程研究室成立,刘积仁满怀雄心壮志加入研究室,但现实却几乎令人绝望。无论是当时邀请他留下的美国机构或者院校实验室,还是像今天大企业的技术研发部门,都会有巨额的研究经费支持。但是回到国内,正版软件没有市场,更少有资金和人才。当时刘积仁只有一间半的研究室房间,三个人,三台旧电脑,少得可怜的经费。这意味着刘积仁需要自己去创收,才有可能继续做研究。

20世纪90年代初,有一场"教授应不应该下海"的争论,当时社会的普遍认知是:"教授"是"知识"的代名词,而"下海"是"金钱"的代名词,教授下海,不就是让知识染上铜臭味吗?刘积仁几乎是在一片"教授应不应该下海"的争议声中创办了东软集团。

> 我就感觉到在社会发展到那一天的时候,我们国家真是需要强大的软件产业。到时候,可能中国不差我这一个教授——尽管我还很年轻,但是中国差一个软件产业,差一个有规模的软件产业,为这个社会的变革而改变,把软件的力量发挥出来。那个时代又给了我这样的一个机会,继续当教授还是投身到产业?我就毫不犹豫做了选择。

在一穷二白的现实中，刘积仁开始了他探索技术梦想的历程，事实上，商业最终成就了他的技术理想。6年后，东软成为中国最大的IT解决方案和离岸软件服务外包提供商。

不过最初的思维转换对刘积仁来说异常艰难，当别人喊他一声"刘总"时，他会感到浑身不自在，就像在挨骂。最初他为公司起名叫"东大阿尔派软件研究所"，受限于当时只有公司才能进行工商注册，他才不情不愿地加上"有限公司"四个字，而现实中，他始终"本能"地抗拒着"公司""经理""利润"等商业词汇。

在美国留学的时候，刘积仁已经看到了软件企业商业模式的优势——开发一次可以售卖无数次。但当时国内盗版软件横行，正版软件推出后不到一周，市面上就会出现盗版产品，而且价格是前者的1/10，甚至更低。不过一次偶然的机会让刘积仁看到了新的市场。当时，日本汽车电子生产企业阿尔派株式会社一行来到东北大学寻求合作，希望找到一个研究机构承接汽车内部的软件系统开发，刘积仁的技术设想以及他的研究能力当即获得了日方的青睐，日方提出购买技术，让刘积仁开价。刘积仁咬着牙报了个自以为的天价——30万美元。要知道，当时刘积仁的研究室一年只有3万元的科研经费，按当时美元兑人民币1∶5的汇率来计算的话，30万美元就是人民币150万元。没想到对方没有还价立马答应了。那一刻，刘积仁意识到科研成果真的可以有效转换成资本。双方合作成立了东大阿尔派软件研究所，日本市场成为东软集团的第一桶金。

而作为一个学者出身的创业者，除了研发，刘积仁几乎什么都不懂。有一次，财务人员对他说"这台设备今年值一万，明年只能当五千算"，平常人都知道是因为折旧不会再深究。但是刘积仁的学者思维习惯让他对商业也带着股钻研的劲，为了搞明白"五千元去哪儿了"背后的原理，他翻了很多书。

在一个团队和组织中人才的重要性怎么强调都不为过，尤其是东软这样一个倚重人力资源的软件公司。东软成立的时候，启动资金只有3万元，情况窘迫可想而知，刘积仁就给大家打气——"各位，未来会有车有房的"，于是有员工开玩笑问："刘老师，能不能给我写一个收据？"

事实上，刘积仁也并没有把打气的话只当凭空画饼。在东软集团历史上，先后有4次员工持股的经历。其中第一次是在1992年，也就是在东软成立刚一年的时候，就开始股份制改造，启动了第一轮员工持股计划。1996年，公司在上海证券交易所成功上市后，一大批员工分享了创业的成果。而东软用"集体持股"这一招，既解决了员工动力不足的问题，又解决了资金短缺的问题。

总结一下，刘积仁因为拳拳爱国之心，作为教授下海创办东软集团；为了实现技术理想，他在一穷二白中起步，从谈"钱"开始他看到了技术的资本价值；为了企业经营而像钻研软件一样钻研相关知识；为了落实对人力资源的重视，他在东软推动了全员持股计划。

"教授"的角色更多是为了追求真理，但是"企业家"却是为了解决现实需求，当刘积仁开始"谈钱"的时候，标志着一个单纯的思想者走出象牙塔，开始从现实的角度思考企业发展的问题，一位真正的企业家诞生了。刘积仁说：

> 一个企业的初心，更要重视的不是你想干什么，而是你能干成什么。而在你干成什么的时候，你要想用什么样的方法、战略，使得你可以精准利用你的资源实现最终目标。很多时候我们最看不清楚的是自己，不知道我们有多大能力、现在做的内容从外部看是一种什么前景，我们甚至不知道风险。一个有生命力的企业，往往也是怕死的企业，每一天都觉得你可能要死，才可能活得长。新的商业模式会不断出现，每个企业都会面对着未来的挑战，我们每个人都应该准备被颠覆，只有这样才可能有更强大的生命力。

二　山不就我，我便就山

刘积仁褪去一身书生气，开始从现实的角度思考问题，但对于企业而言，困难才刚刚开始。

东软是一家很特殊的企业。除了它是教授下海创业外，它选择的是那个年代在全球才刚刚起步不久的IT行业，这是一个瞬息万变的行业，最特殊的，是它的创业地点不在当时更开放、经济更发达的南方城市，它坐落在东北的沈阳。

当时有句话叫"投资不过山海关"，东北似乎被贴上了缺乏互联网"基因"的标签。但偏偏，东软集团就在这样的环境下破土而出，并且发展壮大了。2018年，在中国改革开放40周年、东软集团成立的第27个年头，东软拥有员工近2万名、全球6个软件研发基地、8个区域总部、60多个城市营销服务网络，此外，3所信息学院有在校生4万人，东软当之无愧地雄踞中国IT解决方案与服务提供商之首。是什么成就了这样的奇迹？刘积仁的策略可以用他的两句话来概括。

他的第一句话："打球不好不要怪球场和球杆，要自己好好练习。"刘积仁喜欢打高尔夫，他做的远不止"好好练习"，他还想着怎么样去"修剪草坪"。这就像企业成长与生存环境的关系。在他看来，一个企业家的基本能力，就是必须要在具体环境里为企业选择一条生存之路。东软集团上市以后，在全国建立了研发中心。

> 东软上市之后，我们就看到，中国这么大，作为一家服务公司，我们必须在离客户最近处去建立基础设施。如果我们的服务半径在两个小时、三个小时之内，那么我们给客户的体验就会变得更好，客户对我们也会更加满意，更加忠诚。

但是软件行业对人才的需求是很大的，尤其是东软把盘子铺得这么大，它怎么保证人才供应呢？刘积仁眼光没有局限于东北，他在2000

年到 2003 年间，先后在辽宁省大连市、广东省佛山市和四川省成都市建了三所 IT 大学，构建产学研互动生态，为行业也为东软培养了一大批 IT 人才。正所谓要想有丰收，先要掘土肥田。

除了自己建大学，东软也从别的大学直接挖"潜力不错的苗子"，但问题来了，这些"幼苗"经验不足，上手速度慢，培养过程比较长。刘积仁想了一招，在学校实行"前置招聘"，大学生在毕业前一年就到东软进行实际的操作训练，应届毕业生在进入东软后，只需要三个月业务就很熟练。

刘积仁的第二句话是，"在洪水中卖救生圈是最好的生意"，在他看来：

> 大家都特别看好的事情，如果你那个时候进去，就可能过剩；反而是大家都在怀疑的时候，那个时候进去，可能就是机会。前提是你选择了一个正确的方向。我相信在一个正确的选择前提下提早进入，尽管有困难，但可能对我们这样的公司是最合适的。

2008 年的金融危机，是对全球经济的一记棒喝，IT 业同样遭遇重大打击。当所有企业都勒紧裤腰带过日子的时候，刘积仁却透过这层层冰雪，看到了下面绿色的希望——美国、日本市场中很多上市公司整体价值已经低于其净资产，这是前所未有的低价。东软就在这个时刻拉开了全球化整合的序幕。

2009 年，东软开始了大规模的海外布局，在美国、欧洲分别成立了公司，甚至在一天内一口气收购了芬兰 Sesea Grouup Oy 旗下的三家手机软件公司 100% 的股份。这次收购，让东软获得了很多高端人才，也打开了芬兰当地市场。

能取得如此战绩，正是因为刘积仁在"洪水"到来之前，就开始造"救生圈"了。东软自创立之时起就勇敢地选择了同世界一流企业并肩，但也意味着主动选择了强手如林的竞争环境。

作为一个科技企业，东软从软件起步，其行业涉及汽车、能源、大健康、金融等各个领域，由此形成了"东软模式"，而核心仍然是软件技术。在刘积仁看来，如今软件已经变成产业变革的工具，而东软的策略是往行业里深入。刘积仁说：

> 一个企业的生命力是你提前为未来可能发生的事件做好准备，它到来了，你的生命就延续了。如果你不知道未来会发生什么，还一直用一种产品、一种服务，未来一旦变化了，你所有东西都过时了，那就是生命的终结。

沿着"以软件为核心的多元化"这一思路，东软近年来做了大量产业布局。也是在2009年，东软开始全面转型进军健康医疗领域，刘积仁提出"大健康"概念，希望借此将商业模式从B2B向B2B2C转变，将业务线延伸到家庭和个人消费市场。

按刘积仁的说法，"在这个多元化垂直的发展过程中，构造一个生态的链条"。日本管理学大师大前研一更是赞誉东软，"超越技术，营造了一个能达到共赢的生态系统"。

三 新生代的"追光者"

东软的发展过程让人们看到刘积仁的锐意改革、奋勇进取，会认为这是一位性格很强势的领导人。但恰恰相反，在东软集团，员工们对刘积仁的评价是"随和""温和"。但在家庭中，父亲的"无所不能"，让儿子刘峻麟感受到的却是距离。

在刘峻麟记忆中，父子俩的交流很少，基本上只有在周末的时候，才会坐在一起聊聊天，刘积仁总是以"解决问题"的态度跟儿子沟通，但小小年纪的刘峻麟不太喜欢坐在书桌前听大道理，他更渴望父亲能抽出时间陪自己坐过山车吃冰激凌，所以父子俩往往一个自顾自地说，一个心不在焉地听。

父亲尽其所能为儿子安排学业,铺设人生道路,少年懵懂的刘峻麟觉得无所谓好也无所谓不好。高中毕业之后,刘峻麟去英国谢菲尔德大学攻读计算机相关专业,但整天面对"鬼画符"一样的代码,他压根儿提不起兴趣。也正是这个时候,他感受到父亲那深沉但从来不说出口的爱。在广州 W 酒店采访刘峻麟时,他坐在沙发上,灯光从上方打下来,回忆尽管久远,当情感的闸门打开时,他依然颇为动情:

> 因为我们两个擅长的东西不一样。我跟他说:"这个代码我看不懂。"他说:"怎么能看不懂呢?我那个时候看代码,就跟看小说一样。"他觉得很有意思,但是我觉得很辛苦。
>
> 那个时候让我非常感动的是,我暑假回来,跟高中同学出去玩,玩到很晚,10 点、11 点才回来,一开门进到家里面,他就在客厅的沙发上。他坐在那里,打着一盏台灯,在那里看 Java 和 C++——就是那些编程代码的书。我爸爸他本身工作就非常忙碌,我小的时候,他很少有 8 点以前回家吃饭的,出差又特别多。那个时候东软已经很多年了,他脱离技术岗也很多年了。他一直在翻这些书,是因为他自己要温习,为了要给我补习。

2005 年是《超级女声》的第二季,这个综艺选秀节目曾风靡全国,那一季更诞生了李宇春、周笔畅、张靓颖、何洁等日后一批明星。同样年轻爱时尚的刘峻麟当然也喜欢看这样的节目,但他的视角和常人不太一样,他看到那些选手们年龄比自己还小,但是每个人都知道自己想要什么,他们站在舞台上面对镜头,谈论自己的梦想,自信又笃定,好像整个人都在发光。

刘峻麟受到很大冲击,在过往的人生中,他一直是那个被呵护、被指引的对象,父亲安排好所有的道路,他只要迈开腿就好。但在那一夜,他开始第一次思考自己真正喜欢什么。他觉得自己的爱好不是计算机,但从小耳濡目染的工商管理知识，他挺感兴趣。刘峻麟第一次提议转到爱丁堡大学工商管理专业，得到了父亲的支持。

毕业之后，刘峻麟在美国哈曼国际集团有限公司亚太总部工作了几年，他在看到科技和生活融合的苗头后，向父亲借钱创办了缪斯客公司。对于第一次创业的儿子，刘积仁很少给予具体的教导，他只是每个月准时给缪斯客的财务打电话，催促还款和利息，他用实际行动给儿子上了商业的第一课：做生意必须诚信，哪怕有再多的困难，也不能丢掉信誉。

缪斯客取得了哈曼和苹果公司的销售代理授权后，搭上这两列高速前行的火车，发展很快，第一年营业额就做到了1.5亿元。但是随着苹果直营店的出现，作为代理经销商的缪斯客，业务急剧下滑。刘峻麟像坐过山车一样体会了一把商业的魅力和残酷，在破产后的20多天里，每天在家里面说话不超过五句，整个人像丢了魂儿一样。

儿子的低落，刘积仁当然看在眼里，有一天，他对刘峻麟说："我有个酒店项目，你有没有兴趣去尝试一下？"在刘峻麟陷入失败的泥淖无法自拔时，刘积仁又一次把儿子捞了出来。

刘积仁很少教儿子具体的商业策略，也很少帮扶刘峻麟。他相信做生意要看天分，一个人只有亲身经历，才最铭心刻骨。而刘峻麟在自己的人生路上，也日渐成熟。

目前，刘峻麟的身份是东软资本的董事，他思考最多的问题是如何发挥自己在资本方面的特长，助力整个东软集团的发展。因为东软集团的发展战略，所涉及的产业和项目非常多，而刘峻麟现在要用资本和金融的力量，做一个"孵蛋者"，孵化更多的好项目。

《家族企业》杂志的记者曾让刘峻麟以儿子的角度评价一下父亲刘积仁先生，刘峻麟思考很久，然后郑重地说了两个字："深沉。"他进一步解释道："他非常爱你，他对你的期望很重，但是他永远不说。"或许每一位父亲都像一位驾着渔船的老人，在你落水时伸以援手，但他永远不会把你载到终点，因为父亲知道：每个人的人生路，都得自己走。

刘积仁有句话对刘峻麟影响很深：我们要感激这个社会给了我们机

会；我们也要感激这个世界给了我们困难，因为有了困难才让我们只要看到一点光亮，就一直不停地努力，去寻找那份光亮。刘峻麟觉得，现在，他就是那名"追光者"了。

编者说

社会学家费孝通曾在《乡土中国》中用一捆柴和水波样来形容中美之间的家庭关系差异。他认为：西方的家庭关系就像一捆木柴，虽然被家庭的纽带绑在一起，但是作为木柴个体而言，他们还是独立的，彼此之间的界限是明晰的；相反，中国人的家庭关系更像石子投到水面后水面上的涟漪，是一种由己推人的模式，你很难分清楚彼此之间的界限。

在中国，子孙不仅被视为生命的延续，甚至也是情感、意志的延续，而对惯于杀伐决断的企业家来说，对子孙的培养往往会陷入两个极端，一是照着自己的样子规划孩子的言行举止，二是毫不约束，任其"野蛮"生长。

刘积仁却用了一种比较折中的方法：他任由甚至鼓励儿子折腾，哪怕在可能面临伤筋动骨的大错前也不会过多干涉，而是让社会这所大学用现实给儿子上了血淋淋的一课；然后把儿子从水底捞起，让他开始新一轮的折腾……从学者转型企业家的刘积仁，格外注重实践，他对儿子说："只有亲身经历，才最刻骨铭心。"

娃哈哈集团宗庆后/宗馥莉
锋芒即是力量

《家族企业》杂志

宗庆后42岁大龄创业,从骑着三轮车走街串巷开始,硬是靠"一瓶水",3次登顶中国富豪榜,"娃哈哈"可以说是宗庆后的一个女儿。女儿宗馥莉却是逆反异常,性格鲜明,敢打敢拼,可以说她具备创业者的特质,这种特质让宗庆后又喜欢又头疼。

宗庆后穿布鞋、吃员工食堂、坐经济舱,信奉稳重踏实,而宗馥莉毫不掩饰她的爱恨坦荡和雷厉风行,她坚信"锋芒即是力量"。

一 "一瓶水"成就的首富

1978年的冬天,中国迎来了改革开放,宗庆后也迎来了他人生的转折点。被下放到农场15年后,33岁的他终于有了顶岗回城的机会:到杭州工农校办纸箱厂做了工人,之后又成为供销员。1987年,宗庆后承包了杭州上城区的校办企业经销部,靠着代销汽水、棒冰和文具起了家,这就是娃哈哈集团的前身。而这一年,宗庆后已经42岁了。

娃哈哈最初的产品其实并不是被人们熟知的瓶装矿泉水,而是一种儿童营养液，它的诞生，与宗庆后的女儿宗馥莉有着直接的关系。宗馥莉出生于1982年，打小不怎么爱吃饭，偶然间，宗庆后在报纸上看到一条报道，说全国的儿童和中学生中有1/3存在营养不良的现象。这与女儿宗馥莉的情况十分吻合，她有轻度的厌食症。

宗馥莉出生那年，中国城市已经开始落实"一对夫妇只生一个孩子"的计生政策，而大量的独生子女，让宗庆后看到了商机，他在参加《助跑80后》节目时说道：

> 应该说，当时我们国家已经是能够吃饱饭了。但是，我们的小孩子都面黄肌瘦，后来仔细分析一下原因，就是当时实行独生子女政策，一对夫妻生一个孩子，加上孩子的叔叔阿姨也很多，所以七八个人去宠一个孩子……难免造成孩子偏食，造成营养不良。所以我当时想，如果做一个能够使小孩子开胃的产品的话，这个市场机会就很好。

1988年，营养液顺利开发投产，作为娃哈哈的第一款产品，它不仅改善了孩子们的健康状况，也为宗庆后的创业之路贡献了第一桶金。有人说这款营养液销量好，"娃哈哈"这个名字有一半的功劳，这话不假，这个朗朗上口的名字也透着宗庆后的商业智慧。

在第一支儿童营养液诞生后不久，宗庆后在《杭州日报》头版刊登了一大幅广告，向社会征集产品的名字和商标。那时候，连报纸广告都不多见，"有奖征集"更是新鲜，但宗庆后不仅这么做了，还投入了十几万元。不久，投稿就像雪花一样飞来，宗庆后专门成立了评审小组来筛选，却一直没有遇到让他眼前一亮的名字。

就在他有些失望的时候，有个名字蹦了出来——"娃哈哈"！一看到这个名字，宗庆后马上想到了那首脍炙人口的维吾尔族儿歌《娃哈哈》："……娃哈哈，娃哈哈，每个人脸上都笑开颜。"儿童营养液配儿歌，而且又有着"笑哈哈"的寓意，这个名字简直就是为宗庆后的产品量身定做的!

　　看着第一批"娃哈哈儿童营养液"从生产线上源源不断地传输下来,43岁的宗庆后泪流满面,他将10月20日确立为娃哈哈的厂庆日。

　　伴随着"喝了娃哈哈,吃饭就是香"的电视广告,娃哈哈营养液开始席卷全国,从1988年开始的3年里,只有100多名员工的娃哈哈将产能扩大了60倍,利润增长了100倍,销售收入达到4亿元。那段时间,前来催货的电话和书信不断,娃哈哈总部门前经常排着一长溜的车队等着提货,娃哈哈甚至被经济学界称为是"校办企业的奇迹"。

　　娃哈哈营养液畅销全国,供不应求,但宗庆后却陷入了困境:产能跟不上,市场又处于饥饿状态,娃哈哈食品厂亟须扩张。由杭州市政府出面搭桥,宗庆后决定出资8000万元兼并国营的杭州罐头食品厂。要兼并一个拥有6万平方米厂房、2000多名职工的国营老厂,对于娃哈哈来说无疑是"小鱼吃大鱼",这一决定轰动了全国。宗庆后后来回忆:

> 　　刚开始想要兼并这个厂的时候,我们这边人不同意,他们那边也不同意。我们当时就100来个人嘛,正式员工10来个,其他都是临时工,当时我们生活福利待遇很好,工资奖金也比较高,他们怕一下子收了2000多人,福利待遇会减少。那边认为"你这么小,收购我一个国营大厂",感觉没有面子,所以也反对。

　　宗庆后跑到罐头食品厂,劈头就问:咱们谁的产品好?谁挣的钱多?谁是"大"谁是"小"?市场经济用铁一般的法则砸碎了国营大厂的骄傲,而宗庆后提高底层员工工资、保留中层干部职位的做法,也让"反抗"的力度小了很多。

　　产能上去之后的娃哈哈真正开启了快跑模式,从营养保健品逐步转型到饮料上,产品线也越来越丰富,果奶、纯净水、AD钙奶、营养快线、非常可乐等,都曾经红极一时,有的一直畅销到今天。

　　在规模化生产以后,面对大大小小的竞争对手,宗庆后以务实而又高效的营销行动将娃哈哈推上巅峰。在快消品市场,"最后一公里"是永远的痛点,而单纯依靠人海战术,又很难保证利润,那么,宗庆后如何突破呢?

他的做法是构建"联销体",具体就是构建信用体系,有序分配利益。这里面包括四个部分。第一,实施保证金制度。经销商必须按年度缴纳一定的保证金。进货一次结算一次,而完不成任务者进行动态淘汰。第二,实施区域销售责任制,即经销商和二批商各自划定业务范围,互不侵犯。第三,理顺销售渠道的价差体系,明晰经销商、二批商和零售终端的利润空间,让利益有序分配。第四,建立专业的市场督导组和督导队伍,保证"联销体"制度的实施。

通过精简管理层次,娃哈哈成为一家典型的营销型组织,管理层次只有"决策层—市场中心—制造基地—采购、财务及配送部门",实行"统一采购、统一销售、统一调拨",避免了部门间烦冗的手续消耗。

二 成长的烦恼——达娃之争

娃哈哈成立8年之后,迎来一个新的合作伙伴——达能集团。双方短暂的蜜月期后反目成仇,达能甚至放出狠话:让宗庆后在诉讼中度过余生。达娃之争被业界称为"改革开放以来影响最大的国际商战"。

1995年底,正是娃哈哈发展的紧要关头,在果奶市场上与乐百氏的鏖战正急,美食城项目又一再受阻。宗庆后意识到娃哈哈必须加快技术迭代、引进外部资本,加速自己扩张的步伐,他需要一个强力的外援。在当地政府的推动下,宗庆后结识了达能集团中国区总裁秦鹏,他告诉宗庆后,来自法国的达能是世界上第六大食品饮料企业,技术和管理都非常先进,这让宗庆后心动不已。

1996年3月28日,合资仪式在浙江省人民大会堂举行,合资公司正式成立。最终,合资公司的股权结构是这样的:达能和百富勤集团的股份总计51%,后来百富勤将股权出让给达能,达能成为控股股东,娃哈哈方面有49%的股份。双方共同生产以"娃哈哈"为商标的纯净水和八宝粥等产品。合作近10年间，合资公司效益非常好，达能从合资公司里分得了30多亿元的利润。

但是到了2005年7月1日，达能亚太区总裁伊盛盟退休，达能集团首席财务官范易谋继任。43岁的范易谋年富力强，勇于改革。中国庞大的人口基数让任何快消品公司都垂涎三尺，急于做出漂亮业绩的范易谋更是直接把达能的亚太总部从新加坡搬到了上海，但他同时了解到一些情况：①达能虽然控股合资公司，却没有实际的经营管理权；②"娃哈哈"商标已经转让给了合资公司，但有40多家非合资公司却在使用这一商标；③娃哈哈集团有大量的非合资公司。

"你有张良计，我有过墙梯。"雷厉风行的范易谋决定重拳出击，他多管齐下：首先，增资合资公司，增强对它的控制力；其次，修改商标使用合同，增加排他性细则，让其他公司无法使用；最后，调查娃哈哈的关联公司。在2005年年底，宗庆后在杭州娃哈哈集团总部发现，范易谋已经雇用了调查公司，开始调查娃哈哈所有非合资公司，双方几近图穷匕见。

简单来说，达能集团既要企业控制权，又要企业经营权。达能集团在董事会上对宗庆后的能力非常肯定，但在2000年后开始频繁劝说宗庆后找好接班人。宗庆后感觉自己把树养大了，别人却要过来摘桃子，甚至据为己有，他难以接受。

宗庆后拒绝了达能的收购请求，并在媒体上公开指责达能想要强行收购娃哈哈，让自己陷入了达能精心设计的圈套，因而他求助国家保护民族品牌，进行反垄断调查。达能的反击也很凌厉，他们立马向瑞典斯德哥尔摩商会仲裁院提出8项仲裁申请，控告中方股东未经授权擅自生产与合资企业相同的产品，违反了合资协议的"非竞争条款"，损害了合资企业的利益。

促使宗庆后决心抗争到底的因素很多，其中有两条最让他难以容忍。一是当时娃哈哈非合资公司的法人代表有宗庆后的妻子和女儿，而达能把矛头对准了她们；二是 1996 年，成立合资公司初期，有个特别规定，日常经营中凡是超过 1 万元的款项，都要董事会进行批准。而借此，达能否定了宗庆后和管理层增设生产线和生产"非常可乐"的计划。1 万元就要申报，宗庆后还怎么做事？他觉得达能集团蓄谋已久。

卷入这场仲裁和诉讼的旋涡后，宗庆后成立法务部，逼迫自己亲力亲为，学习法律知识，他相信有理可以走遍天下。2007—2009 年，达能与娃哈哈先后进行了全球七八十场诉讼，宗庆后自己写证词，全部应诉。最终，这桩长达 13 年的跨国"婚姻"走到了终点。

宗庆后反思说，改革开放后很长一段时间内，中国企业往往抱着"以市场换技术"的愿望，与国外企业进行合作，但是，往往自己的市场给了人家，技术却没有到手，还丧失了自己不断创新的积极性和主动性。中国企业要真正走向世界，很重要的一个方面就是要正确对待与国外企业的纠纷。

他在参与央视《朗读者》节目的时候，把自己的"亮剑精神"说得更清晰：

> 从整个事件来看，很多企业怕跟外国人打官司——有理的话可以走遍天下，不用怕他们的。你越怕他们，他们越欺负你，而且我觉得，中国也强大起来了，也不应该再受人欺负了。我们规模做大了，国家也强大了，你看这个供应商，我们到他们地区的时候，升中国国旗。

三　宗馥莉：更希望能并购娃哈哈

"达娃之争"最终和解，但这次事件并不是娃哈哈最大的危机。宗庆后创办娃哈哈时已经 42 岁了，时间才是他最大的敌人。同样走过 30 年风雨的娃哈哈，准备好迎接它的新主人了吗？前文我们提到了宗庆后的独生女宗馥莉，1982 年 1 月出生，五年后娃哈哈诞生了。作为父亲，宗庆后甚至自己都觉得演好了"娃哈哈之王"的角色，却差一点演砸了一个父亲的角色。

传记作家迟宇宙在所著《宗庆后：万有引力原理》一书中提到，宗馥莉的名字取自"福"和"利"的谐音，这个期望可以说非常朴素。父女俩在某些方面极其相似，但同样强势的性格又让父女俩在很多时候相持不下。他们在"勤奋"这个点上是极为相似的。有人曾向宗庆后讨教"如何把娃哈哈卖到全国"，宗庆后的回答不过两个字："暴走。"一年中，他有200多天在市场一线奔走、考察，用脚丈量土地，他走遍了全国最偏远的地方。通过"暴走"，宗庆后走出了一个巨大的市场，也开拓了未知的市场。几十年如一日，把自己当成销售人员跑在一线，70多岁的宗庆后还在继续。

宗馥莉的勤奋也不输于父亲，娃哈哈的员工在私下里把这位"大小姐"评选为"娃哈哈第二勤奋的人"，因为她和宗庆后一样，每天很早就上班，下班却没有准点，很多时候要工作到深夜。但是，在传承"勤奋"的同时，这对父女之间的分歧更加显而易见。

父女俩的冲突显然跟两人不同的成长经历有很大关系。

宗庆后的祖父民国期间曾担任过高官，父亲宗启骙毕业于中国大学化学系，但宗庆后懂事时，家庭已经十分困顿了。虽然生活不见起色，父亲宗启骙却从来没有在孩子们面前流露过哀伤，宗庆后记得，全家聚会总是在晚餐时，在不足10平方米的小屋中，父亲给孩子们讲他的企业、做生意的法则、为人处世之道、时事趣闻，等等。伴着昏黄的小煤油灯，宗庆后完成了商业启蒙。

但是，宗庆后的独生女宗馥莉却是另一个状态的童年。宗馥莉小时候，宗庆后正在忙碌，他没有太多时间和精力去呵护自己的女儿，小时候的宗馥莉一放学就背着书包来到娃哈哈，在爸爸的大办公桌上写作业。这种"放养"让宗馥莉变得很有主见，16岁的时候，宗馥莉主动提出要去国外看看，后来她在美国相继读完了中学和大学。2004年，宗馥莉回国，虽然骨子里仍是东方品性，但也吸收了很多西方的思维方式。

虽然有着截然不同的行事风格,但从近些年来娃哈哈的布局和商业手法来看,宗庆后受女儿宗馥莉影响良多

@图片来源:视觉中国

当"80后"女儿站在"40后"父亲身边的时候，早餐就表现出明显的中西差异：父亲吃大饼油条，女儿喝牛奶吃面包。

女儿宗馥莉和娃哈哈构成了宗庆后生命中最重要的人与事。对女儿的关注，当然不仅仅出于宗庆后作为父亲的关爱，还有前辈的期许。2004年从洛杉矶佩珀代因大学国际商务专业毕业回国后，宗馥莉进入娃哈哈集团，负责国际业务。父亲把自己手下有经验的老臣挑选出来分派给女儿，以协助缺乏经验的女儿。但是，宗馥莉拒绝了。她在参加央视《高朋满座》节目时这样说：

> 我喜欢培养自己的人，我希望我的人有自己的创新性，有自己的想法。虽然我是一个老板，但是我希望我手下的人跟我一样能够重新去学习一些东西，从中发现一些方法，然后改进，下次做得更好。以前公司的员工是很好、很忠诚，但是我觉得他们太依赖我父亲，不会有自己的东西，所以我要培养自己的人才。

宗庆后和宗馥莉共同参加央视财经频道的一档节目。主持人问宗庆后："娃哈哈加上宗馥莉等于什么？"宗庆后答："等于更强大的娃哈哈。"主持人转而问宗馥莉："娃哈哈减去宗庆后等于什么？"宗馥莉回答："等于零。"娃哈哈的光芒似乎全部属于宗庆后。尽管进入娃哈哈已经十余年，宗馥莉最为人熟知的头衔还是"宗庆后之女"。

从2010年起至今，宗馥莉一直担任宏胜饮料集团有限公司总裁，这家公司承担娃哈哈1/3的产品代加工业务，主营食品香料、机械模具、印刷包装和饮料生产等。在娃哈哈内部，员工们习惯称呼宗庆后为"大老板"或"大宗总"，称呼宗馥莉是"小老板"或"小宗总"。但是对于接班，宗馥莉却并不那么兴趣盎然，她在自己和父亲之间划了一条"楚河汉界"。管理宏胜、开发新品算是宗馥莉另一种形式的创业，她和父亲一样固执地想证明自己的实力。

宗馥莉提出的一种接班形式是这样的——"如果我做得成功的话，

我希望能够去并购娃哈哈。那就是一种拥有，不是继承。"

2016年，不想走父亲老路线的宗馥莉，带领自己的团队推出了独创的定制饮料品牌Kelly One——Kelly是她的英文名，代表数字"1"的英文单词"one"则给人以"第一、唯一"的联想。这是一款全然"宗馥莉风格"的果汁，从产品策划到生产再到宣传，都和娃哈哈大相径庭。Kelly One更契合互联网思维，时尚新潮并且小而美，在推广和渠道上也相当克制。Kelly One允许消费者在移动端购物平台从几十种果蔬中任选四到五种进行搭配，而且最终的定制品由消费者来命名。2016年7月4日起，Kelly One登陆上海市场，每日限量300份，价格为28元、38元、48元不等。对于女儿的这个尝试，宗庆后曾公开表示既看不懂也不看好。

在企业管理方面，相比宗庆后的注重人情，宗馥莉更注重制度化管理。娃哈哈是一个大家庭，宗庆后是家长，娃哈哈奉行"家文化"：每年除夕搞年夜饭，过年宗庆后都去给员工拜年；还分配员工住房；宗庆后从来不主动辞退员工。但是，宗馥莉对父亲的管理方式有很多不认同。

宗庆后开始考虑女儿接班的事情时，宗馥莉也开始理解父亲的一些做法和理念，她开始调适自己，开始认同父亲倡导的"家文化"。事实上，宗庆后也喜欢女儿的个性，每次听到女儿谈论自己，宗庆后都要开心老半天。近些年，父女俩会经常同时出现在一些公众场合。在央视《高朋满座》节目中，宗庆后说，希望至少有三样东西可以传承给女儿。

> 第一个，我觉得是艰苦奋斗的精神，我们是苦过来的，从小到大慢慢发展过来的；第二个，我觉得要有学习的精神、不断创新的精神，不断学习才能不断创新，不断创新企业才能不断进步，在市场竞争当中你才能永葆青春；第三个就是要有常人的心态，不管你多有钱、事业多成功，你还是一个普通劳动者。

宗馥莉与父亲的磨合中，也摸索出自己的商道，并获得了很多成就。

2013年她当选为第十一届浙江省政协常委，2017年7月当选为浙江省商会副会长。

宗馥莉的锋芒不仅仅显露给父亲，更表现在，她处理社会事务一贯精干利落。娃哈哈向浙大捐资成立食品研究院的计划谈判耗时一年，宗馥莉对每一项具体事务制定了要求，细化到聘请教授的名单和每一笔资金投入的切实用途，被评价为"最苛刻的捐赠者"。正如财经专栏作家东方愚评价新生代女企业家所说：现在看起来可能太过锋芒毕露，但终会成为未来企业家的主流。

宗馥莉是否愿意接班，宗庆后都会尊重并支持她的意愿。宗庆后很清楚，她首先是宗庆后的女儿，然后才是他事业的继承者。宗庆后不想勉强女儿，他愿意让她做自主的选择。毫无疑问，宗庆后希望女儿能够出类拔萃，更希望女儿幸福。

编者说

香港中文大学会计学院及财务学系联席教授、经济金融研究所主任范博宏在《关键世代》中谈道：在包括中国内地在内的许多新兴市场，政商关系对于民营企业的生存与壮大至关重要，民企领导人通常要花费大量时间和精力与政府周旋、应酬，也会通过与熟悉的关系进行交易来降低外部交易成本，这对于许多从高中就奔赴英美读书的"富二代"来说并不那么容易接受。娃哈哈创办人宗庆后的女儿宗馥莉曾表示，像父辈那样花太多精力与政府官员打交道，让她倍感头疼。

而父女俩的差异不止于此，宗庆后吃大饼油条，宗馥莉喝牛奶吃面包；宗庆后喜欢亲力亲为，宗馥莉喜欢科学管理；宗庆后倾向稳重踏实，宗馥莉则锐意进取……

宗馥莉以绝不符合父亲期望的方式成长，但是在民营企业发展的新历史时期，这些迥异于改革开放后第一代民营企业家的"创二代"们，以一种大无畏的姿态接班，或许是改革开放 40 余年后，一种新的力量。

他们身上最弥足珍贵的，就是锋芒。

酷特云蓝张代理/张蕴蓝
企业家，凭什么不能留长发？

王晓东

酷特云蓝总裁张蕴蓝在人生的前 20 多年有个奢望，就是留一头美丽的长发，但是父亲不允许。她通过自己温柔的抗争，向父亲证明：我可以像个汉子一样热烈如火地打拼，也可以和普通女子一样娴静如水地绽放美丽。

一 "快人一步"张代理

张代理是大名鼎鼎的酷特云蓝的创始人。非常有意思的是，包括阿里巴巴、华为、海尔在内的 7 万多家企业都曾派人去张代理的企业参观学习。无论是传统行业还是互联网行业的大佬都要向一个"做衣服的"学习，他们要学习什么呢？

先从一个故事讲起：早在 1986 年，张代理就给才 6 岁的女儿张蕴蓝买了一台电脑，虽然他自己还不清楚它的用途。当时整个青岛，只有市一级的政府部门才有电脑。而 IBM 的第一代个人计算机正式进入中国，也是在 6 年之后。张代理觉得，"当一个新生事物来了，一个时代来了，你没有敏感或不知道,那就毫无意义了。当这个时代来了,你提前闻到它的味道,结果自然不一样"。

他的女儿张蕴蓝在接受《家族企业》杂志专访时回忆道:

> 所有最新的最前沿的东西,如果适合我这个年龄段的,父亲都会给我迎过来。比如说钢琴,他可能是(当地)第一个给我请钢琴老师的;比如电脑,他觉得一个新的"玩具"来了,当时并没有特别的感受,就是觉得很新奇,觉得这将来会是一个趋势。父亲的举动当时让我觉得,这就是未来每个人都要会的一个工具或一项技能,就觉得又多了一项任务要完成,渐渐习惯了。那时候我很小,只是现在再回头看:哦,原来那时候是那么超前!

"关东"指的是山海关以东地区,也叫关外。清政府认为这是满洲人的"龙兴之地"而强加管制,不允许汉人进入。19世纪,黄河下游接连遭灾,人们没饭吃就只好往物产丰盛、人烟稀少的东北迁移谋生,东北的人口也从1840年的300万,增长到1910年的1 800万,历史上把这叫作"闯关东"。

100多年后,1981年,26岁的张代理决定像祖辈一样挈妇将雏"闯关东",投奔黑龙江兴凯农场的叔叔那里讨生活。那时候他的理想很简单,就是不再吃棒子面饼子,而是能顿顿吃上白面馒头。

张代理是一个技术活不错的木匠。靠着过硬的打制家具技术,很快他接到的订单可以排到第二年,他也如愿过上了天天吃白面馒头的生活。谈起这段经历,张代理不无自豪地说:"我做了4年家具,带回来两万块钱。那时,我一天能挣二三十块,农场工人一个月工资才三四十块钱。"

我们不难看出张代理的闯荡劲儿,他不满足于现状的"折腾"精神让他过上了好日子。但是很快,他不再满足于木匠的生计。

1984年,青岛市即墨区兴起了成衣批发,张代理的弟弟张代信给他写信:哥啊,家乡变化很大,你快回来看看吧!于是张代理又拖家带口回到了胶东老家，成为一个小服装商，开始从福建石狮和浙江温州批发服装回即墨卖。

那个时候即墨贩卖服装的人很多，但张代理在市场上做得最好。他敏锐地观察到：改革开放之后，很多人开始做生意，做生意就得有身体面的衣服吧，而那时候整个社会流行向西方学，于是他不卖其他，只卖西装。

张代理在批发市场卖西装，很是火爆，结果商贩们都跟风卖起了西装，以至于黑压压的好几百人都排队在工厂门口等着发货。张代理看到这形势，就找了一个加工厂定制服装，单价连工带料32元，他拿到市场上只卖43元，而别的商贩光进价就42元了；他的西装花色和布料都是精选的，可想而知，另辟蹊径的张代理再次成功。

1986年，张代理不卖衣服了，他在家中建起自己的服装工厂。这就像是古老寓言故事的现代翻版：当人人都去淘金的时候，你要做的是去生产淘金的工具。

当时港台文化开始在内地兴起，罗大佑、邓丽君等一个个闪亮的名字开始被人们知道，张代理这座作坊式的工厂靠翻版港台流行款式，生产夹克和太太服，在青岛火得"一塌糊涂"，以至于每走几步就能看到有人穿着他家生产的夹克。

于是，在别人还在小打小闹贩衣的时候，快人一步的张代理的制衣企业已经渐成规模，逐步积累起了千万元资产。1995年，他和弟弟打出了自己的服装品牌。为了抢占服装市场，眼光独到、意识超前的张代理比别人又快了一步。

别人种田务工，他去"闯关东"；别人批发衣服，他做成衣；别人做成衣，他搞个性定制；别人搞个性定制，他做平台和整体解决方案。这就是"快人一步"的张代理。其中凝结着敏锐的判断、智慧，当然也感谢那个"野蛮生长"的改革开放之初时代。

在集团做大之后，从2003年到2017年，张代理用14年的时间，实现了工业互联网的转型。有人评价张代理，"不会用电脑的木匠不是好裁缝",他把工业互联网思维用到做衣服上。

二 转型!用工业互联网思维做衣服

2017年,如果你从即墨市红领大街经过,你会发现,工厂园区广告牌上的所有广告都被"酷特云蓝"取代,"耍酷"的"酷"代表这个追求个性时代精神,"特殊"的"特"代表创新,"云蓝"是接班人张蕴蓝名字的谐音。张代理说之所以改名叫"酷特云蓝",是要基因重组,"如果生下一只老虎,你非要给它起个鸡的名字,这名不符实"。名正而言顺,为公司正名正暗合了张代理企业思维的转型升级。

目前,已经有国内外近百家传统制造企业与酷特云蓝建立了合作关系,涵盖化工、纺织品、家具、鞋帽等多个行业,酷特云蓝向他们输出了整套转型升级解决方案。

1995年,张代理创办了自己的工厂后,和当时国内很多服装制造商一样,走上贴牌代工的路子。刚开始的几年,日子过得挺滋润,可是慢慢地,张代理发现自己变得"两头受气"。一头是原材料和劳动力成本越来越高,原本就微薄的利润受到挤压;一头是经销商把卖不出去的货不断退回来,库存越积越多,现金流越来越紧。

不仅是张代理的日子难过,他的处境其实是当时整个中国服装贴牌代工产业的缩影。这个产业不仅处在"微笑曲线"的最低端,拿到的回报最少,而且从设计到上市,由于产品产出周期比较长,难以跟上快速变化的市场,经常造成库存积压。甚至有人说,就算中国所有的服装企业都停产,中国人也不用担心没衣服穿,因为库存量加起来足够售卖3年。

人人都需要穿衣服,但是为什么衣服不太好卖了呢?我们能从不断变化的流行元素、流行语上看到一些端倪。在改革开放之前,讲究的是集体主义、整齐划一,所以绿军装、解放鞋等很受人们欢迎。但是在经过20多年的改革开放后,人们更渴望个性的表达,比如,"拍砖""灌水"

等新词汇、"杀马特"现象，尤其是"火星文"的出现，将表达个性的需求推向极致。

"美是有意味的形式"，服饰也是心理学。怎么用衣服表达个性？张代理想到了自己在1989年参观宝马汽车的场景：他惊讶地发现流水线上生产出来的汽车竟然是不同颜色的。德国人告诉他，喷漆生产线可以根据订单来替换不同颜色。也就是从那个时候开始，"定制生产"的概念烙印在了张代理心上。用电脑，走大规模个性化服装定制之路！

但是个性化定制与规模化生产从来就是个矛盾体，就算在以传统男士服装定制闻名的英国萨维尔街，至今还有一些店每年的产量不到100套。因此，当张代理抛出他的想法后，公司上下一致反对。他甚至在厕所无意中听到一位经理抱怨："原来都说董事长有神经病，我不信，听了他一下午讲话，发现他真是神经病。"

在别人眼里是有着各种奇思怪想和不被理解的"神经病"，但女儿张蕴蓝，却一直理解并尊重着自己父亲的每次重大决策：

> 我觉得这应该就是我父亲。因为父亲是一个特别爱钻研、特别爱学习的人，另外他又极度聪明，更重要的是这么多年他只钻研一件事——智能工厂、智能制造如何跟市场对接，即C2M（Customer to Manufacturer，即"用户直连厂商"）。他只做这一件事，是一直在实践他的理念。所以在这种情况下别人不理解，但我觉得他是对的。

既要个性化定制，又要确保工业化的效率，非常困难。张代理的第一步就是探索数据驱动流水作业。以做衣服为例，张代理在人体上找了几个关键坐标点，比如，肩端点、肩颈点、颈肩端、中腰水平线等，试探出一套三点一线坐标量体法。量体师只需要5分钟、量19个部位，就能准确地掌握人体的22个数据。数据标准化后，将客户数据生成CAD规格表，然后直接发排机器打版，2至3秒钟就能完成1件。这样，

青岛酷特智能股份有限公司的核心战略品牌是"酷特云蓝","云蓝"与张蕴蓝名字谐音,这既是父亲张代理的爱女妙笔,也是张蕴蓝自我声音的宣示

@ 图片来源:企业提供

张代理建立了版型、款式、工艺、BOM四大数据库。

张代理的第二步是C2M生产，C2M直白地说就是"客户直连厂商"。个性化定制，使得酷特云蓝的每一件服装都是销售完成后再生产，从而有效解决了困扰服装行业多年的产能过剩、高库存问题，也免去代理商、渠道商等中间环节，客户不再为中间环节的成本买单，而轻松地享受高性价比的产品服务。

"独乐乐不如与众乐"。张代理的第三步就是用源点论数据工程升级传统产业，改造彻底解决方案。他的梦想是建立一个智能生态系统，帮助传统企业升级改造，实现传统行业的智能化升级，并将改造后的各个企业集合到酷特云蓝的电商平台上。酷特云蓝将会变成多行业定制化服务入口，消费者可以在平台上享受到不同领域的定制化服务。张蕴蓝说：

> 现在这里面有非常多的问题，这个战略实际上一旦定下来就意味着是一条非常艰难的路，它所需要的技能已经远远超过以前作为一个工厂所需要的技能。所以质疑的声音也特别多。现在，虽然慢慢地，雏形一点点出来了，但是还会继续被质疑。

虽然有质疑的声音，但张代理已经在抢占工业4.0的制高点上快人一步。一转眼，26岁就"闯关东"的张代理现在已经年过花甲，但仍然擅长用最先进的理念武装自己。同时，在商场征战多年的他也知道，酷特云蓝远没有结束，公司还要继续走在转型升级的路上，而他也不再年轻，他必须为酷特云蓝找一个新的年轻的掌舵者——在他还能为其扶上马送一程的时候。

三　父爱如铁，造就霹雳娇娃

印度电影《摔跤吧！爸爸》中有一个镜头令人印象深刻：为了方便

练习摔跤，阿米尔汗扮演的父亲不顾女儿的苦苦哀求，强行给她剪掉了长发。而这个场景，也切切实实发生在张代理和女儿张蕴蓝之间。张代理的严厉，也像极了电影中的父亲。

在如杨柳抽枝般的年龄，哪个女孩子不爱长发飘飘？但是张代理不允许，他要求女儿必须留短发。因为张代理觉得短发的女孩子没有时间顾及其他乱七八糟的事情，只有把精力集中在主业上。张蕴蓝在工作或生活中有任何失误，甚至仅仅是身姿不够端正，他都会非常严厉地指出，甚至不避讳当着众人的面。最开始，张蕴蓝十分难以接受，但是后来发现自己越来越"厚脸皮"，面对挫折更为从容。

当然，父亲的严厉更体现在对女儿工作细节的严格要求上：不许迟到。这个规矩甚至被纳入接班人素质的考量上。

从张蕴蓝的住处到公司需要一个多小时的车程，早晨七点半上班，她五点多就得起床。有一次起晚了，因为害怕迟到，她把车速飙到了100千米/时。

张蕴蓝有次花费了一个多月做调研，用心撰写了30多页的项目计划书，自以为面面俱到就好，没想到父亲只是翻了不到10秒钟，就扔到了地上："什么乱七八糟的，拿回去重写！"张蕴蓝忍住委屈的泪水，回去又写了第二稿、第三稿……直到第十稿，能把所有的要点集中在一张A4纸上，计划书才顺利通过。直到今天，张蕴蓝仍保持着简洁条例的文字习惯，能够以尽可能精简的文字，扼要表达清楚意思。

在工作中，自己付出的努力父亲不一定看得到，但在这个过程中锻炼出了能力，是她自己能体会到甚至引以为荣的。她在《家族企业》杂志主办的《传说》节目中回忆道：

> 我骨子里遗传了父亲那种不服输的DNA。我告诉自己，别人如果工作8小时，我要12小时；别人如果工作12小时，我要工作16小时——我要比别人更加努力，要快速地进步。

正是在这股精神下，进公司几年，喜欢旅行的张蕴蓝没有出去玩过一次。她几乎每天只睡 6 小时，每天工作至少 10 小时，没有休假，随时进入工作状态。在父亲的严厉管教下，努力和勤奋，是张蕴蓝成为合格的"创二代"的第一课。

很快，她又学到了第二课。张蕴蓝性情温柔，很少跟别人正面冲突，但是回归企业前期，有一次不仅说了脏话，还拍了桌子。这种状态的女儿，让张代理非常吃惊。不过冷静下来的张蕴蓝反思了自己的情绪来源和解决办法，最后她给父亲发了一封邮件：以后我有不同于您的意见，不会在众人面前提，但会发邮件说清楚来龙去脉以及我的思考。之所以选择这种处理方式，张蕴蓝说，一是性情所致，她虽然柔和但有坚持；二是她意识到，"在公司中，我的身份不允许自己像一个女儿那样毫无顾忌地表达，而应该做一个'家族式的职业经理人'，既要有家族成员的责任心，也要有职业经理人的专业和谦逊"。当她把张代理兼任"父亲"和"董事长"这两种角色分开以后，发现很多问题迎刃而解。

"机会总是垂青于有准备的头脑。"正是因为张蕴蓝有着父亲那样不服输的倔强，对自己严格要求，她也最终通过了父亲的考验。不像电视剧里演的那样轰轰烈烈，张代理和张蕴蓝父女间的交接确实显得有点"轻描淡写"，张蕴蓝回忆道：

> 那天我们在吃饭，他就突然对我说，"我觉得你可以当总裁了，然后爸妈准备举办一个接班仪式"，我就说"好"。就这么定下来了，实际上没有什么很正式的谈心，而且我回答得也是很自然。实际上这整个过程就很平常，就吃饭中聊着突然来了这么一句话，决定了之后就做。

和大多数父亲一样，张代理对女儿严厉的背后，更多的是对女儿柔和的爱。张代理白手起家，但是不论多么艰辛，只要家族中任何成员需要，都可以放开利益，不计得失，去帮助他们。这种深沉的父爱也是后来张代理提出想让女儿回归家族企业的时候,张蕴蓝一口答应的原因,她觉得自己也有必要为家庭成员牺牲一点个人的"小确幸"。

刚接班的时候,年轻气盛的张蕴蓝就犯过错。2009年,她担任总裁的第一年,就大刀阔斧地砍掉了1/3的加盟商,辞退了所有地推人员,这也造成了公司人心动荡,当年公司业绩就下滑了50%。

一时间,公司传言四起:"这个接班的二代,原来也是个败家女。"张蕴蓝开始怀疑自己的能力,觉得自己实在受不了了,可能接不了这个班。但父亲却为她默默承受了这一切,为她的这段试错经历买了单。张蕴蓝在接受《家族企业》杂志采访时说道:

> 这个事过去好久,有一次我跟一个合作伙伴聊,他说当年有很多人去找董事长的,但是爸爸都给我挡了,他没有把这些负面消息传给我。我觉得他是在用实际行动、实实在在地用现金来为我买单。这是我最幸运的一点……经历过那一次,我的成长是巨大的。

张蕴蓝"创二代"的身份体现在内外两方面。

对内,她和父亲一起重新梳理了企业架构和流程,构建了去部门化、去领导化、去科层化的扁平组织结构。这一变革,被命名为"酷特云蓝治理之道"。

这次变革有多彻底呢?企业以消费者需求为出发点;没有利润,或者说不能满足消费者需求的项目、部门、职能就要被砍掉;点对点,去掉中心环节,直击消费者需求,把效率做到最高。总而言之,就是去领导化、去部门、去科层、去审批、去岗位,每个员工只剩下职能!

张蕴蓝的接班,不仅让酷特云蓝成功地实现了转型,也对外拓展了新的市场"疆域"。酷特云蓝由于定制化转型是史无前例的,所以最初选择了海外市场作为实验样本。为了拓展美国市场,张蕴蓝往往会先在网上了解一下当地的裁缝,然后带着自家的面料和产品一条条地"扫街",一家家地拜访,这个过程中难免遭遇冷眼。有一次在意大利的街头,张蕴蓝被当地老式裁缝冷嘲热讽,她感受到无尽的心酸和苦楚。

但是张代理严苛的教育,让张蕴蓝有了一颗"巨大的心",她在最后拿下订单的时候长出一口气,更理解也更感谢父亲这么多年严苛的爱。转型之初集团 90% 的订单都来自海外,可以说张蕴蓝立下了汗马功劳。

张蕴蓝在 20 多年中对外形象都是一头干练的短发,当她看到别的女孩子留着长发非常美丽,觉得自己也应该试一试。不过每次张代理都会以审视的目光盯着女儿,仿佛在示意:"你应该留短发。"张代理甚至找出了很多世界名人的照片,向女儿展示:你看,她是短发,她也是短发……张蕴蓝不甘示弱,找出了泰国时任总理英拉的照片:"你看,她是长发哟!"张代理反驳道:"她不是下台了吗?"

最后,张蕴蓝还是留起了美丽的长发,不过她会照顾父亲的审美,在会见他时把头发扎起来,显得清爽干练。这是父女多年"斗争"取得的平衡。

编者说

中欧国际工商学院管理学特聘教授樊景立与台湾大学心理系系主任郑伯埙,将家长式领导定义为"一种表现在人格中的、包含强烈的纪律性和权威、包含父亲般的仁慈和德行的领导行为方式"。

根据这一定义,家长式领导包含三个重要维度:威权、仁慈和德行领导。其中威权是指领导者的领导行为,要求对下属具有绝对的权威和控制,下属必须完全服从。

家长式领导在世界范围内普遍存在,中华文化更强调集体性和"家"的概念,所以不论在大陆还是台湾地区的民营企业,家长式领导都很普遍。这一领导方式的前提是对于各自角色的认同。

这一领导方式在改革开放 40 余年后的大陆,正面临挑战。

互驯

泰康保险陈东升/陈奕伦
从"高举高打"到"高举低打"

娄华轩

陈东升说过一句话:"要站到一万米的高空看这个世界,身处到一百年的时空观察这个世界,这样才能有远见与坚持,才不会出现偏差,才能看得更早、更远。"这种高瞻远瞩是他瞄准三个行业进军并取得成功的前提。

儿子陈奕伦是他这种哲学的忠实拥趸。多年支教后他提出用"土地流转"解决农村问题:"肯定要在发展中解决问题,就如我们支教一样,不去做,永远不知道问题在哪儿又该怎样解决。"

高瞻远瞩的洞察力,加上接地气的执行力,才是成功的关键所在。儿子正践行着企业家父亲的理念。

一 如何画好一个瓢?

1992年3月26日,《深圳特区报》刊发了一篇长篇通讯《东方风来春满眼——邓小平同志在深圳纪实》,真实记录了小平同志在深圳视察所做的重要讲话;第二天,各大报纸都在头版头条转发,这次事件被称为"邓小平南方谈话",它带来的直接后果之一就是,大批知识分子下海经商,他们就是后来得名的"92派"。

当时在国务院发展研究中心做宏观经济研究的陈东升,还是《管理世界》杂志的常务副主编。1992年,当国家体改委相继出台了《股份公司暂行条例》和《有限责任公司暂行条例》后,陈东升最早嗅出了其中的商机:这意味着只要你有一个好的想法,就可以合法地募集资金了。

陈东升在1992年5月成为下海浪潮中的一员。相比于1984年下海创业的"84派","92派"大多是高级知识分子,他们的创业特点是高举高打,起点很高。

陈东升不仅开启了他自己的三次创业经历,也在中国开启了三个行业先河:他在1993年创立的嘉德拍卖行是中国内地第一家也是目前最大的拍卖公司;他在1994年创立的宅急送,为行业先锋,时至今日,已成拥有2万名员工的庞然物流公司;他在1996年创办的泰康人寿,其"保险+医养"商业模式为世界首创,公司也在2018年成为"世界500强"企业之一。陈东升为什么每次都能抢占制高点?他说,是基于他自己的商业逻辑:"照最好的葫芦画最好的瓢"——最好的创新就是率先模仿。对这句话,陈东升加了三个"定语"。第一,要善于模仿,就是说你是主动的。第二,要率先,这很重要,就是说你必须是第一个模仿者。第三,还要照最好的模仿。总结起来就是三个关键词"主动、率先、最好"。他在央视《对话》节目中如此阐述:

> 中国的很多产业,是近现代才开始发展的,有些产业只有近五年、十年的发展经历,但在西方人家走了两百多年的历史,花了非常多的学费,才总结了这样一条做事的规矩和准则,所以有时候你说"我就要跟他不一样",这种"跟他不一样"肯定是在违背规律。首先要去学习,在学习的过程中再根据自身的特点和市场的特点,再来进行一个创新。

1993年创立的嘉德拍卖公司就是他从西方商业模仿的第一个全新的作品。在20世纪90年代，大家想的都是怎么办食品、服装产业，陈东升怎么就想到要去建一个拍卖行呢？这就是模仿理论中"率先"的重要性。当听到同学感慨，中国有5 000年的文明，却没有一家拍卖行时，陈东升还完全不知道拍卖行的门道，却领悟到这是一个行业空白。

这里面还有个小故事。1987年，在伦敦克里斯蒂拍卖行，印象派大师凡·高的《向日葵》拍出了天价，被一个日本买家拍下。电视里拍卖行的场景——古色古香的建筑、温文尔雅的拍卖会主持人，给陈东升留下了深刻印象，原来还有这种经营模式！经过研究，陈东升发现历史悠久的拍卖行业在国外早已发展得如火如荼，但是我国内地尚没有一个成规模的艺术品拍卖行，强烈的对比，敲开了这位年轻人强烈的好奇心，一种冲动埋藏在陈东升心里。

1993年，陈东升就着手去建立拍卖行。他盯上了苏富比，这是世界上最古老的拍卖行，办事处遍及40个国家和地区，涵盖的收藏品超过70种。照着苏富比，或许能少走很多弯路。

陈东升在香港苏富比拍卖行现场，观摩拍卖场的一切，牌子、记分牌、拍卖师，连预展时用的玻璃罩的厚度都留意到了。嘉德拍卖行提出的口号就是"做中国的苏富比"。但直到把嘉德办起来，陈东升还不知道拍卖行是怎么赚钱的。直到有位内行提醒他：拍卖行很简单，就是你搭建了平台，从买家和卖家手里各收10%的佣金。陈东升这才恍然大悟，这也是现在所谓的"商业模式"。后来，2016年7月，泰康先后斥资2亿美元，购得苏富比13.5%的股份，成为苏富比第一大股东。

回顾这段历史，陈东升在2019年的《财约你》节目中，如此定义"企业家"这个群体：

> 我们心中有一盏不灭的灯，这盏灯就是光明，永远照耀着你。我们对企业家还有一个解释，就是要你去排解困难——在企业家心中，没有"困难"这个词，没有"烦恼"这个词，没有"抱怨"这个词。

企业家，就是要你去担当，要你去克服困难，就是要你打一片天下。

在做大嘉德拍卖行之后，陈东升又创办了"宅急送"物流公司，但他最好的"作品"是泰康人寿保险。保险业跟拍卖行业不同，拍卖行业世界上做得最好的就是苏富比，而保险行业世界上做得好的太多了。于是陈东升提出了"左眼看平安，右眼看友邦，两只眼睛看世界"的口号。

不单单是商业模式，泰康人寿办公室的很多细节处都能找到相关参照物。比如，公司的电梯左侧挂着一个小牌子，写着当天的事宜安排。这一点是陈东升1997年在瑞士保险公司的大楼总部里学到的。而在泰康的客户大厅，能看到一高一矮的两个饮水机，满足不同身高客户的需求，这一点是从美国的保险公司学来的。

在泰康人寿保险创办的最初五年里，陈东升先后走访了21家跨国金融保险集团，大到公司架构、人才管理，小到公司办公室的装修风格、服务设施，进行了全方位的"拿来主义"。他的营销体制来自东南亚和我国台湾、香港地区，同时借鉴国泰、安泰的模式，而信息技术、精算、管理、投资等内务方面则向欧美学习，精算师和财务总监实行全球招募。将所有精髓有机聚拢到一个盘子里，成就了独一无二的"泰康模式"。

2018年，泰康保险集团以240.58亿美元的营业收入，位列《财富》世界500强排行榜第489位，标志着泰康迈入全球大型保险金融服务集团的行列。

陈东升的三次创业经历理念，核心都是"主动模仿、率先模仿、找最好的模仿"。但如果只是模仿，跟在别人后面亦步亦趋，很容易成为东施效颦，又怎么能超越行业呢？

二　从"画瓢"到"造葫芦"

1995年，第一版《中华人民共和国保险法》出台，标志着我国保险业进入了法制建设的新时期。1996年，陈东升成立了泰康人寿，也是保险法颁布后的首批人寿保险公司。不得不承认，中国人不爱买保险。当年数据显示，中国人的人均保单只有 0.6 张，与国外人均保单 5 张以上存在很大差距。

陈东升意识到保险对于人生的意义，也大致梳理出国人不爱买保险的几条原因：一是消费者受教育程度不高，还没有风险管控的意识，据说当时有的企业家赚了钱宁愿用麻袋装起来堆放在家里，都不愿存进银行，更何况是去买保险呢；二是保险费比较高，刚刚摸到点"钱头儿"的人们不愿意在这上面开支太多；三是传统的保险是一个人一张保单，一家几口就得买几张，买谁的不买谁的，这又是个问题。

陈东升结合实际痛点，在 2002 年，打破了传统做法，率先推出"一张保单保全家"的组合式保单系列。他这么做基于几个考量：一是中国人都有很深的家庭观念，以"家庭"而不是"个人"为参保对象，更符合大家的情感习惯而更容易被接受；二是中国的家庭里，总的来讲，还是"男主外女主内"的多，所以承诺家庭经济支柱一旦出现重大问题，可以免缴；三是整体的金额要优惠一些。因为极好地契合了国情和民众的心理需求，所以仅这一项产品的保费收入就突破了 2 200 万元。

陈东升对于未来极具战略眼光和判断力，能够根据事物的趋势预判将来的发展轨迹。中国改革开放带来的经济发展潜力有目共睹，大量的青壮年劳动力献身到祖国建设的热潮中来。

有鉴于此，陈东升认为随着经济的持续发展，大量劳动力的逐渐年长，"财富时代"和"老龄时代"会逐渐到来，于是他开始了一场长达 20 年的布局，事实也正好印证了他的判断：2018 年中国人口中 65 岁以上群体占 10.6%，不算最高但也过了老龄化社会的门槛；与之伴随的是，2019 年我国 GDP 近百万亿元，增长 6.1%。

有一次，陈东升去参加婚礼，当大家都沉浸在婚庆的喜悦气氛中为新人鼓掌欢呼时，陈东升却注意到台下老人的落寞。中国父母有一种很强的奉献精神，为儿女操心，经济上买房买车，精神上嘘寒问暖，把儿女的幸福看作终极目的，完全不在乎自己的生活。

陈东升决心去关怀这部分老人，但一开始并不成功。他对国内流行的快捷连锁酒店模式很感兴趣，认为养老跟酒店一样，通过托管或直接并购等方式建连锁养老院就可以了。说干就干，2008年1月，泰康成立了相关养老机构，并在北京望京试点。养老机构试行"钟点工"模式，主要提供入户老人护理服务。但这种模式效果不理想，最终无奈关门。

试水未果后的陈东升，率队到日本、欧美等成熟市场考察"取经"，最终在美国找到了答案。那儿的老人尽管已经八九十岁了，依然孜孜不倦地跑步、学芭蕾、练瑜伽，积极地生活，与中国老人对待生命的方式截然不同。让老人快乐而优雅地生活，就是他建立养老社区要达到的目标。

陈东升说："可能话说得大一点，就要改变中国的老年人对生命的态度——要为自己活着，要活得很健康很潇洒。"

陈东升调整了方向，他决定从高端医养切入。除了政府建设的养老场所以外，高端的养老社区在中国还几乎是空白。根据中国社科院国家金融与发展实验室发布的《2017中国高净值人群数据分析报告》，他看到了一片蓝海，那年，拥有可投资资产600万元以上人群，也就是高净值人群，数量已经达到197万，而69%的高净值人群分布在36岁到55岁这个区间。

后来，陈东升推出"保险+医养"的商业模式。虽然成熟的养老社区在一些发达国家已经发展了几十年，但将保险和养老社区进行"嫁接"，还属于世界首创。

> 人寿保险的产业本质之一，是关注生老病死，是人文关怀。而我把这种产业进行了一个嫁接，从虚拟的金融保险产品，过渡到实体的医疗和养老，这样一种简单的嫁接，就产生了一种意想不到的创新——一种全新的商业模式诞生了。

从"照最好的葫芦画最好的瓢"，到结合中国国情创造"一张保单保全家"的组合式保单，再到"保险+医养"的商业模式，陈东升找到了自己的道路。

三 把哈佛搬进山村

陈东升曾经说过:"泰康有几十万员工,有如此复杂的产品和销售链,有8 000万客户,这样一个公司的压力和责任,不亚于一个小国家的领导。"他还说儿子陈奕伦要想接班的话,不干满15年是不行的。

陈东升既是"92派"这个词的发明者,也是一名优秀的"92派"企业家代表。普遍存在的济世情怀,构成这一代企业家基本的精神底蕴。陈东升的儿子陈奕伦却另辟蹊径,走出了自己的道路。

陈奕伦2006年前往美国读高中,高中毕业后他被哈佛大学录取,2012年从哈佛大学经济系毕业。一切看起来都很顺风顺水,就是多数"富二代"的成长模式,但陈奕伦做了一件事,让一切变得不太一样——他把哈佛的教育理念"搬到"了中国小山村。

高一时,他看到网上的一个帖子,题目叫《两所山村小学和一个支教者》。这条帖子讲的是,一个叫徐本禹的大四学生,放弃读研,到贵州的一个贫困村庄支教了两年。陈奕伦非常吃惊,竟然还有地方不通公路不通电话,照明靠油灯,连寄一封信都要走18公里的山路!徐本禹的精神深深地震撼了他。

因为美国大学很注重学生在社会公益中的表现,所以在高二的时候,陈奕伦开始接触公益。2007年,陈奕伦动员了三五同学,利用暑假回国的时间,到贵州乡村中学支教,教授英语。在同一年,他还跟哈佛大学的华人同学共同发起了留学生支教项目"PEER毅恒挚友计划"。

在贵州支教很辛苦,但是这着实磨炼了他吃苦的耐力和苦中作乐的本事。他说,这也是从老一辈——"92派"的父亲那里学到的。2013年年初,陈奕伦跟着父亲一起组织亚布力论坛,当时的条件很艰苦,拧开水龙头放出来的水都是发黄的。房间里没有独立的卫生间,要去公共厕所。然而,那些耳熟能详的"大佬"们,像潘石屹、冯仑等人,不但非常适应这样的环境，甚至还能买上几瓶啤酒，坐在一起愉快地聊天，商量怎么把论坛做好。从老一辈企业家那里，陈奕伦感受到很多。更重要的是，他意识到，环境的好坏并不重要，而自己的使命却必须完成。

或许我们能从 2017 年"十大年度经济人物"颁奖典礼上他对陈东升说的那番话，看到陈奕伦的一部分心迹：

> 我小的时候一直不太能够理解，为什么爸爸会这么辛苦这么忙，记得我当年为了让你打电话回家，还在寻呼机上谎称家里停电，就是为了能跟爸爸说句话。随着我长大、参加工作，也慢慢地可以体会和理解，你为了理想而奋斗、而付出的坚持和热忱。就像你说的，目标纯正，心无旁骛，时间就是最好的答案。

作为"80后"，如果说支教之初是出于好奇和热情，那么，把事情连着推进、做活，则要接地气，深入思索，不墨守成规。陈奕伦继承了他父亲的这一点，在支教上，他在思考的事情有两件。第一件是什么样的教育方法适合偏远地区的孩子；第二件事，怎么样让"PEER 毅恒挚友计划"成为一个可持续化的社会性组织，以便更长久地造福贫困山区的儿童。

在教育方法上，陈奕伦很大胆地打破了偏远乡村教育的枷锁，引入了美国教育的核心理念"博雅"，摊开来说就是，作为一个人，知识面要宽广，从文到理都要涉猎，这样才有助于对世界形成完整的认知。

陈奕伦和他的伙伴们，放下了现成的教材和内容，而是自编教材。将西方的教育方法和中国的文化精髓结合起来，并且把讨论和研究学习的方法教授给山村的学生。

陈奕伦思考的第二件事，是如何让"PEER 毅恒挚友计划"可持续地推行下去，实现自运转。他们在招募志愿者计划中有一句话："我们相信，快乐，正处在辛勤付出与自我锻炼中。"无论是国内大学生还是海外留学生，都可以通过他们的"PEER-挚友"网站进行报名，在暑期做支教的志愿者。组织不但能提供设备，还会提供培训以及线上支持。

几年下来,这项计划不仅帮助学校提高了效率,帮学生提高了成绩,更重要的是,一些受教育者在考上大学后又成为新的志愿者。

陈奕伦在哈佛大学读的是经济学,但他似乎对中国乡村的运转体系更感兴趣。在本科毕业前他花了6个月时间写了一篇题为"现代中国城市化和社会参与"的学术论文,并在毕业之后去贵州做了大学生实习村干部。陈东升跑到贵州看过儿子一次,那天陈奕伦跟当地的乡长,连夜拉着一车白菜到市里去卖,从凌晨2点钟卖到早上5点钟,一共卖了573元钱。看着儿子在远处使劲地叫卖着白菜,陈东升这才放心了。

陈奕伦从留学美国到考上哈佛,一直"富而生、富而养",而在小山村,他开始身体力行,坚持组织化运营,用自己的力量改善山村教育,造就了脚踏实地的品质。

编者说

"92派"这个概念的提出者就是陈东升,他也是其中的代表人物。"92派"企业家是个比较特殊的群体,他们拥有良好的教育背景,以及变革时代特有的勇气和担当,从改革开放的初期开始,就一直在琢磨怎样让中国变得更强大,是教育救国、科技救国还是实业救国?

陈东升对儿子的培养也沿袭了这样的路径:陈奕伦就读于哈佛大学,他在寒暑假期间去贵州的山村支教,将哈佛的教学理念引进教学之中,而且实现组织化运营。2012年陈奕伦从哈佛大学毕业后,随即申请到支教学校所在的乡政府实习。

姑且不论正确与否,至少陈奕伦做到了"知行合一"。陈东升说:"大事要敢想,小事要一点一点地做,企业家永远是正能量。"自己创业"高举高打",到历练儿子"高举低打",是一种能力,更是一种智慧。

苏宁易购集团张近东/张康阳
跟随榜样，成为榜样

李红

创业29年后，张近东带领苏宁由单一空调批发向零售连锁再到线上线下"智慧零售"转型，从与国美"两极争霸"中脱颖而出，成为中国第一家电连锁品牌。谁也不会想到，29年前的那个冬天，这个领先全国的家电"巨无霸"仅仅是一个200平方米主营空调的小门面。我们不禁好奇：张近东究竟如何做到让苏宁脱胎换骨、名声大震的？

张近东通过一系列羚羊挂角的创造性思维，成就了苏宁的今天。

一 "独行侠"张近东

20世纪80年代末90年代初，国内开始出现一股"下海"潮流，刚毕业没多久的张近东年轻气盛，也想着试试水。一开始跟着大哥干，张近东靠帮人装空调攒到了一笔巨款——10万元。1990年对张近东来说，是具有跨时代意义的一年。这一年他辞掉了工作，在南京宁海路60号租下200平方米两层楼的门面房，准备正式开始自己的创业之旅。

辞了工作，有了10万元启动资金，那干什么好呢？张近东第一次犯了难。当时，最抢手的家电是彩电、冰箱、洗衣机、录像机。这几大类家电从南方进货，一到内地就被一抢而空。不过，张近东作为"独行侠"的特质在那会儿就已显现出来了。他在众人不解中做出了选择：专营那时还属于"奢侈品"的空调。

其实，"独行侠"张近东对专营空调是有他的想法的。后来他才透露，当初估计，虽然多数家庭不买空调，但是医院、高校、企事业单位和部分高收入家庭对空调已有现实需求，未来潜力一定巨大。于是，1990年冬，在那个远离闹市的南京宁海路上的小门面里，一家专营空调批发的小公司——苏宁家电成立了。

店开了，张近东首要面对的问题就是资金问题，区区10万元投下去，对于经营单台成本就超过4 000元的空调来讲，无异于泥牛入海。怎么维持经营呢？这可难住了张近东，资金问题一天不解决，公司早晚都得关门。

逆势而上、逆境求生，已然成为他的一门必修课。张近东冷静分析了市场整体环境，果断决定"先卖货、后进货"。创造性地将进货、出货顺序一颠倒，资金链可保无虞。

"那是一个短缺经济时代，供不应求是市场最典型的特征。这时你可以利用人们对商品的迫切需求，让他们先付货款。"张近东收到顾客买空调的现金，同时告诉对方，公司随后免费送货上门安装。等对方一出门，他带着货款去春兰空调南京分公司进货。

从那时起，张近东开始利用市场的供求落差和人们的心理落差，以他人的钱赚钱。4 000多元一台的空调，张近东搬搬货，转手就能净赚1 000多元，这显然比现款现货买断经销来得省时省力许多。到了第二年5月，天气一热，就销量剧增。好口碑传开，不但使企事业单位提着现金纷至沓来，连一些小经销商也争相前来拿货。

但伴随着手里资金问题的解决，另一个难题却接踵而来——货源严重不足！预收了顾客的钱，货是半天也不能耽搁的。随着销量的快速增长，他渐渐地意识到："资金不是问题，货源才是！"

空调生产分为旺季和淡季，那时的空调经销商，基本都是快到夏天才会向厂商进货。因而，空调厂家虽然在淡季时有一些生产以供旺季之用，但资金和仓储能力毕竟有限，很难有大量库存。厂家想让商场淡季拿货，但是垄断着销售主渠道的商场有着更大的话语权，增加成本的事情，他们坚决不干。事实上，厂家不能正常生产，商家旺季拿不到货，这个问题长期困扰着供需双方。

如何能让厂商博弈合理解决，两方都能受益，这才是解决货源的关键！张振东很快理顺了来龙去脉。

他使出了别出心裁的第二招："逆向运作"，提出了"淡季订购，反季节打款"策略，先向生产商渗透商业资本，首创了"经销商在淡季向生产商打款扶植生产，确保旺季获得价格优惠稳定货源"的厂商合作新模式。在这种合作关系中，苏宁与厂家建立了深厚的信任，这也是日后张近东敢于直面八家国营商场联合挑战的底气所在。

非惯性思维是张近东的惯用模式。在那个市场不断变革的年代，张近东用自己特立独行的方式，巧妙地打破了传统国营商场长期占据的资金优势和货源优势，让苏宁家电迅速成长为可以与国营商场抗衡的新生力量。当然，苏宁的强大，也为对手们添了不少"堵"。

1993年春夏之交，南京的"空调大战"全面爆发，苏宁不但在服务上胜出一筹，而且在价格上也具备明显的优势，以至于双方从对峙发展到直接交火——南京八大国营商场联手封杀苏宁，宣称八家将统一采购，如果谁供货给苏宁，他们将全部不销售该产品。张近东云淡风轻地说：

在当时，实际上就是计划经济与市场经济的这么一个转型和碰撞。

当时有媒体报道说，这无疑是"八大航母"对苏宁这个"小舢板"的公然示威。

面对国营商场对自己的步步紧逼，张近东没有妥协，他选择"单挑"

八大舰队、积极应战。当晚，在接受记者电话采访时，张近东将底线和盘托出："如果要打价格战，苏宁早已解决资金和货源问题，不但保证价格低，而且还能保证按期供货。"采访稿第二天登出来了，又为苏宁做了一个正本清源的广告。

最后苏宁"小舢板"战胜了强大的"联合舰队"。当年，苏宁销售额猛增至 3.02 亿元，增长 187%。从此苏宁一战成名，被推为中国最大的空调经销商。

从那以后，苏宁以超低进价形成竞争力，而南京也随之成为全国最大的空调集散地，并一直发展成为中国的空调之都。

二 服务才是唯一的产品

张近东带领苏宁赢在了起点，用不到三年的时间，把一个默默无闻的空调铺经营成一家卓越的民营企业。经历多年的发展，苏宁的品牌更是值得我们关注：它凭借什么能够稳赢这么多年、不断壮大呢？

有这么一则故事。2018 年 4 月 17 日，正在为儿子筹备婚礼的南京市民佘名祥收到一份特别的贺礼——一台空调和一封题为"相知相伴不忘初心"的问候信。送礼的人正是张近东。28 年前，佘名祥正是在他手上买了人生的第一台空调。

张近东在信中提到，时隔 28 年，但他对老顾客依然念念不忘，当年的情景也是历历在目：为了满足佘名祥新家装修急用，苏宁连配送到安装仅用 3 天。虽然当时张近东还是"初出茅庐"的小青年，但他已经深深懂得"顾客的满意就是我们的目标，苏宁要想长远发展，就必须要服务好顾客"。而苏宁的服务精神也让他们在市场中收获良多：

1. 专业化自营赢得"空调大战"

张近东下海创业的年代，中国正处于改革开放初期，人们的消费结构发生着巨大的变化，但整体市场处于卖方市场，"只有销售、没有服务"是那个年代市场普遍的现象。不仅商品匮乏、供不应求，及时的安装等售后服务对于消费者而言更不敢想象。以空调为例，当时空调还是普通市民家庭难以企及的"奢侈品"，而各大商场卖出的空调可以说是"半成品"，买回去后如何安装是个大问题。

这显然不符合张近东的商业理想。在他看来，顾客购买的不应只是冷冰冰的空调，及时、适当的服务带给消费者的舒适与愉悦感也能为设备产生附加值。事实上，因为瞄准了市场痛点，创业早期，张近东即坚持"服务是苏宁的唯一产品"，他首创自营服务，建立起营销商"配送、安装、维修"一体化服务体系，并组建了300人的专业安装队伍，及时上门，免费为顾客安装空调。这在当时，是绝无仅有的模式。

1993年，民营企业苏宁与国营商场"八大舰队"的商业系统格格不入，被蔑视为"小舢板"，中国商界第一次在供不应求的市场格局下爆发"价格大战"。

而苏宁选择了全面应战，跟进降价。凭借首创的自营专业化服务，及"淡季打款"等创新模式向顾客确保苏宁的价格优惠与服务优势。顾客体验到专业、贴心、便捷服务，内心不免向苏宁倾斜，选择这个服务更有保障的经销商。不久，国营商场在这场"空调大战"中，因专业化和服务缺陷逐渐丧失人心，而苏宁迅速成为中国空调销售冠军。

依靠创新服务模式，打造专业化自营服务体系，张近东带领苏宁在那场没有硝烟的战争中以弱胜强。

2. O2O时代的再转型

"空调大战"让苏宁迅速在国内空调市场中名声大震。2000年之后，苏宁一跃成为国内数一数二的家电零售企业，但当时它还无法同起家于北京的家电零售商国美电器抗衡。

当年名动江湖的苏宁和国美的"狮虎争霸"，其实也是一个有关服务的故事。2008年之前，国美似乎略胜一筹，占据着市场龙头地位。2008年之后，苏宁在转型升级的同时一举超越了老对手，不断拉大与国美的差距。时至今日，两者已经不是一个级别，2018年国美全年营收额已经不足苏宁的一半了。

互联网的发展让苏宁再次抓住机会实现了再次转型。此次转型，苏宁瞄准的销售渠道全面打开，通过向O2O零售体系转变，形成店面零售、定制服务、网上购物、网络分销等多种销售渠道，以及超级店、旗舰店、社区店和乡镇店等多业态零售店面。

而这背后，打败国美的关键便是服务的深化！苏宁先后进行物流和信息系统的自动化建设，率先推行准时送货制，不仅让本地消费者享受专业化便捷的服务，而且做到了长途配送、短途调拨与零售配送到户的一体化运作，平均配送半径200公里，日最大配送能力达80多万台套。

不仅如此，苏宁对售后服务体系进行了完善，遍布城乡的数千个售后服务网络和2万多名专业售后工程师时刻响应服务需求，业内领先的全国呼叫中心24小时提供咨询、预约、投诉和回访等服务。过去，售后服务人员的价值未得到充分挖掘，但在苏宁，他们成为企业最宝贵的财富。

把服务当作唯一产品，当作企业的唯一价值，是苏宁赢得"狮虎大战"、屡战屡胜的真正原因。

3. 技术打造无上限的服务

2017年，张近东率先提出"发展智慧零售"战略，并预判指出"未来零售是智慧零售"，张近东自信洞察到这一发展趋势。

> 当时互联网经济和实体经济几乎是两个完全对立的概念，大家谈得最多的词就是"颠覆"和"迭代"，但我当时就认为互联网就是技术工具，互联网在未来就会像阳光、空气和水一样，弥漫在整个社会，并最终成为标配。

在他的"智慧零售"战略中，技术是支撑，为消费者服务是最终落脚点。

2018年3月某天，全国40多城的苏宁小店同天开业，被张近东定性为"用户体验优于利润"。苏宁小店提供半径2公里范围内1小时准

张近东（右）携子张康阳（左）探访国米训练基地，父子与球队主帅皮奥利（中）合影

@图片来源：视觉中国

时送达的特色服务，以及基于生活场景的收发快递、生活缴费、家电维修、电脑清洗等多方位、一体化的社区综合服务。

随后，苏宁研发的"卧龙一号"无人快递车，在南京投放。作为国内首个实现室内室外场景无缝切换的无人车，"卧龙一号"头顶多线激光雷达+GPS+惯导等多传感器，开启智慧送货之旅。

"黑科技"的爆发，专注消费升级带来的用户体验服务也变幻出万般姿态。在曝光的"苏宁智慧零售星象图"中，距家庭500米处是苏宁小店、智能货架、巡航机器人；1~2公里范围内，是苏鲜生、红孩子，包括无人店的体验；在3公里左右，是娱乐、休闲、餐饮、购物为一体的苏宁云店、苏宁广场、购物中心，根据用户需求，服务品质升级。

就如同张近东所说："服务是苏宁的唯一产品。"在智慧零售时代，技术的发展带来的只会是服务水平无上限的提高。

三　榜样式教育，不谈梦想

张近东"90后"的儿子叫张康阳，非常低调，从不见诸报道，直到近两年"空降"赴米兰执掌国际米兰俱乐部始为人知。帅气、多金、学历高，可以说是很多年轻人追逐的目标了。

尽管张康阳种种条件都具备，但是他却没能长成一般人心目中的"富二代"，这与榜样教育密不可分。张康阳的第一个榜样是苏宁公司。

张康阳从小就习惯了父亲的工作节奏。在他还是孩子的时候，父亲便开始乐此不疲地带着他出席各种会议，这其中包括当时苏宁大规模拓展线下连锁店时重要店面的开业式，以及集团每年的年终表彰大会。

当时懵懵懂懂的张康阳就坐在宴会厅的某一处角落里，听着父亲对每一个片区业绩的评断，通常一坐就是一个下午。一位苏宁的老员工曾回忆道："那个只有几岁的孩子就安安静静坐在那儿，连动都不动一下。" 2019年1月，张康阳因北京大区苏宁小店项目、国际米兰俱乐部、投资集团TMT投融资项目获得"董事长特别奖"。

这种榜样式教育在潜移默化影响着张康阳，也让张康阳自幼就明白了一件事：一个成功的企业从来不是一个人能做成的，管理者有时甚至需要通过一种仪式感从精神上同整个集体产生连接；企业的成功需要集体的付出，而富有仪式感的企业行为，也能让这股力量紧密地团结在一起。

张康阳的第二个学习的榜样是特斯拉创始人——埃隆·马斯克。他在很多场合表达了对埃隆·马斯克的仰慕，后者那种天马行空的想象力以及坚定地做喜欢事情的决心让张康阳赞叹不已。

张康阳1991年12月21日出生于江苏南京，初中就读于南京外国语学校。因为他心目中父亲张近东是个极威严的人，所以张康阳对父亲一向尊敬有加，从无对抗，但是在他15岁这年，因为这个"偶像"，他与父亲在人生道路的选择上产生了分歧，而这也是张康阳第一次与父亲"冷战"。最终的结果当然是儿子取得了胜利，15岁的张康阳进入了美国宾州传统精英高中莫西斯堡学院就读，在那里张康阳结识了视野更为开阔的老师与朋友，接触了更为广泛的社会思想。张近东目睹了原本内向的儿子正在发生的变化，以至于如今每每见到朋友，都会多上一句："一定要让孩子出国看看。"在儿子的教育上，他始终奉行的就是让他多接触更深层次的教育，看到更多优秀的人，去体验那种追逐优秀的过程。

后来在包括麻省理工学院等多个名校邀请下，张康阳选择了常青藤盟校宾夕法尼亚大学沃顿商学院，这是因为张康阳心中的商业偶像——特斯拉创始人埃隆·马斯克也毕业于这所学校。

张康阳对偶像的崇拜可不只是嘴上说说，他押注马斯克，将身上所有的钱全部投入特斯拉公司，最终获得了5倍收益。

当然，张康阳最为感谢和崇拜的仍然是父亲，但是他并未亦步亦趋，反倒走出了自己的风格。

在获得沃顿商学院经济学学士学位后，张康阳接连在摩根士丹利资本市场部和摩根大通投资银行部等知名金融机构和投行工作，积攒了足够的工作经验和履历资本后，父亲的一纸任命书让他回国，进入了苏宁总裁办。

彼时,苏宁急于布局海外体育产业,收购国际米兰前主席托希尔31%的股份,以及让国际米兰价值重新上升。25岁,还没习惯国内拥挤交通的张康阳临危受命,被推向意大利股东大会主席台中央。

此时,张康阳的兴趣点完全不在足球运动上,是一个彻头彻尾的"球盲";而他要直面的对手是经验丰富、为人老到的国际米兰前主席、印尼商人托希尔;作为一个东方面孔,张康阳能否被历史悠久的莫拉蒂家族接受,也是个未知数。

"当你走近,就无法逃脱,只能热爱。"这是张康阳接触国际米兰俱乐部后说过的一句话。2018年10月,张康阳担任第21任国际米兰俱乐部新任主席,成为国际米兰历史上最年轻的主席。

在国际米兰俱乐部里,纪念画册《经典蓝黑》的第35页这样写着:如果你的父辈永远伟大、正确、光荣,就意味着你接下来只能拼命往他们的肩膀上爬;至于能达到什么高度,没有人知道。张近东创办苏宁时,年仅28岁;而张康阳担任国际米兰主席时,年仅27岁。在收购完成后,他不无骄傲地说:

> 今天,我要非常骄傲地告诉大家,国际米兰110岁了,并且还在继续成长。我向在座的各位和莫拉蒂先生承诺,国际米兰正在正确的人的手里。最开始我并未完全理解管理国际米兰的感觉,但是现在我完全懂得莫拉蒂先生当时的感受了。

张康阳很少谈梦想,他认同的是父亲那样真心服务和努力付出。张康阳在 Instagram 账号上用图片表达自己的心情:站在一辆兰博基尼前感叹"让我们再去兜兜风吧";在米其林餐厅用餐后写下"这里的炸肉排(米兰特色美食)从来没让我失望过";父亲节,在意大利为张近东送上祝福;与别人合影遵从意大利风俗,亲密地"勾肩搭背";国际米兰重返欧冠时,张康阳忍不住边走边流泪,在 Instagram 上对球队说:"I will follow you till the day I die"……张康阳也越来越赢得意大利球迷的欢迎。

收购米兰俱乐部,似乎只是一个开始,后续如何更有效地运营管理、打赢更多赛事,才是张康阳需要面对的大难题。他另外做了规划,包括:把提升竞技成绩放在首位,如果比赛在意大利,要注重部署防守端;加强对管理团队的建设,提升专业度;重视国际化和跨文化交流,把国外俱乐部经验带到中国,发展"青训",培养后备人才;引进数字化管理和传播,加强科技属性……

在一系列努力下,国际米兰的品牌价值和商业价值在张康阳掌舵的两年里也获得了极大的提升,2018年俱乐部的品牌价值增长超过100%,达到3.89亿欧元,在世界足球俱乐部中排名第13位。

编者说

在企业经营中,榜样是通过角色期望者认同角色占有者的行为而创造出来的,就其核心而言,是一个影响、比较和选择的过程,榜样不需要知道角色期望者是谁或与其互动,只需要占据某个角色,并能促进角色期望者获得相同或相似的角色者。

费尔菲尔德大学多兰商学院管理学院院长 Donald E Gibson 教授基于社会学习和榜样认知理论,提出榜样模型有三个基本作用:①提供学习榜样;②提供灵感和动力;③帮助人们定义自我。

而有研究表明:不同榜样持续的时间有长有短,有些榜样的影响可能消失;同一阶段会有不同的榜样产生影响;不同的阶段会有不同的榜样作为主导,起主导型作用。

不断调整榜样模式,能不断地进行自我提升和自我突破,就算榜样效应消失以后,学习榜样的载体依然会存在,只不过他可能已经成长为别人的榜样。

杉杉集团郑永刚/郑驹
从优秀到卓越

刘思佳

《三字经》有言："养不教，父之过。教不严，师之惰。子不学，非所宜。幼不学，老何为。"该如何对儿子郑驹施"教"？郑永刚有着自己的一套理论："儿子不能自己带的，要拜师的。父亲主要是言传身教。有血缘关系，有很亲切的亲情和爱在其中，看到他的问题，但不会很严格。只有严师才能出高徒，跟着父亲反而不一定能学会。我们不是一个时代的人，有不一样的思维模式，他们一定要有他们自己的东西，要学习优秀人才之长。"

郑永刚为儿子选了几位老师，标准就是"成功人士，人品好"。

一 杉杉的"三生三世"

在20世纪90年代，杉杉就已经是红遍大江南北的西装品牌，它的广告语也很有个性："杉杉，不要太潇洒！"但是杉杉这一路走过来可不"潇洒"，它从一个濒临倒闭的国有服装厂到成为今天产值40个亿、拥有服装、科技、金融三大板块的金融综合体，可以说是民族企业转型升级的典范,其所经历的凤凰涅槃浴火重生,更值得企业界关注镜鉴。

1. "杉杉"初生

20 世纪 80 年代,中国改革开放以后,西方的消费模式和生活理念也传了进来,大家都开始学英语、吃西餐、穿西装。有一家叫甬港的服装厂去蹭"西装热",结果被坑了一把,生产的西装不受欢迎,300 多人的服装厂欠下 1 000 多万元的外债。

1989 年 5 月,郑永刚接下了这个在外人眼里的"烂摊子",他看好这两点:一是甬港服装厂拥有德国杜克普西服生产流水线,当时国内只有两条这样的生产线;二是甬港服装厂掌握了意大利的服装制作工艺。

杉杉的官网上如此介绍自己的品牌形象:"杉树是杉杉品牌的形象,它正直向上,积极领先,映射着杉杉的历史、今天和未来。绿色是杉杉品牌的颜色,它是阳光的馈赠,是生机的闪耀,彰显着杉杉的责任和活力。蔚然成林的人形组合是杉杉品牌的精魂。每一个个体在一起,共生共赢,枝繁叶茂,分担风雨,分享阳光,汇聚组成了杉杉持续成长的强大联合力量。"

这个 LOGO 不是凭空而来,它是有原型的。当时亏损的服装厂一片萧条,郑永刚不得不安抚情绪低落的工人们,他不经意间抬头一看,厂子院前有三棵杉树,又青翠又挺拔,这在消极情绪弥漫的厂区实在是一个好兆头!郑永刚希望未来企业的路也能像这三棵杉树一样又直又长,所以心中一动,给公司取名"杉杉"。

然而,以甬港为例,为什么国产西装热了一阵就凉了呢?郑永刚在进行市场调查的时候,在火车上有了意外收获。他在做客《爱拼大讲堂》的时候如此回忆:

> 在广州到深圳的火车上,我就发现对面(坐着)一个小伙子,那时候穿着进口的旧西装,很牛。我跟他聊了一会儿,我就发觉:这个是有市场的,关键就在我们没有去引导消费者——这是一个潜在的大市场。

郑永刚发现，虽然国产西装和进口西装面料、工艺都很接近，但是因为没有品牌，穿出去没面子，所以人们宁可穿二手的进口西装，于是郑永刚定下的第一条企业战略——"创中国西服第一品牌"。

1989年，"杉杉西服，不要太潇洒！"这句广告语一炮而红，配合新型的薄款西装面料，杉杉迅速打开了上海市场。

到1992年，杉杉西装净销售额达2.7亿元，创利税超4 000万元，杉杉的服装业务板块创造了高于行业水平50余倍的利润率。1993—1999年，杉杉西服的市场占有率连续7年国内第一，最高时占有整个市场份额的37.6%。

2. 裂变新生

但就在人们纷纷转型跟风生产新式西装的时候，郑永刚敏锐地发现市场变了。杉杉，开始了"第二生"的裂变，标志性事件是1999年底杉杉总部搬到上海，一步跨到锂电池行业。此后，用8年时间坐热了"冷板凳"。

郑永刚在《爱拼大讲堂》如此回忆：

> 为什么我们后来就开始转型了？这个当然跟我的个性有关。我是一个爱折腾的人。到服装业做得非常成功的时候，1996年的时候，我就发现中国的服装业开始进入一个新的时代，那就是个性化时代，不是短缺经济时代了，衣服的产量会大量过剩，所以1997年以后到1998年我就决定到上海来，把服装留在宁波。

除了"进入个性化时代服装行业会产能过剩"这个判断外，郑永刚还看到了另一个趋势：虽然当时国民的消费需求还处于高速增长状态，中国的服装市场还是国民品牌的天下，但中国积极加入世界贸易组织，国门迟早要打开，一旦打开，大量国际大牌就会涌入中国市场，国内服装品牌会受到严重冲击。于是郑永刚果断将杉杉在全国的直营网点改为特许加盟模式，这样就减少了资金投入，将利益分摊的同时，扩大了同盟的力量，也将风险分摊到每一位加盟者身上，用"轻资产"模式经营服装业务，虽然短时间内盈利下降，但是整体稳健了很多。

新成立的杉杉科技公司，将重点放在了锂电池材料这一高科技行业。1999年，杉杉与鞍山热能研究院签订合作协议，共同攻克国家863课题——"中间相炭微球"项目。从负极材料入手，继而拓展正极材料，郑永刚下决心要"凿透"锂电池业这一亩三分地。

但科技研发是一件资金密集、周期长、风险高的事情，好几年都是亏本的，郑永刚和他的高管们无数次商量着把企业卖掉，把本钱收回来，可是卖掉就意味着放弃进场的机会，他实在舍不得。最终的选择还是咬牙坚持。

服装业热潮退去，大多数企业面对转型措手不及。然而，"两条腿走路"的杉杉，在8年之后，迎来了自己的新生：2007年，第一代智能手机上市了！锂电池行业由此引爆。作为锂电池原材料生产商的杉杉也因此进入快速成长期。乔布斯是个多挑剔的人啊，他对众多便宜的电池不屑一顾，而杉杉30万元/吨的锂电池入了乔布斯的法眼，顺理成章成为苹果公司的锂电池供应商。智能手机的普及带来了锂电池需求的急剧增长，而杉杉一跃成为国内最大、全球前三的锂电池生产商。

2008年，杉杉迎来了锂电材料行业的第一个红利期。自此，锂电材料业务被写入了杉杉股份的主营业务，服装业务营收占比逐年减少，直至2013年，杉杉股份的锂电材料业务收入全面超过服装业务。

3. 产融新探

企业界有这么一个悖论：做实业的认为做资本的太虚，做资本的认为做实业的太傻。但平心而论，两者各有优劣。在服装和锂电池双轮驱动的同时，郑永刚已经开始探索"产融结合"新模式。所谓"产融结合"，白万纲先生这样定义："产融结合是指工商企业与金融企业，通过在资金供求、股权等方面相互渗透，或保持一定密切的联系，形成大资本或企业联盟。"

1997年，杉杉作为创始股东发起成立宁波银行。10年之后，杉杉搭建了自己的平台——杉杉创投，主要做股权投资和产业并购领域的项目研究。郑永刚用金融的手段，通过收购、入股等方式整合企业，然后用先进的管理机制，实现对企业的改造升级。

郑永刚为杉杉的当下选定了现代服务业，将杉杉带入医疗健康领域和文化旅游领域。

郑永刚从服装业跳到锂电池业再跳到金融投资业，涉及的公司有50多家，这么多家企业，如何管理呢？事实上，郑永刚是出了名的"甩手掌柜"。

二 "巴顿将军"式管理

郑永刚有个外号，叫"巴顿将军"。一是因为郑永刚的性格，高调而强势，而且时不时有惊人的话冒出来；二是因为郑永刚偏爱战略而不是战术，也就是喜欢做"将军"。他有一句话很能代表自己的管理风格："你只能作为投资者，不但不能参与，甚至还不能去看。"

自己的企业连看都不能看？郑永刚"甩手掌柜"做得很彻底，他每周固定打两次高尔夫球，每天工作时间不超过8小时。别人做企业都费心劳力，他凭什么这么轻松？

"巴顿将军"管理的第一个心得就是：不插手企业具体经营，不陷入产品细节的汪洋大海中。

这位由服装业起家的大佬并不精通服装的生产工艺和制作流程，他一年难得下几回车间，对一些细节更懒得搞清楚。在郑永刚看来，专业的事要交给专业的人。他在《爱拼大讲堂》有一段精彩的论述：

> 我其实没有做过衣服，其实我很不虚心，我没有去学过工艺，我也没有学过这方面的技术，我也不想学。为什么？因为你学会了以后对你没好处。为什么没有好处？试想，如果你天天去盯着他

们——那些真正搞技术的，那些专家，因为你是老板，你的一言一行、你的任何提问都会影响甚至误导他们。所以你听他们的就是了。有很多人所有事情都亲力亲为，意味着所有事情都要去插一杠子。我不赞成去做这些事，决策、用人才是企业家成功之本。

正如郑永刚所说，他不擅长产品细节，却建立了杉杉公司独特的人才战略。这就是"巴顿将军"管理式的第二个心得：找到合适的人才，并充分授权。

人才是公司的基石，设计师是服装业的重中之重，郑永刚在《会见财经界》节目中回忆道：

> 品牌需要什么？需要设计。品牌的灵魂是设计。设计能够传达品牌理念，经过设计的东西能够传递产品的文化内涵。所以我就开始推动设计，把张肇达、王新元聘为公司的设计总监。

1996年，郑永刚以年薪300万元的"天价"聘请设计大师王新元、张肇达担任杉杉的首席设计师。但人才的抢夺不单单是靠金钱就行的，后来为了邀请西装老"红帮"第六代传人张桥梁，郑永刚三顾茅庐，陈述愿景，希望张老能用最好的面料、最好的设计，做出最适合中国的西装，这种理想和情怀打动了一批匠人。

但人才有了，那怎么用呢？郑永刚做过一个比喻：骑自行车看10米，开汽车看200米，开飞机只看方向就可以了。他觉得自己就是"开飞机的"。

早在1997年，中国服装产业最火的时候，郑永刚就预感到行业性危机，他迅速进入新的行业——后来证明这是一个具有爆发性增长空间的产业。后来郑永刚说："我进入锂电池材料行业时，10个人里有11个说我疯了，可是企业家本来就不是常人——企业家看的是未来。"

在具体操作上，郑永刚使用"宝塔型"管理，每层之间都是上下级关系,他就是站在宝塔最高点的三军司令,但是他只管一层,他管高管。这种管理方式的好处就是,能让各级领导得到充分授权,也能充分发挥自己的主观能动性。

假如说"宝塔式管理"协调了公司的组织"肌体",那么在2004年,郑永刚仿效《华为基本法》,建立《杉杉企业基本法》(下称《基本法》),则统一了员工的思想愿景。

中国有很多企业都做得很优秀,但是很多企业都说不清楚自己为什么优秀。而且从优秀到卓越,更是一道难以逾越的天堑。而《杉杉企业基本法》解决了企业发展的几个重大问题:

首先,杉杉是一家怎样的企业?《基本法》中如此定义:杉杉企业是一个发展中的企业,发展永远是杉杉企业的生存形态。

其次,杉杉的发展重点是什么?《基本法》中写道:品牌战略始终是杉杉企业的核心战略。事实证明,在杉杉企业全部创业实践中建立起来的品牌战略,不但是得到实践检验的适合本企业发展的正确的经营战略,而且这一战略所标志的追求一流、追求卓越、追求完美的精神,使杉杉企业始终整体地融汇于一种积极自觉的创业境界。品牌战略将不但自始至终贯穿于时尚产业,而且也一以贯之地作为高科产业、投资产业和其他产业发展的战略指导思想。

最后,杉杉要成为一家怎样的公司?《基本法》中写道:在本世纪头10年中,杉杉企业将坚持以资本为纽带,积极构建以时尚产业为基础、产业投资为导向、高科技产业为主体、金融产业和国际合作为补充的多元产业格局,把杉杉企业建设成为现代化、国际化的大型产业集团。

郑永刚说:"做人要大气,要有一种胸怀,能够包容。人的一生,就是合作的一生,在妈妈肚子里跟妈妈合作,出生的时候跟医生合作,在幼儿园跟小朋友合作,死的那一天还要跟火葬场合作。包容性,就是既能表达你的思想,让对方接受,又能存大同、求小异。此外,还要低调,要务实,所有的事情都要落地。"这或许就是"巴顿式管理"的思想由来。

郑永刚用"巴顿将军"式的管理,首先解放自我,不陷入产品细节的斗争中;然后发掘人才,把专业的事交给专业的人做,并用宝塔式结构管理公司,赋予个人才能极大的发挥空间;最后用《杉杉企业基本法》,使员工的个人意志与公司愿景相统一,劲儿往一处使。

三 自己的孩子别人教

郑永刚在人才的任用上有一个很有意思的比喻,他认为每一个人分配一项工作,好比是每个人就吃自己前面的一碗饭,如果你把别人的饭给吃了,别人饿了,你也吃撑了。所以他用"宝塔式管理",一层管一层,这样每一级都有比较大的自由发挥空间。

这样一个对员工给予很大自由的人,在儿子的教育上也是如此,郑永刚很少使用强硬的手段要求儿子郑驹一定要怎样,甚至把对儿子的教育都拱手交给别人。关于儿子是否接班,郑永刚在《财富人生》节目中如此说道:

> 我跟我儿子说:"你如果有这个能力,当然我鼓励你;如果你没有这个能力,你最好去学一门专业技术。"

新生代很多在很小的时候,人生轨迹就被长辈规划好了,但郑驹在大学毕业之后,才迎来父亲给他的第一个重大安排,而且还是一道选择题。第一个选项是郑驹去创业,自己搭班子干个投资公司,练练手;第二个选项是去杉杉公司上班,干个三五年准备接班。

郑驹觉得爹妈把自己养这么大,家里也就自己一个儿子,接班是推不掉的事,不如直接进杉杉算了。由此我们也能看出郑驹和他风风火火、敢赌敢拼的爹,个性不太一样。郑驹如此评价自己的父亲:

> 他看起来比较凶,在家里很和善,而我比较温和,和他的思想

观念没有太大的差别，一般他的决定都蛮对的，我不太会去怀疑。我从小到大，主要还是我妈管得多一些，她的思想观念比较传统，但我作为水瓶座又是可以创新的，比较多元化，又比较冷静，会理性思考。

杉杉企业内部，对新员工有自己的传帮带方式。郑永刚没有选择自己带儿子，而是给儿子找了两位师父。他觉得一个时代有一个时代的特点，也需要不同的思维模式，郑驹应该博采众长。更为重要的是，他不希望儿子"照猫画虎"，成为另一个自己，他要让儿子找到属于自己的东西。

郑驹出生于1991年，25岁时回到杉杉，出任旅游公司的总裁，主管投资板块和旅游板块，郑永刚为他安排的两位师父，一位擅长重组并购，一位在旅游行业深耕多年，可以说是非常对口了。

找好师父后，郑永刚语重心长地告诫儿子，单纯做投资还是太虚了，要用实业的手法切入投资行业。

郑驹从杉杉新的业务板块做起，全力投入旅游产业开发，跟随师父学习经营投资之道，以新疆为起点，获得了火焰山、喀纳斯、葡萄沟等多个旅游景点的运营权，新的业务板块在郑驹的努力中初具规模。

郑驹做旅游板块有几个明显的特点：一是选择新疆而不是东南沿海，因为他冷静分析，新疆的旅游资源丰富但是开发程度不高，而且与东南风光有很大的差异性，再加上这种不完全开发的状态正好与杉杉的资本优势能够形成互补；二是做长线，不仅把以往的单季旅游做成一年四季都有景可看，而且进行了隧道、轨道车等一系列基础建设，这些都是按照5A级景区标准施工；三是用集群效应，打造品牌，比如，以吐鲁番火焰山为载体，将特殊的地质地貌和《西游记》小说文化结合，再佐以现代化的科技手段，打造成全景式"梦幻西游"主题旅游区。

浙江商人有四句话被传扬得很广，也就是"四千精神"，即走遍千山万水、吃尽千辛万苦、想尽千方百计、说尽千言万语。郑驹已然成为一个新的浙商，他可能不再需要吃尽千辛万苦，却更擅长想尽千方百计；父亲郑永刚是鼎鼎有名的"服装界的巴顿将军"，郑驹却自有一套更加沉稳内敛但同样有效的管理风格；而两位各有所长的师父，让郑驹有了更专业的手法和更大的视野。

在具体项目的历练中，郑驹这个低调而温厚的年轻商人，慢慢摸索出独到的商业手法。这或许也是郑永刚所期盼的。郑驹说："我们都不太会去讲一些'肉麻'的话。我主要是靠做事情，让他看到我在努力，在学习，在逐渐变得成熟。希望他能看到未来我有能力接班。"

编者说

著名经济学家钟朋荣曾说："子承父业虽然有某些弊端，但却有更多的优势。首先，在重大战略的决策上，双方可以毫无顾忌地提出自己的主张，最后以理服人。职业经理人在与董事长出现明显的分歧时，一般都会迁就老板，甚至不同的意见都不会讲。而儿子与父亲共同拥有家族的梦想，一荣俱荣，一损俱损，因此在重大决策上敢于坚持并表达自己的看法，在决策上可以起到互补的作用。父子同心，其利断金。"

"子不类父"，有时候恰恰是家族企业传承的必要基因。

家族企业要想实现代际传承，既不是要照搬创业者的性格，也不是照搬创业者的思维。因为，时代在发展，商业环境在不断变化，需要因时因地决策，"一把锤子敲掉所有钉子"的想法不切实际。创业者是一个活生生的个体，身上始终有着自我的局限，要学习其长处，但不应该全盘照抄。企业发展阶段不同，而很多创业者碍于以往的经验和成功，很难全力拥抱新的时代，学习新的东西。

新凤祥集团刘学景/刘志光
先学"拍桌子",后学接班

王晓东

《家族企业》杂志采访刘志光时,他给自己的定位不是父亲的"接班人",而是"合伙人",而且有两个关键词,一是"平等",二是"能力",包括制定规则、战略互补、知识互补等方面。而从他一系列的改革措施中,不难看出这位"创二代"的勃勃雄心。

敢"拍桌子"、会"拍桌子"、能"拍桌子",让学成归国的刘志光,在与父亲刘学景的第二次创业过程中,从帮手逐渐成为创始合伙人。

一 撑起麦当劳、肯德基的"鸡肉大王"

相信很多看过《水浒传》的人都对"武松打虎"的故事如数家珍,这一故事的发生地山东阳谷,也正是刘学景的家乡。和很多人一样,听着英雄故事长大的刘学景从小就受知难而进、英勇果敢的打虎精神熏陶,这种精神底蕴让他在日后的创业经历中受益匪浅——成为一位商场的勇士,坐拥千亿身家。

1971年,刘学景高中毕业后就回乡务农,成了一个农民。由于年富力强,很快他就当上了生产队队长。但这位年轻的队长并不单纯地务农,他在村里开办了一家豆腐坊。在当时的农村,"五匠四坊"这些以人力操作为主的手工业,是极少数幸存的个体经济形式。("四坊"分别指的是磨坊、粉坊、油坊以及豆腐坊。)1978年,改革开放的大幕缓缓拉开,随着豆腐坊生意日渐红火,刘学景瞅准时机,在此基础上创建了阳谷县植物油加工厂。1984年,伴随着城市经济体制改革的开启,经济改革的主战场开始从农村转移到城市。也就是在这个时候,善于观察大势、顺应潮流的刘学景将工厂搬到县城,成立了谷山贸易公司。这段时期,刘学景只是小试牛刀,接下来,他将找到自己真正的"事业"。

1991年,刘学景已经40岁了,但他开始了新的一次转型,上马了肉鸡生产加工项目。也就是从那个时候开始,40岁的刘学景每天都在忙碌中度过,从此没有了节假日,没有了星期天,每天只休息五六个小时。回忆起父亲创业的这段日子,儿子刘志光仍然颇为动容:

> 他基本上没有了个人生活,一天从睁开眼到闭上眼全是工作,内部管理、外边应酬……反正是一系列的事情。——我想说的是,一直到现在,他还是这个状态。

1994年,刘学景决定拿出自己的全部积蓄创办新的公司。现金不够,他又从银行贷款200万元,注册成立了山东凤祥集团,在家乡的一片荒地上建起了一座养鸡场。

之后的短短十几年,凤祥集团成为麦当劳、肯德基等国际快餐集团以及沃尔玛、家乐福等大型超市连锁集团最大的鸡肉供应商之一,刘学景也成了名副其实的"鸡肉大王"。他为什么能取得这样的成绩呢?刘学景有几个思路。

首先,刘学景建立起"从农场到餐桌"全产业链的食品安全体系。不仅养鸡的饲料能自给自足,而且禽肉熟制品都能自己加工,这就大大提升了抗风险的能力。不仅不用受制于人,防止别人在某个生产环节上下绊子，而且可以更好地调节、管理生产周期，根据市场决定生产的规模和时间。

其次，刘学景在同行业率先实现信息化管理。当其他公司还停留在"公司＋农户""公司＋农场"的松散合作方式时，凤祥集团率先实行"公司＋自有现代化养殖场"的经营模式，把所有流程纳入信息化的监管之下，并实现了标准化。

最后，刘学景自主研发了全球最先进的现代化养殖远程控制系统，这套系统可以 24 小时远程监控鸡舍内的温度、湿度、静压、采食量、饮水量、通风等关键指标。一方面，24 小时不间断地远程管控，确保"从农场到餐桌"全产业链食品安全；另一方面，也大大提高了工作效率，原来一人能同时饲养 3 000 只鸡，现在一个人能够管理 10 万只。

由于全产业链、信息化、科技化三管齐下，刘学景的鸡场可以说"鹤立鸡群"，在刘学景的带领下，凤祥集团以饲养肉鸡为突破口，后来又陆续扩建了饲料厂、商品鸡场和宰杀冷藏厂，终于闯出了一条"贸工农一体化、养加销一条龙"的农业产业化经营之路。

在儿子刘志光看来，父亲的成功绝不是偶然的。在接受《家族企业》采访时，刘志光这样解读父亲身上的企业家精神：

> 第一，我觉得我父亲是改革开放后中国第一代企业家的典型代表，他倾注所有的时间所有的精力，全神贯注地去做事业，这是一种奉献精神吧。第二，我从父亲身上看到的是一种执着，比如凤祥，做到现在 27 年了，父亲依然在专注于这个行业……在父亲的眼里，没有不能克服的困难。他认为只要自己坚持，只要自己能够专注地去做，所有的难题都能够解决。

然而，在肉鸡事业已经打通了全产业链，市场增长达到极限时，刘学景选择了一条与众不同的道路。2000 年以后，他大踏步地进入有色金属行业，由此开启了第二次创业和转型发展之路。

二 从"金鸡独立"到"二龙戏珠"——新凤祥转型之道

刘学景开创了"鸡肉大王"之路。为什么他把肉鸡产业做到极致之后,突然进军与本业毫不相干的铜冶炼领域呢?

2003年前后,出现了一些有意思的现象。比如,被称为"不夜城"的上海,却在这年8月关闭了外滩的景观灯光,并且下发文件,号召市民把空调调高一度;再比如说,国营企业1998年盈利213亿元,但是到了2002年,盈利是3 786亿元,四年翻了18倍。这些现象的背后是房地产、汽车和基础设施等行业迅猛发展,迅速拉动了市场对钢铁、化工等行业的需求,这也意味着中国"重型化"工业开始发力。而彼时只有处在产业上游的资源垄断型国企拥有市场话语权,当然,还有丰厚的利润。

一边是利润率走低的食品加工行业,一边是市场前景看好的重工业,凤祥站在了行业转型的十字路口。关于为什么转型,当时完成海外学业回国、帮助父亲第二次创业的刘志光是这样说的:

> 从大的方面来讲,我认为,首先,多元化是中国很多民营企业在整个发展过程当中必然走的一个路子,这是大趋势。其次,我父亲是个"闲不住"的人,凤祥在那个时候已经行业地位还算可以的了,因为出口保持第一嘛。再次,(转型)也是经济发展的一个缩影,2004年那个时候,无论是整个中国的经济——GDP在快速地增长,还是山东的地方经济——依然在追求快速的发展,无论是就业、税收还是GDP,工业项目能够带来快速的增长……最后,在这种大环境下,我父亲在当地十多年,积累了很好的口碑,政府也好,金融机构也好,对他都非常认可,这样就决定要上新项目。

经过一番科学严谨的论证和考察,刘学景大胆果断地决定进入炼铜业。从养鸡到炼铜，这两个行业之间隔了不止一座山。但刘学景说："既然干了，就得干成事。"从此，他奔波在了第二次创业的路上。祥光铜业由此诞生了。

紧跟宏观经济风向，关键时刻要大胆推进。这是刘学景跨界的第一条心得。

但问题又来了，炼铜业是一个专业性极强的行业，一直在农村磨豆腐和养鸡的刘学景没有任何的经验，就连他所在的阳谷县也没有冶炼的历史，怎么办？

刘学景提出了"专家管理"的理念，他在全国奔走，"三顾茅庐"式地拜访，感动了很多人。殷振生就是刘学景请来的铜冶炼行业知名专家，他的老伴患有心脏病和高血压，刘学景就专门安排人将她送到了上海医疗条件好的医院，并且自掏腰包为她做了心脏病手术。这样的举动真真切切地打动了殷振生，他说："我热爱祥光，要把自己的才能全部奉献给祥光。"后来殷振生不仅成为刘学景的团队骨干，还把家搬到了阳谷，甚至让自己的孩子也加入了祥光铜业。刘志光对记者说：

> 我们很幸运地建立了专业的团队，我们花时间和精力培养了自己的技术骨干以及经营管理人员。同时，我们非常有诚意地请到了很多的行业专家。目前无论是祥光的技术生产团队还是经营团队，在行业里面应该说都是口碑非常好的。

有了资金和人才，刘学景起点就非常高，他宣称要建一座"50年也不落后的铜冶炼厂"。祥光铜业一开始就从国外引进了当时世界上最先进的闪速熔炼和闪速吹炼技术，此后，又研发出具有自主知识产权的"祥光旋浮智能铜冶炼工艺"，以自主创新的高效节能技术全面覆盖铜冶炼的熔炼、吹炼、阳极精炼、电解精炼四大工序，为我国铜冶炼行业的节能、清洁、高效生产转型升级提供了有力的技术保障。几年间，祥光铜业也实现了从"买技术"到"卖技术"的突破。

制度先行、科学管理、生活工作分开……"创一代"和新生代有着迥异的成长和学习背景。
已经接班的刘志光（下）与父亲刘学景（上）良性沟通的同时，
能够有魄力又有技巧地在企业里进行新的尝试

@图片来源：企业提供

尽管"隔行如隔山",但刘学景一开始就意识到,任何领域都离不开专业人才,跨界经营更如此。充分尊重和信任专家,就是赋能于他们,技术突破便有可能。这是刘学景跨界的第二条心得。

2007年,祥光铜业第一批铜面世了。然而不久之后,全球金融海啸就席卷而来,铜价从2007年初的6.43万元/吨暴跌至2008年的2.28万元/吨,祥光一下从天堂跌到了地狱。

当时很多媒体纷纷登出其资金链断裂的传闻。就在此时,刘志光亲自一家一家给媒体打电话,说明情况;又出具了最新的企业经营报表,取得银行的信任。有一家银行终于答应了给祥光贷款,而当这笔贷款到账的时候,距离资金链断裂也只剩两天的时间。

"祥光铜业最大的问题就是没有铜精矿,其现有的铜精矿全部依靠进口。"中国有色工业协会一位专家说。显然,原料制约了祥光铜业的盈利能力,但在2008年,同样受到金融危机冲击的祥光铜业,相对一些拥有精铜矿的老牌铜冶企业业务出现亏损,当年实现了1.21亿元的净利润。

这可以看出刘学景父子的经营有方,在金融危机之后,祥光逐步确立了稳健的经营策略。《家族企业》杂志专访刘志光时,他如此说道:

> 这里面体现在两块:第一,我们目前作为山东的一家民营企业,现在对外是零担保;第二,作为目前对新凤祥集团现金流贡献最大,或者相对负债所占比例最高的祥光,我们从2008年以后一直秉承着稳健的经营理念,其实也就是注重所谓风险控制,我们的价格风险控制、信用风险控制和利率风险控制,在行业里面应该做得是最好的。

在惊涛骇浪之后,面对着铜价波动所带来的利益诱惑,祥光开始实行套期保值:找到上游供应商签订长期合约,把价格先定好,因此不管涨价与否,价格都不受影响。

祥光这么做，让业内很多企业都不太理解。例如，在铜价上涨的时候，祥光并不跟风涨价，所以少了很多利润。但是同行们没看到的是，在此后铜价大跌的时候，祥光却能免受灾难，甚至逆势上扬。

这是刘学景跨界心得的第三条：稳健经营。

三　父亲的"创始合伙人"

前文说到，刘学景是农民出身，靠着在农村磨豆腐和养鸡起家，后来创办了凤祥集团。这就让他的儿子、"80后"的刘志光也有两段不一样的人生。刘志光中学以前是在家乡的小县城接受的教育，后来又赴英国布里斯托大学、剑桥大学攻读双硕士学位。接地气的青年生活，就读国际名校训练出的气魄和能力，让刘志光思想独立又不流于纸上谈兵。面对父辈，他敢想也敢为，甚至包括"拍桌子"。

"敢"拍桌子，这是一种胆气。

2004年，刘志光毕业了，这时候父亲刘学景正规划进军炼铜业，他觉得父亲打通肉鸡养殖一个产业已经费了13年，再让父亲单枪匹马厮杀13年，于心不忍。于是刘志光选择回来与父亲一起创业。

回国之后的刘志光对父亲说："以后求人的事不用你出面，荣耀的事情才找你。"

但他很快就面临了第一个挑战。在一个宴会上，一个白手起家的企业家对刘志光说："其实我挺看不上你们这些'二代'的，并不是说质疑你们的能力，而是我觉得你们做起事情要比我们容易得多。"

刘志光很快"怼"回去。对于接班，他看法却不太一样：

> 我认为好的接班人首先是创业者最优秀的合伙人。"合伙人"的意思是有独特资源和战略意识、可以和创始人平等对话的合作伙伴。合伙人应该具备的，首先是制定规则的能力，其次是与创始人形成互补的战略思想以及知识经验储备。

电影《中国合伙人》中有一句话让人印象深刻："永远不要和自己最好的兄弟合伙开公司。"这句话同样适用于关系更加亲密的父子。刘志光认为自己只能算是个"职业经理人",而父亲是"企业家",因为父辈的经验都是实践中琢磨出来的,更实用,而且他们能力更全面。两代人在企业管理以及个人生活上的分歧,真实又具体。

面对一代创业者,得"会"拍桌子,争论与尊重兼容并包。

刘志光认为创业者是一种稀缺资源,他非常尊敬自己的父亲,但是"尊敬"并不意味着"服从",刘志光会直接表达自己的想法,而且有的时候还很强硬。在冲突不可避免的情况下,刘志光选择了更巧妙的处理方式,用他的话形象地说就是"该拍桌子拍桌子,该道歉道歉"。日常有争执,刘志光往往最先道歉,但是他说,"道歉"不等于"认错",关于决策,该争还得争。刘志光此后采用这样的策略:

> 五年前我跟我父亲以及跟他一起创业的"老人"在很多事情都存在分歧,年轻时的我什么事情都认为自己是对的,很多事情都会争吵,但是现在已经不会了。如果你把自己还原成合伙人的角度,你一定会想清楚到底对事还是对人。道歉是出于发自内心的尊重。举个例子,现在每次吵架之后我都会给我的父亲认错,就算父亲决策错了,我也要在态度上认错,这种发自内心的尊重别人还是能够感受到的。

刘志光这种处理与父辈关系的智慧,既让他表明自己的态度和立场,又成功避免了与父亲的直接冲突。他在态度上的让步,往往能换来父亲在决策上的让步。

但是要真正接班,否定别人后树立自己,带领企业继续发展的能力才是最终的决定因素。这就是"能"拍桌子。

刘志光在2008年金融危机的时候,已经初露锋芒。他也用现代化理念和专业素养思考企业。他从父亲那里接手的是一个家族企业,但在国外学过现代金融和管理制度的他,深知家族企业的弊病,他要从这里动刀:

> 包括到今天,整个新凤祥的战略决策还是家族式的,但是我想,让这个企业持续经营下去,内部必须要划清界限,虽然这在一个家族企业里面很难分清也是很难探讨的。股东就是股东,董事会就是董事会,每个层面谈论的事情要区分清楚。刚才座谈的时候有些我们的角色是多重的,我们要认清,是公司的角色、社会的角色还是家庭中的角色。

为此,刘志光一直致力于将现代化管理植入家族企业,积极推动整个家族企业治理结构的建立。他有几步措施:一是在香港成立家族办公室,代表家族集中理财;二是明晰股权,保障家族成员利益的同时,也明晰应承担的责任;三是设立顾问委员会,将社会"智脑"和父辈资源吸纳进来。在"2017年家族企业传承"主题论坛上,刘志光说:

> 另一件我在新凤祥内部团队推动的,就是职业经理团队的搭建。我非常感谢我父亲,他是非常开明的人。我现在要做的是更加(广泛)地授权和放权。企业做大之后充分的授权是必须的,经营权分散可以适度地去家族化。

从国外留学回来的刘志光还在公司的资本运营中充分发挥了自己的专业优势,也扮演了别人难以代替的角色。他是凤祥股份和祥光铜业两个核心公司筹划上市的实际操刀者。祥光铜业在他的管理下,除了向上游扩张,其"贵金属产业链"也正往纵深发展。

刘志光对新凤祥带来的改变不止于此:投入两个亿进行集团层面的信息化改造;以身作则地倡导外向型的办公室文化;等等。他的务实作风和专业素养得到了父亲的肯定，刘学景曾这样说："以前我觉得志光是我的接班人，现在我觉得可能'创始合伙人'这个概念更合适。他用更先进的理念改造着新凤祥。没有他，就没有新凤祥今天的样子。"

一个多世纪以前，在美国的第二轮现代化进程中，第二代的家族企业家小约翰·洛克菲勒、小范德比尔特、小卡内基们，在父辈艰苦创业的基础上，共同开创了"美国历史上最为多彩的年代"。

刘志光觉得，中国的新生代民营企业家正站在同样重要的历史节点。如果说改革开放后的第一代民营企业家解决的是企业生命紧跟社会发展和时代发展的问题，那么第二代民营企业家承担的，则是让这个世界更加美好的使命。他说：

> 父辈点燃了薪火之灯，我们这代人要做的，就是至少当好一个执灯的人。

编者说

家族作为一个创业群体时，可以有更为充裕的人力资源供应。中国现有企业中，不乏两代人联合创业的案例，这种模式优势在于：情感关系上，在创业过程中，两代人能消弭一些分歧，价值观趋向统一；具体操作上，"创一代"可以手把手教导商业手法，避免多走弯路；在精神传承上，新生代既可领略"筚路蓝缕，以启山林"的艰辛，还可以相对较少承担创业失败的风险。

但这种模式同样有它的弊端，那就是在新生代尚未形成独立思考能力和个人特质之前，很容易被"创一代"同化，从商业手法到思维特质，成为"创一代"的影子。所以，积极学习，扬长避短，甚至敢于说"不"，是新生代成长接班的必由之路。

在符合企业整体发展目标的前提下，新生代独立负责一个业务板块，培养管理团队，从"跟着干"到"一起干"到"带头干"，是比较快的成长路径。对合伙创始人的新生代来说,从"一起干"到"带头干"是最为困难的阶段,如何取得话语权,如何证明设想可行性,如何获得折腾空间,考验的不仅是智慧,还有胆魄。

香飘飘集团蒋建琪/蒋晓莹
"定位"胜利法

刘思佳

香飘飘集团董事长蒋建琪有着很好的商业直觉,凭着一次偶尔的发现,发掘并开创了杯装奶茶时代。而他的女儿蒋晓莹也仿佛自带经商天分:在浙大读书时,由自己的不便洞察到帐篷租赁市场的痛点;因为要运营线上服务,就学着挖拿到"BAT"三家公司offer的"牛人"过来;进军民宿业后,对于互联网的认识更深一层,对于资本工具的使用也更得心应手;而做老板以后,才更能理解老板父亲的不易,父女难得地在这个角色上找到了共鸣……

一路打仗一路成长,蒋晓莹真的实证了那句话:实践,是最好的老师。

一 奶茶开创者,如何"吃第一只螃蟹"?

有这么一家公司,销售额从0到4.8亿元,只用了两年;而更为神奇的是,没有任何借款、银行贷款,全靠自有资金滚动。这位企业家开启了中国杯装奶茶的新时代,他就是蒋建琪,而这个产品比他本人知名度高得多,它叫香飘飘。

蒋建琪出生于浙江湖州的南浔,当地传统上经商氛围浓厚。蒋建琪这样描述他的成长环境:"南浔在明清的时候就是富商大贾云集的地方,我们那里亲戚朋友平常谈来谈去的就是生意怎么做。"但蒋建琪在人生的前30年,都是过着吃喝不愁的包分配、"铁饭碗"的生活。学习食品相关专业的弟弟在南浔搞了一个食品厂,主营糕点,蒋建琪没事就去帮忙。

但在弟弟办厂的第二年,蒋建琪迎来了人生的全新起点。弟弟开设的糕点店亏损严重,清盘发现亏了好几万元,蒋建琪把这个摊子接了过来。1986年,蒋建琪另起炉灶生产棒棒冰,并为公司取名为"老顽童",这也就是香飘飘集团的前身。

一直到2003年,一年几百万元的利润让蒋建琪"小富却不安",他焦虑的是:老顽童公司主营的棒棒冰是典型的季节性产品,一到冬天销量便骤降,这是棒棒冰生意不可能突破的天花板。公司迫切需要开发新产品,但开发什么,他也不知道。不过,蒋建琪唯一确定的是,一定要开发喝的东西,因为喝的东西比吃的销量大。

2004年,他出差在街上买奶茶,一杯奶茶下肚热乎乎的,给了蒋建琪启发:一个地方只要排长队就一定存在供需失衡,就一定有创新的可能、商机的存在。他在《直面掌门人》节目中如此回忆道:

> 一个偶尔的机会,我到杭州出差,在路边闲逛,我发现一个奶茶店,有这么多人在排队,等着买奶茶。我也去买了一杯,味道蛮不错。突然之间,脑子里有了个灵感:为什么不可以把这样一个产品,变成一个方便化的产品呢?就是凭这么一个灵感,回来就去搞研发,当时我是找到我们杭州的食品研究所,请他们帮我们研发。然后"折腾"出这么一个产品,上市一试销,结果还是比较不错的。

2005年8月,蒋建琪成立了香飘飘奶茶公司,之所以起名"香飘飘",

是希望这款全新饮品能"飘"进千家万户。对于杯装奶茶，很多人会发出一个质疑：奶茶就是牛奶+茶，有什么难做的？但是别忘了，蒋建琪没有先行者可借鉴，没有成功模式可复制。香飘飘开始研发以来，实验室里光红茶的品种就有500多种。而作为杯装奶茶的开创者，蒋建琪要做的不仅仅是上千次的口味测试，还有近万次的吸管实验及包装压制试验。

几个月后，一款名为"香飘飘"的奶茶在全国糖酒会上惊艳亮相。这种市场上从未见过的杯装奶茶一经上市便吸引了经销商的注意，香飘飘以新颖的形式和独特的口感吸引了大量的签单者，可谓一炮而红。2007年，香飘飘遍布全国500多个一、二线城市，年销售额飙升至4.8亿元。

但一个品类出现以后，中国从来不缺乏后来者，这次糖酒会之后，大量的奶茶品牌如香约、立顿以及后来一度与香飘飘两分天下的优乐美，相继杀入杯装奶茶市场。2008年，香飘飘的年销售额直逼10亿元，喜之郎旗下的优乐美奶茶紧咬不放。香飘飘打赢了开门战，但喜之郎在食品行业多年，拥有丰厚的资金实力、广泛的经销网络。面对咄咄逼人的优乐美，香飘飘诚惶诚恐。

蒋建琪用了两个方法，一个是零库存销售，另一个就是涨价。这两个方法听起来都有点不可思议，却蕴藏着深刻的商业逻辑。首先说零库存销售。在蒋建琪看来，代销制就让生产与销售渠道两个环节中间不能相互制约，造成了极大的成本浪费；中国的经销商和厂商之间需要更严密地结合，而代销这种形式，经销商能卖掉货就卖，卖不掉就退还厂商，这往往会让经销商没有责任感。有一年浙江遭遇洪水，蒋建琪跑到市场上一看，那些货架最底下被水淹没的产品基本上都是代销产品，而真正花钱"进"来售卖的产品则放在最上面。而前面提到蒋建琪的弟弟做糕点店亏损，教训也在此。由此，蒋建琪在选择经销商的时候，也往往看中其是否只销售香飘飘产品。

因为香飘飘杯装奶茶的市场领先地位和先发优势，在供需关系中有很大的话语权，所以蒋建琪约定：一律以订单形式生产，款到才能发货。如此一来，几乎没有库存的压力，也规避了风险，并节省了大量成本。这就为香飘飘在市场竞争中提供了较大的腾转挪移空间。

代销的问题蒋建琪从源头上掐断了，相比于其他厂家，他还获得更多优势。但真正确立香飘飘领导地位的，却是一次涨价。2009—2013年，由于流动性货币过剩，投资和消费需求拉升，以及后国际金融危机的影响，有了一波明显的通货膨胀，通货膨胀导致原材料涨价。香飘飘再不涨价，卖一杯就要赔5分钱。正常来说，成本上升，售价也上升，这无可厚非。但是对手的反应却大大出乎蒋建琪的预料。

优乐美为了扩大市场份额，价格竟然不涨反降，放弃了所有的利润！传统的经销商都是靠利益驱动，哪家价格低就进哪家的货，因此，在香飘飘不占强势市场的湖南、湖北等地，优乐美依靠低价策略开始大举入侵，且成效明显。

这时候就很考验蒋建琪了：跟随降价、赔本赚吆喝吧，优乐美已经占得先手；不跟着降价吧，眼睁睁地看着优乐美蚕食香飘飘的地盘。但蒋建琪终究不为所动，他决计不妥协，甚至做好了市场份额降30%也坚决不降价的准备。他的判断是：奶茶是一种口感要求很高的产品，要想保持醇厚的味道，必然要付出相应的成本；一味追求价格低廉，要么质量不可持续，要么持续时间很短。

2013年12月，香飘飘反其道而行之，决定提价，结果是很多分销商并没有放弃香飘飘，客户忠诚度反倒更高了。至此，香飘飘销量持续增长，行业第一品牌的地位得以保住。

二　王者法则：定位

蒋建琪"无中生有"，开辟了中国杯装奶茶这片"处女地"，而后无论是在价格战还是广告战中，香飘飘这头把交椅是坐得又稳又踏实。这离不开蒋建琪对香飘飘的三次定位。

第一次是定位核心人群，确立引爆点。2005年，经历了半年的研发和调配后，香飘飘奶茶终于问世了。但是蒋建琪并不敢大张旗鼓地吆喝，觉得跟同行业巨头比起来，香飘飘还是太弱小了。蒋建琪曾说过这么一句话："试销时要像鬼子悄悄进村，尽量不要引起食品巨头的注意。"最初，蒋建琪选择在湖州、苏州、无锡和温州四个城市的大中小学附近进行试点营销，跟踪调查的结果让蒋建琪欣喜不已。

2005年8月，做好试销准备的香飘飘奶茶准备全面出击了。而对于香飘飘的第一次出击，可谓是要稳准狠还要偷偷摸摸。根据马尔科姆·格拉德维尔的引爆点理论：一项工作的80%都是由参与工作的20%的人完成的；同样，要发起流行，就要把资源集中在一个引爆点上。那么，能够迅速引爆杯装奶茶流行趋势的人群在哪里？试销数据已经告诉了蒋建琪，引爆点是在最易接受新事物的年轻人群体。

第二次定位是找准核心业务，剔掉"三块肉"，停止多元化。2006年下半年，喜之郎旗下的优乐美奶茶、立顿旗下的立顿奶茶、大好大旗下的香约奶茶相继杀入杯装奶茶的大市场，背靠喜之郎的优乐美虽然具有比香飘飘强大很多的资金实力和庞大的经销商网络，但是初期定位的失误，让蒋建琪觉得对手并不如想象中厉害，加上几年间的营商顺风顺水，香飘飘真的就"飘"起来了。

2007年，在香飘飘获得亿元利润之后，蒋建琪出台了一个公司多元化的发展规划：一是投资3 000万元上了一个立志代替方便面的方便年糕项目，同时开发花生产品；二是开奶茶连锁店，进军餐饮业；三是进军房地产市场。

此时的香飘飘，一边要分出精力来搞多元化项目，另一边还要面对穷追不舍的优乐美，不得不与其打价格战、渠道战、广告战……几轮折腾下来，到2009年上半年，优乐美的销量直逼香飘飘，蒋建琪意识到：危机来了。

在艾·里斯和杰克·特劳特的《22条商规》中，第18条成功法则里说过："成功常会导致自大，而自大会导致失败。"香飘飘在初获成功时放松了警惕，也可以说被胜利冲昏了头脑，才会一股脑儿又去进攻别的市场。事实上，脚跟还没站稳呢，怎么能不摔跟头？

蒋建琪意识到：企业竞争中重在集中力量，就像一个手指头对一个手掌，你把全部力量用在一个指头上，对方即使强大，如果他五指叉开，最终在关键地方未必赢得过你。2009年下半年，蒋建琪决定砍掉一切与奶茶不相关的业务，这需要非凡的魄力。当时的年糕项目已经投入3 000万元，现在一下子就砍掉，扔进去的钱还没听到回响就不见了；第二次砍掉了奶茶店项目，虽然店内盈利，但蒋建琪下决心不往外部延伸；而第三次砍掉了房地产项目，尽管当时的房地产业利润水平有目共睹，蒋建琪还是坚持认为，这不属于香飘飘的核心业务，在项目收尾后，绝不再涉足。

产品专注是蒋建琪经过反思得到的答案，经过这一番痛苦的聚焦，蒋建琪将全部身家押在奶茶产业，好比收缩所有的手指，握成了一个拳头。

第三次定位是品牌战略，直击消费者心理，并把品牌形象化。面对虎狼环伺的对手们，蒋建琪吸收了特劳特团队的意见，向消费者传达这样的品牌理念：香飘飘是杯装奶茶的开创者，是全国杯装奶茶销量最大的企业。他在"2016北大定位董事长论坛"上说道：

> 结果是做了这么一个定位：香飘飘是杯装奶茶的领导者和开创者。这是典型的直接针对竞争对手的定位。当时的广告词是这样的："香飘飘，一年卖出三亿多杯，杯子连起来可绕地球一圈。好味道，当然更受欢迎。香飘飘，杯装奶茶开创者和领导者。"

优乐美依靠喜之郎，凭借优厚的人力、财力、资源，将重点放在产品上，打的是典型的产品之战；而香飘飘这一击，则是运用定位策略在品牌层面发力，诉诸行业领导者的地位，在消费者心理层面打了一场战争。

《定位》一书中说：每个品类最终只会被两个品牌主导，而行业领导者拥有无可比拟的优势。所以香飘飘着重向消费者表达自己是品类的开创者，同时强调销量的领先。而人们对于"领先"这个词是没有直觉的，所以香飘飘把品牌形象化，"杯子连起来可绕地球一圈"，这样大家一下子就记住了。

三次定位之后，香飘飘在杯装奶茶市场继续保持快速增长，年销售量从2008年的3亿多杯到2009年的7亿多杯，2010年又跃升到10亿多杯，一直到2011年的12亿杯。而它的广告词也从"绕地球一圈"到"绕地球两圈"，再变为"绕地球三圈"。

三　"蜗camp"到"订单来了APP"：大学生自主创业案例

蒋晓莹是香飘飘集团董事长蒋建琪的独生女，父亲很少教她具体的商业策略。成年后的蒋晓莹虽然一直很能"折腾"，但是她对商业最初的理解，来自她14岁那年的一场父女对话。2008年大年初一，下着一场罕见的春雪，蒋建琪带着蒋晓莹去公司处理一些事情。父亲站在办公室的窗边，问女儿："你知道我一年中最幸福的事情是什么吗？"不等女儿回答，蒋建琪就说道："不是财务总监告诉我今年利润翻了多少倍，或者说销售总监告诉我今年卖了多少货，而是我站在这里看着货车进进出出，想着大冬天全国各地的人捧着奶茶非常幸福的样子。"那一年蒋晓莹14岁，父亲"做带给人幸福的事情"的情怀，在蒋晓莹的记忆中打下了深深的烙印，这也成为蒋晓莹未来创业的出发点。

或许是耳濡目染的缘故，蒋晓莹有着一些商业思维，高中的时候她就在学校"倒腾"作业本。但真正让她小试牛刀的，还是在她进入浙江大学读书后。在浙大的第二年，蒋晓莹在紫金港校区读书，这个校区有一个很大的西区大草坪，每到周末，会有很多家庭在那里玩耍，她和朋友走过的时候不止一次想去露营，每次都因为露营用的帐篷太贵而放弃。

随着可以支配和撬动资源的增多,蒋晓莹正在逐步尝试更新的、更大的梦想

@ 图片来源:企业提供

但是蒋晓莹转而一想：会不会有很多人像我一样，也有这个需求？经过调查，她觉得大有可为。

蒋晓莹和几位同学一起，用奖学金凑出1.4万元，买了三套露营设备，并在人人网注册了一个叫"蜗camp"的公共账号，往外租赁露营设备。事实证明，蒋晓莹的眼光很准，一年以后，"蜗camp"的露营装备已经达到150套，生意也越来越红火。蒋晓莹创业的第一个收获就是：绝不放过脑袋中的任何星星之火，隐藏着不便的地方，就藏着生意。

但随之而来，新问题出现了，作为运营兼客服的蒋晓莹发现客户在租设备的时候，问得最多的一句话就是："你能不能给我推荐一些可以露营的地方？"蒋晓莹发现了新的市场痛点。

于是在接下来的一个月，她走访了杭州周边的营地，寻找到符合要求的地方并与营地供应商签订合同，把营地信息进行整合放到网上，提供在线预订。这种资源整合能力，让蒋晓莹跳出了"小打小闹"的个体户阶段，开始用平台化思维来审视租赁露营设备的行为，也让资源充分流动。

2014年，蒋晓莹和她的伙伴们正式注册了公司，提供露营服务的平台"易露营"正式上线，仅用了四个月就把用户数量从0做到了10万+，交易额接近100万元。但也很快遇到了瓶颈，缺乏快速获取用户的渠道，"易露营"的流量见顶了，而第一次融资的失败也让"易露营"一度面临倒闭的风险。蒋晓莹如临深渊，思索"易露营"的发展模式和未来道路，重新赶制PPT，一家一家跑投资公司，最终打动了天使投资人张洁，争取到200万元的融资。

随后，在公司的招聘会上，蒋晓莹与同事就蹲点招聘，专挖拿到"BAT"公司offer的人才，由此，"易露营"从百度挖来了产品经理，从阿里巴巴挖来了技术专员，从腾讯挖来了市场专员，从万科挖来了业务拓展员——这些人就组成了"易露营"的初创团队。这次在生死边缘的徘徊，让蒋晓莹更加深刻地认识到资本与市场的互相牵制和促进，对于如何借力和借势，有了更明晰的想法。

"易露营"让蒋晓莹对于灵感、对于平台、对于资本与市场的看法更加成熟。2016年年底,她推出APP"订单来了",进军蓬勃发展的民宿业。经过努力,短短一年时间,"订单来了"的成交总额已经过亿元。到2017年10月,项目实现盈亏平衡,融资也进入B轮,服务的客户超过100家。

蒋晓莹在创业的过程中,心态也发生了变化,以前她叫父亲蒋建琪为"老蒋",这个称呼里有一些"吾可取而代之"的雄心。但是在"订单来了"走上正轨以后,蒋晓莹却开始主动向父亲请教一些管理上的问题,老爸自然是最好的管理教练,有问必答。而奇妙的是,在这个过程中,身份、年龄、个性迥异的父女,在"企业"这个点上难得地找到了共同话语。父亲教导女儿管理经验,女儿向父亲倾诉年轻人的喜好,蒋晓莹戏称自己又做回了老蒋的女儿。

如今,喜茶的兴起,星巴克的强势扩张,杯装奶茶的日子似乎并不那么好过了。而蒋晓莹如今也要进入父亲的公司任职,担任香飘飘新出品"兰芳园"产品的经理。作为"香飘飘"家族企业的第二代,蒋晓莹的加入,无疑是被赋予了品牌"年轻化"的希望。蒋建琪对蒋晓莹的期待早就不加掩饰了,他曾对媒体说:"创新是一个企业的活力源泉,要让更多年轻人去闯、去冒险。"

编者说

编者认识一位企业家朋友,早年忙于市场搏杀,而没有提早对接班做出安排。今年发现独子空有接班意愿,却不像父亲一样可以靠技术立足,又没有接受过系统的管理培训,面对千头万绪,不知从何下手。

这时候,这位历尽浮沉的企业家父亲拿出了一个方案:①给儿子三笔钱,每笔100万元,只能用于创业和投资,不能用于消费;②前提条件是每周都要向他做总结汇报,而且花完了第一笔才能领取第二笔，同时要出具详细的"失败心得"；③还有个奇葩的非硬性要求是"第一个100万元要在半年内败光，第三个100万元要支撑至少两年以上，而且要实现盈利"。

"半年内花光100万元"的非硬性要求听起来有点《西虹市首富》中王多鱼的味道，但在时间有限的前提下，身处商海贴身肉搏不失为迅速成长的一条捷径。创业实践的好处非常明显，一是独立于父荫之外，直接感受商业的魅力与残酷的同时，有利于培养创业精神；二是有些商业法则，哪怕是血淋淋的教训，也只有亲身体悟，才能记忆深刻；三是摆脱一个萝卜一个坑的"螺丝钉思维"，能以比较有高度的眼光谋全局而非谋一域。

拓新

万向集团鲁冠球/鲁伟鼎

双足支撑，万向传动

王晓东

万向节，即万向接头，英文名叫"universal joint"，是实现变角度动力传递的机件。万向节的结构和作用有点像人体四肢上的关节，它允许被连接的零件之间的夹角在一定范围内变化。为满足动力传递、适应转向和汽车运行时所产生的上下跳动所造成的角度变化，前驱动汽车的驱动桥、半轴与轮轴之间常用万向节相连。

1979年，在创业10年之后，鲁冠球决心专攻汽车万向节领域，万向集团一枝独秀。1994年，鲁伟鼎推动万向钱潮股票上市，成为全国乡镇企业中第一家上市的公司。从此，万向集团双足支撑，资本与实业结合，相辅相成，实现了万向传动。

一 鲁冠球，有点"轴"

在万向集团档案室，有一本泛黄的剪报集，其中有一篇叫《鲁冠球成功之路》。这篇写于1984年的文章，是第一篇专访鲁冠球的人物通讯，在文章的末尾，笔者给了一句话的评价：鲁冠球，敢于打破旧秩序的弄潮儿。

2017年鲁冠球去世后,阿里巴巴创始人马云评价他:当年很多人都在说"不要把所有鸡蛋放在同一个篮子里",鲁老不一样,他说"要把所有鸡蛋放在同一个篮子里,然后死死抓住这个篮子"。可以看出,鲁冠球的精神特质之一是"轴",而他干了一辈子的事业也跟"轴"相关,这或许是他企业家精神的来源。

1945年1月,鲁冠球出生于在钱塘江畔的一个农民家庭,14岁时,由于家境贫困辍学,到铁匠铺当学徒,立志成为一名工人,却赶上三年自然灾害被辞退了;但鲁冠球不甘心做农民,就在村里面搞了个米面加工厂,却一直没有生意;而后来开自行车修理铺,也被冠上"挖社会主义墙脚"的帽子,被查封了。

在村里什么都愿意干就是不愿意种地的鲁冠球屡战屡败,已经被其他人当作"不务正业"的典型。大家纷纷在背后指点和议论,使鲁冠球青年时期就经历了不被别人理解的孤独与执拗,这在他后来接受《财经人物周刊》采访时说的话里能体会到:"不管你怎么批我,怎么讲我,我就是干。"

1969年,开铁匠铺没多久的鲁冠球终于迎来了一个机会:国家下发文件准许每个人民公社有自己的一个农机修配厂,为农业机械服务。鲁冠球迅速抓住这个机会,主动向公社领导请缨,变卖了包括结婚时别人送他的收音机在内的全部家当凑了4 000元钱,召集了包括他和妻子在内的7个人,办起了修配厂。

从1959年进城当学徒到1969年办起公社修配厂,整整10年,鲁冠球终于实现了自己的工人梦,而且还是工厂的厂长。然而,这个厂长可不是那么好当的。

计划经济时代,生产物资全部由政府统一调配,然而一家小小的社办企业是不在政府供应计划内的,既没有原材料,也争取不到买卖产品的指标,这样还怎么办工厂?尽管如此,好不容易等来机会的鲁冠球可不会就此罢手:没有条件,创造条件也要上!

没有燃料，鲁冠球就去买人家从煤站里拣出来的二煤；没有专用货车，他就自己蹬着自行车或三轮车去一趟趟地驮；没有原材料，鲁冠球就去搞废料，四处打听废钢材的信息。1973年，鲁冠球无意中听说江苏镇江码头有一批300吨的军工废脚料："军工厂做大炮的料头，它的锰钢可以做农村的犁刀——耕地的犁刀。我们没有分配的材料，那我们把他们的废料拿过来。"

得到这些废脚料的鲁冠球如获至宝，但运回家后才发现自己条件简陋，没有氧气切割机，没有办法将这些大炮筒切割成造农具所需的尺寸。这个时候，鲁冠球的妻子站了出来，她用"小米加步枪"的精神说："我用电焊机一块一块地切，无非是花点时间和力气！"没想到，这一切就是两年。

就这样，鲁冠球和他的农机修配厂在计划经济的夹缝中艰难地成长着。1981年，国民经济计划中提到，汽车的货运指标要达到5.4亿吨。无独有偶，当年的《人民日报》发表社论《国民经济要发展，交通运输是关键》。有着敏锐"嗅觉"的鲁冠球由此断定，未来中国的汽车行业将有大展拳脚的机会。

尽管看到机会，鲁冠球还是没有实力造出汽车来，于是他把注意力放在汽车重要配件上，他盯上的是一个叫万向节的配件。万向节是汽车传动轴和驱动轴的连接器，像一个十字架，大的长30厘米左右，小的长不过一指。鲁冠球就从这个小小的部件开始做起，而万向集团的名字也因此而来。

鲁冠球集中力量生产市场上紧缺的汽车万向节，走上了专业化生产之路。然而，产品生产出来后，销售却成为一个难题，因为那个时候，社会上对于乡镇企业的产品，尤其是汽车的关键部件的质量方面还存在着相当大的质疑。

产品造出来，得先有个名字，有的说叫"环球"，有的说叫"金牛"，但是鲁冠球始终觉得不到位。他无意中看到《浙江日报》有一则消息：钱塘江迎来一年中最壮观的大潮，人们纷纷前去观潮。鲁冠球的心震动了一下:"何不叫'钱潮'!""钱潮"的拼音首字母"QC",恰好是"质量控制"(Quality Control)的英文缩写,而鲁冠球把"QC"的标识铸在了万向节上。

还是在1981年的冬天,全国汽车零部件订货会在山东的胶南县举办,鲁冠球租了两辆汽车,满载着他们生产的万向节奔赴胶南,然而由于公司的乡镇企业身份,鲁冠球没有拿到订货会的计划名额而被挡在了大门外。这么好的推介产品机会,不能白来一趟啊,于是鲁冠球想出了一个法子——给产品降价20%,然后在订货会外边摆起了地摊。由此,物美价廉的产品受到了客户的青睐,订单蜂拥而至。当然,这也引起场内的参展厂家的不满,于是有人愤怒地在大冬天里往楼下泼冷水。后来,在接受央视《财经人物周刊》采访时,鲁冠球说道:

> 同行心理不平衡,他们在里面把一盆水"啪"地泼下来,让我们生意不好做。但我们跟他们吵的话,我们生意就做不了了。

就这样,靠着摆地摊的鲁冠球拿到了212万元的订单,宁围公社农机修配厂的"钱潮牌"万向节一炮走红,打开了国内的市场,鲁冠球的创业之路也开始走向正轨。

随后万向集团历经艰辛,和国内外的对手进行激烈竞争,从当时的一个生产农业机械的小作坊,发展成中国第一个为美国通用汽车公司提供零部件的OEM企业,销售额达到68亿元。据报道,2008年"钱潮"牌万向节在国内的市场占有率已达到62.88%,而美国市场上,每两辆汽车中,就有一辆使用了万向的产品。

二 "中国民营企业常青树"的生意经

万向集团的前身是1969年创办的宁围人民公社农机修理厂,鲁冠球将一个用凑来的4 000元办起的小作坊变成了一个千亿元市值的商业帝国，细细数来，已经走过50年的时光，所以鲁冠球在企业界获得两个雅号，一个是"不倒翁"，另一个是"常青树"。鲁冠球生前说过自己的成功经验："只要你尽心、尽责、尽力去做一件事情，别人一周工作5天而你365天都不休息，别人在过年而你还在接着干，那么你一定能成功。"

这话听起来可比"996"严苛多了，在过去50年，他做对了什么呢？

第一条就是他对人才的重视。1951年10月1日，"高等学校毕业生的工作由政府分配"，这一政策揭开了大学生"包分配，吃皇粮"的篇章。在此后相当长的一段时间里，得益于国家赋予高等教育的各种"福利"，大学生身份成为令人艳羡的"金牌"。20世纪70—80年代的中国，乡镇企业在夹缝中生存，基本没有机会获得大学生分配名额。对于待分配的大学生，国营企业都应接不暇，又怎么可能去乡镇企业就业呢？鲁冠球虽然只有初中学历，但是他很早就意识到人才对于企业的重要性，为了招揽人才，他使出了浑身解数。

1984年，时任国务委员兼国家经济委员会主任的张劲夫到万向集团考察时，鲁冠球急迫地表示，想"买"几个大学生。张劲夫听后，觉得"买"不合适。鲁冠球灵机一动，改口说："我付培训费！"就这样，一人6 000元，他用24 000元引进了4名大学生。他开心极了，专门腾出两间房来让四个大学生住，并且把上级奖励给自己的彩电直接搬到了他们的宿舍——那个时候鲁冠球自己家里都没有"混上"一台彩电。精中有细的鲁冠球还给四个大学生每个人送了一辆"永久"牌自行车，希望他们永久留下来。那个时候自行车可是"三大件"赫然在列，有机会排号取得供应券并买得起的人寥寥无几。

为了争取人才，鲁冠球可谓是下了"血本"。当时有人问他：你把数额这么大的资金押到这几个大学生身上真的放心吗？鲁冠球是这么回答的：

> 工作分配合理、收入分配合理，员工就要这个东西。他拿了

一千万,他拿了一个亿,他为社会创造的可能还加十倍、几十倍,只要这批人上去了,下边都跟上去,大家就都跟上去了。改革来改革去,根本目的就是为了发展生产力。我们叫作"个人头上一方天,人人都当一把手"。

有了改革开放的政策环境,也有了人才、产品和市场,此后的鲁冠球带着企业告别了小打小闹,先是明晰产权,后是实现规模化经营,再后来实现集团化发展,十多年间,企业三次升级换代。

鲁冠球成功的第二条经验就是国际化战略。他有一句名言:"要与世界的大环境融合才能壮大。池塘有多大,鱼就有多大,在我们河里的鱼是草鱼,进了大海那就是鲨鱼。"在中国的乡镇企业、民营企业中,鲁冠球的"走出去"战略是最早的。当回忆起第一次走出国门考察,鲁冠球是这样说的:

> 1985年,到了美国,欢迎嘛,现场有中文有英文,一看英文我不认识,中文我认识,他们的翻译也到了,说是欢迎我们,然后看到中华人民共和国国旗升起,当时我们心里感到非常自豪——从内心来讲,确实感激党的改革开放政策。

1984年,拥有世界上最多万向节专利的美国舍勒公司代表在广交会上看中了万向集团的"钱潮"万向节,提出要到厂里考察。20世纪80年代的钱塘江边,还树着"外国人止步"的牌子。但在鲁冠球的竭力周旋之下,过江手续当天办妥。

但紧接着就有了一个好消息和一个坏消息。好消息是美方考察后决定下3万套订单,坏消息是报价很低,万向如果接了这个活儿将亏损10万美元。鲁冠球拍板同意了,他的理论是:"3万套我们亏损,等到30万套怎么都不会亏了吧?"

2000年,万向集团并购美国舍勒公司,进而在美国建设了28个工厂,成为通用汽车和福特汽车的供货商。可以说，万向集团的全球战略是从吃亏开始的。

在鲁冠球见诸报端的众多报道中，"农民企业家"这个词出现频率是非常高的。这个"农民"，他为什么有这么长远的战略眼光？这里就要说到鲁冠球的第三条成功经验：不断学习。

鲁冠球写过一篇文章，讲述他如何安排自己的时间，文章是这样写的："我每天早上5点10分起床，6点50分来公司，晚上18点45分回家吃饭，19点看'新闻联播''焦点访谈'，20点处理白天没有处理完的文件，21点左右开始看书看报看资料，大约到22点30分感到疲倦的时候，冲个澡再继续学习，到24点上床睡觉。"

除了极度自律，鲁冠球特别注意实践与理论相结合。有生之年，他撰写了100多篇理论文章，均能切中中国经济要害，是个人著述最多的中国企业家之一。2005年，他还获得"袁宝华企业管理奖"，该奖项被认为是中国企业管理科学领域的最高奖，鲁冠球由此成为获得此奖项的第一位民营企业家。

正是因为他的这些特质，让他始终敢为人先，勇立潮头，几十年间成为商界的"不倒翁"和"常青树"。

三　千亿元"万向帝国"的新船长

鲁冠球是中国民营企业的常青树，但是到了2017年，这棵常青树倒下了，享年72岁。在病床上，鲁冠球对家人说："我的病，能治好当然好，治不好，也没什么。人家每天工作8小时，我每天工作16小时，相当于已经活了120岁。"话虽如此，但是价值千亿元的万向集团怎么办？

早在1992年，万向集团就提出了"大集团战略、小核算体系、资本式运作、国际化市场"的战略方针，这样，万向集团其实就有了三个发展方向，分别是集团化、国际化和资本化。除了国际化之路，同步进行的资本化道路，离不开一个人的身影，他就是鲁冠球的儿子——鲁伟鼎。

父亲鲁冠球（上）起家于工业，有着鲜明的实业基因；儿子鲁伟鼎（下）则是万向集团金融版图的拓荒者

@ 图片来源：视觉中国

年少时候的鲁伟鼎比较顽皮，在精力旺盛的青春期，他喜欢骑着摩托车四处兜风飙车。直到有一天，鲁冠球发现，自己的儿子竟然骑着一辆摩托车紧跟在一辆狂奔的大卡车后面上演"飞驰人生"！他着实被吓出了一身冷汗。

这件事之后，鲁冠球决心不再"放养"鲁伟鼎，而是把他送到新加坡去接受更加严格的教育。鲁伟鼎走的时候，他的父亲在背后撂下一句话："别给我丢脸！"就这样，鲁伟鼎在新加坡学习如何管理企业的理论知识，回国后就跟在父亲身边锻炼实战能力。这种有挑战性的生活让鲁伟鼎感到非常兴奋，他说："再也不需要开着车子去兜风找刺激了。"

1992年，鲁伟鼎担任万向集团总经理助理一职，开始涉足万向的工作。此后，他又在集团的各个部门轮岗，不断熟悉公司事务。鲁伟鼎进入万向可以说是恰逢其时。我们来看，1984年，万向集团就实行股份制试点，鼓励职工向企业投资入股，年终按资金利润率分红。1994年，万向钱潮股票上市，成为全国乡镇企业中第一家上市的公司，也就是在这一年，鲁伟鼎就从父亲手中接任了万向集团总裁一职。

对于接班，鲁冠球无疑对儿子抱有厚望，但当年为了鞭策儿子，鲁冠球曾经公开地说："我现在选好我儿子，如果将来有能力超过我儿子的优秀人员出来，只要能够把企业搞得更好，能够为农民多增加收入，为农村富裕做出贡献的，我可能会要挑一个，这个是可以改变的。"而鲁伟鼎也为争一口气，在刚回到万向的时候，名牌上只印着两个字"伟鼎"，有意地淡化父亲的痕迹。

鲁伟鼎在金融领域方面的天赋超出常人。可以说，万向集团从一个国内的汽车零部件制造企业走向国际化和资本化，离不开鲁伟鼎在背后的谋篇布局和资本运作。他先后在新加坡、美国学习过企业管理，对于资本运作有着自己的心得。自他担任总裁以来，万向相继收购并参股了华冠科技、承德露露、中色股份等20多家上市公司。除此之外，万向还将触角延伸到了金融板块，先后取得了银行、保险、基金、信托、期货等金融业牌照，2014年还与阿里巴巴联手共同发起成立国内首批民营银行之一的网商银行，2017年又成立了万向区块链股份有限公司，进军火热的区块链领域。

在国外，多年来鲁伟鼎也是动作不断，开启了一系列传奇般的并购整合。先是2000年，以极低的价格收购了一度在美国汽车零部件行业中排名第三的舍勒公司，上演了一出"小鱼吃大鱼"的精彩戏码；又在2001年收购了美国维修市场的主要供应商之一UAI公司21%的股权，成为UAI公司第一大股东；2005年，万向收购PS公司60%的股权，打通了向美国三大汽车企业供货的渠道。如今，万向已经拥有美国、英国等10多个国家的近30家公司和40多家工厂。

如果说，鲁冠球用20多年的时间完成了万向集团的原始积累，那么他的儿子鲁伟鼎则带领着企业迅速走上了资本扩张之路。万向作为国内首屈一指的汽车零部件制造巨头，在实业界名声显赫，资本化运作无疑又为万向的迅速发展扩张注入了源源不断的新鲜血液。对于实业与金融的关系，在接受央视二套采访时，鲁伟鼎是这样回答的：

> 我觉得是实业与金融结合吧，一定能提高效率的。金融要做好，假如说没有实业，那一定在沙滩上。但是要想把实业做强，需要有很多的投入，没有金融的支持，实业也一定做不到一定的高度。

多年来，鲁伟鼎的出色表现无疑没有辜负父亲当初对他的期望。2017年鲁冠球去世后，鲁伟鼎正式从父亲手中接过接力棒，出任万向集团董事长，成为千亿元"万向帝国"的新掌门人。在鲁冠球的追悼会上，鲁伟鼎数度哽咽地说：

> 父亲的专注一直让我认为，他创建的万向是他的儿子，是我的"哥"。最可爱的父亲，他多想看到儿子与大家一起，去引领这个"大哥"前进。我们没有停止过，我们一直在进行时，我们已经领命，我们一定会实现您的梦想……但到那时，我又怎么去找您呢？我一

直是个快乐、认真、没有压力的人,现在当您不找我们的那一刻发生了,我沉重了,我要找到"意义"。

从 1992 年加入万向到今天,鲁伟鼎的接班故事上演了近 30 年,他用近 30 年的时间为自己攒足了经验、成绩和声望。如今这场接班马拉松已经结束,没有了遮风挡雨的父亲,鲁伟鼎直面风雨的同时,也迎来更为宽广的天地。

编者说

"一代创业、二代守成、三代而亡"似乎是代际传承中最难突破的"定律",甚至仿佛是难以逃脱的宿命。而其中最为焦灼的一点,就是"创业精神"的传承。

鲁冠球对于企业的态度是"选贤任能",最为典型的体现就是:鲁冠球的妻子是万向集团创业的七个元老之一,却在生产一线做钻工直到退休;而他的独子鲁伟鼎,23 岁即出任集团总裁。

对于儿子创业精神的培养,鲁冠球先从"使命感"入手。被感情和责任双重驱动的鲁伟鼎,他的创业精神与父亲"365 天不休息,大年初一还在干"不同,他在内部力排众议推行"大集团战略、小核算体系、资本式经营、国际化运作"战略,完成了企业从"总厂式"向"集团化"的转变,实现了产品从零件到部件到系统模块的逐步升级,专业制造企业遍布世界各地,主导产品国内市场占有 65%,国际市场占有 10%。

而万向金融板块的确立,鲁伟鼎也功不可没。1994 年,"万向钱潮"股票上市,成为全国乡镇企业中第一家上市的公司。成立网商银行,进军区块链等,万向实现了实业与金融双轮驱动。

完美传承的一个体现是,鲁冠球逝世的消息传出后,万向旗下公司的股票并未出现异动。

格兰仕集团梁庆德/梁昭贤
从1到100的秘密

韩瑶

2019年3月28日,格兰仕在佛山顺德举行"3·28中国市场年会",接班人梁惠强重申了祖父"做500强不如做500年"的经营理念:"今后无论是谁执掌格兰仕,这条核心思想都已经融入我们的血液当中,永远都不会改变。"

不断进行技术突破、产品创新,或许正是格兰仕从生产微波炉单一产品,跨界进军家电行业的关键,也是在激烈的竞争中,从最初走到现在乃至未来的底气所在。

一 "狠人"梁庆德

在改革开放前,顺德是一个纯粹的农业县,工业仅仅停留在缫丝等少数传统项目上。但随着人口越来越多,土地越来越少,从20世纪80年代开始,顺德提出了"工业立县"的战略。尤其是在被广东省政府批准为经济开放区以后,顺德经济一下子就活起来了,崛起了一批乡镇企业,如美的、科龙、万家乐等,当然也包括今天讲的格兰仕。1990年的时候,"全国十大乡镇企业"有五个在顺德。《羊城晚报》做过一个系列报道,叫"可怕的顺德人",此后顺德人"可怕"的名声也就传了出去。

格兰仕创始人梁庆德,圆圆的脸,戴着一副金丝边眼镜,说话时总是面带笑容,被员工们亲切地称呼为"德叔"。看起来一脸和善的梁庆德却是个"狠人",他通过三次"发狠"——"另起炉灶,推倒重来""知耻而后勇"以及"置之死地而后生",建立起一个强盛的格兰仕集团。

先说"另起炉灶,推倒重来"。梁庆德出生于1937年,格兰仕算是他的第二次创业。早在1978年,他就在河边荒滩上搭了几个窝棚,干起了扎鸡毛掸子的生意,生意很不错,后来升级为桂洲羽绒厂,产值过亿元。

但是一次看似偶然的事件改变了梁庆德的经营路线。1991年3月,他去日本考察,在超级市场里,一件笨重的黑色器物吸引了他的目光,后来他得知那个东西叫微波炉,是专门加热食物用的;当时,微波炉在发达国家的普及率已有80%~90%,而中国城镇家庭占有率不足2%,梁庆德敏锐地感知到了巨大的市场空间。

而就在这一年,邓小平视察顺德企业时,发表了著名的"发展才是硬道理"的重要讲话,那句带着四川口音的"胆子更大一些,步子更快一点"的讲话,像平地一声雷,在梁庆德心里炸开了花,他决定开始干!

1992年6月,格兰仕成立了,梁庆德与日本东芝合作,开始生产微波炉等家电产品。此后,在中国经济高速发展的几十年中,家电、地产、互联网分别是时代的"风口",而格兰仕就成了第一波风口上的那只猪。这就是梁庆德的第一次发狠,"从亿到零",另起炉灶进军新产业。

在《崛起的中国》节目中,梁庆德如此回忆道:

> 我们一直在思考入什么行业、在什么行业里做什么产品,才能符合我们的发展方向,我们具备条件去思考这些问题。我们在欧洲、日本进行了考察,结合考察得到的信息,我们进行讨论,我们

在考察的基点上转战家电行业，是中国市场化工业化发展趋势的体现，所以我们参与家电行业的生产，符合当前社会情况以及企业的情况。

再说"知耻而后勇"。格兰仕跟东芝合作，花了 500 万元弄出来一条生产线，可是不掌握核心技术俨然如无米造炊，头一个月出厂的 10 台微波炉，2 台不能启动，其余 8 台不是火力过猛，就是启动太慢。转眼就到了 1993 年，技术上依然没什么起色，而且生产规模小，年销量不足 1 万台，连竞争对手的 10% 都不到，被竞争对手冷嘲热讽。

要强的梁庆德哪受得了这种窝囊气？但他的做法不是骂回去，他再次发狠心，在厂区中央竖起了一块巨大的"耻辱牌"，把竞争对手的攻击言辞写在上边，让员工们上班看、下班也看，这块"耻辱牌"就像根巨大的刺，扎得人生疼。

这不由得让人想起公元前 361 年，仅有 21 岁的秦孝公正式登基，因为国力贫弱，别说已经崛起的诸侯国，连权力被架空的周天子都不正眼瞧秦国一眼。于是，秦孝公发布了《求贤令》，里面说："诸侯卑秦，丑莫大焉。"

此时整个格兰仕也弥漫着一股"知耻而后勇"的精气神，工人们奋力研发，梁庆德为了掌握核心技术，亲自跑到当时工业和制造业相对发达的上海，"五顾茅庐"邀请全国著名的微波炉技术专家俞尧昌和陆荣发加入格兰仕。有了技术专家的"加持"，格兰仕很快实现了稳产、量产，1994 年，微波炉销量也突破了 25 万台，市场占有率达 25%。

最后说说"置之死地而后生"。还是在 1994 年，梁庆德完成了格兰仕的改制工作，他选择的是"公私联营"的道路，也就是镇政府在企业中保留一部分股份，绝大部分股份由企业股东持有。4 月，梁庆德花 3 800 万元买下了格兰仕 70% 的股权，但最高明的一招是，他把所有中高层全部纳入股东之列，有 60 多人。这一步，为有效应对后来的突发事件打下了基础。

两个月之后，一场百年不遇的洪水席卷而来，不到10分钟，格兰仕厂区就全部被淹没，当洪水铺天盖地卷过来的时候，所有人看着浪花，脑子里就一个念头："格兰仕这下要完蛋了。"

梁庆德的儿子梁昭贤回忆道：

"1994年6月18日，是格兰仕人非常难忘的一天，当天遭了百年不遇的特大洪水……当年'德叔'创业的时候没人才、没资金，只有选择在海边，因为这里的成本是最低的，但当时连几百块钱都没有，海滩就没设围堤，洪水一来……"

梁庆德再次发狠，企业绝不能倒！于是他让销售部门的同事全部出去找订单，亲自在工厂里抵抗洪水，抢修设备，带领员工连机器24小时作业。对于这段经历，梁昭贤记忆犹新："我们用了一个月的时间逐步恢复所有的设备——在那么艰难的时候，大家都奋发努力，每天吃在工厂睡在工厂，没有一个人离开。后来客户看见我们这种'斗心'都非常感动，有一位客户义无反顾地预付了2 000万港币给格兰仕，使格兰仕真的用60天就恢复了生产。"

到了年底，奇迹出现了，格兰仕微波炉产销量不降反增，成为行业第一。

因为"狠人"特质，梁庆德放弃羽绒制造选择了家电行业，因"知耻后勇"，他在技术上实现赶超，而突发的洪水反而因领导善于分利，让整个团队更加团结。然而，格兰仕崛起这段时间，正是外国微波炉品牌大举进军中国的时间，格兰仕这个"土八路"怎么就打赢了外国那些"洋枪大炮"呢？

二 "价格屠夫"的磨刀秘诀

前文讲述了梁庆德带领格兰仕崛起的过程，其实一提到格兰仕微波炉，关注市场的人人印象深刻的还是它的价格战，又快又狠时间又长，让人措手不及；消费者最在意眼前的优惠，很多工厂不适应消费只好偃旗息鼓；随着格兰仕价格一次次地下调，其整体盈利不但没有下降，反而大幅上升，在不到三年的时间里就占据了全国73.5%的市场。凭什么别的企业降价不起，格兰仕就降得起呢？我们就来说说格兰仕的微利战略。

1992年，中国微波炉市场整体销量只有20万台，主要集中在北京、上海等大城市，微波炉价格很高，普遍在每台3 000元以上，而当时这些城市人均年收入也不过5 000元，微波炉算得上是"奢侈品"了。梁庆德意识到，要想做大市场，做出规模，价格是最大的痛点。

微波炉总价格要降低，企业要盈利，那就只能不断降低成本了，格兰仕的办法是"总成本领先"。首先要说的是格兰仕的OEM（代工）策略，就是国外厂商把生产线搬过来，格兰仕生产产品再以低廉的价格卖给对方。这样做的好处在于，格兰仕不用花费资本，就变相收购了国外企业的先进生产线，引进了技术和设备。梁昭贤在《四十年，不凡的变革》节目中说道：

> 创业初期，我们要先易后难。给这些跨国公司做代工，它们也要选择，看你能不能够按照它的体系，按照它的标准，能不能符合全球不同国家、不同地区的用户对质量、对产品的需求。所以不要小看代工，代工也需要实力的比拼。通过代工，我们也可以学到全球一流的企业——它们的标准、它们的体系、它们的管理，了解它们的渠道、营销手段乃至整个品牌建设。总之，通过代工去增强自己的能力。

以微波炉里面的变压器为例。格兰仕初成立时，当时日本企业标价23美元，欧美企业标价30多美元，最后格兰仕选择跟欧洲某公司达成协议，对方将生产设备的使用权让渡给格兰仕，格兰仕就以8美元的低价供货，但订单之外的产品归格兰仕。当国内同行生产变压器的成本高达150元时，格兰仕只需花50元，仅一个部件就节约了2/3的成本。

与供应商结成战略联盟是另一大法宝。比较成功的案例是格兰仕与上海宝山钢铁公司的合作。所谓战略联盟，就是一种稳定的"一对一"合作的关系，宝钢专门为格兰仕产品提供材料，格兰仕保证80%以上材料从宝钢购买，达成联盟后，原材料的供应单价每年都会降低，同时格兰仕的采购量也逐年上升。这样格兰仕就能以低价购买材料，降低总成本，而供应商的总利润也能不断增长，实现双赢。

技术创新是格兰仕发展中不得不讨论的话题。1997年，格兰仕在美国与一些专业科研机构结盟，成立格兰仕美国家用电器研究中心。经过几年摸索，到2001年底，终于掌握了微波炉的核心零件——磁控管的技术，之后又研制出600多种相关专利产品。技术上的突破一改格兰仕以往完全依赖高价购买国外零配件的境况，同时把生产效率提了上去，自然成本也就降低了。

梁昭贤在《崛起的中国》节目中如此回忆道：

> 你要考虑企业本身的综合实力、自身的生产力水平，不是盲目地、被动地跟风去降价。我们是主动出击，而且是根据自身的承受能力、自身的生产力水平去考虑我们的价格水平。我们通过产品大规模、低成本、薄利多销，能够不断发掘新的价格优势出来，最终还是要靠企业，要靠产品在后面支撑。

格兰仕通过突破核心技术来控制成本，同时还能保证产品质量，这是价格战的精髓所在。那么，究竟"战况"如何呢？

1996年8月底，格兰仕发起第一次降价，梁庆德坚决执行"最低价格原则"，主张价格一步到位，每台微波炉直降1 000元左右。当时一台松下微波炉在中国市场售价为3 000元以上，而格兰仕微波炉的价格则控制在1 600元左右，仅相当于前者的1/2。

格兰仕第一轮价格战如同一颗定时炸弹，瞬间引爆整个微波炉市场，疯狂到什么程度呢？在上海第一百货商场，卖微波炉的柜台设在地下室，

格兰仕集团创始人梁庆德

@ 图片来源：视觉中国

当时顾客为了抢购微波炉，从地下一层排队一直排到了地面的公共汽车站，商场一天就卖掉了5 000台微波炉，创造了历史纪录。当年格兰仕微波炉也实现产销65万台，国内市场占有率一举超过35%，位列第一。

1996—2003年，格兰仕共进行了9次大规模降价，降价频率之高让人咋舌，而且每次降价幅度都在30%~40%，把微波炉价格从数千元降到几百元，在全国产生了轰动效应。中国市场的微波炉企业从100家减少到不足30家，格兰仕的市场份额达70%以上。

三　"一法通，万法通"

2000年，梁昭贤继承父亲的"衣钵"，成为格兰仕集团的执行总裁。父子二人都留寸头，戴眼镜，一个被称为"德叔"，一个被称为"贤哥"，两个人不光外貌像，骨子里也像，但也有不同特质，一个叫"勤快"，一个叫"专业"。我们从不同的座驾看出父子两人的一点儿不同来：梁庆德的座驾是路虎越野车，比较野性和霸道；梁昭贤则是奔驰600的忠实拥趸，比较豪华尊贵。

梁昭贤还在华南理工学院读书时，父亲梁庆德正在经营着羽绒厂，在暑假期间会要求他到羽绒厂去晒葵扇。当时他想不通：自己家这么有钱，为什么老爸还要求他在炎炎烈日下光着脚板，在晒得发烫的水泥板上来回走几个小时？后来梁昭贤才知道，父亲是在培养他的意志和毅力，这种能吃苦的精神一直延续到他后来的生活和事业中。

格兰仕在"梁庆德"时代专注于微波炉产业，"专一且深情"，到2001年，微波炉产量高达1 200万台，销售量世界第一。然而微波炉的市场空间难以支撑格兰仕的继续发展，必须寻求新的利润增长点。开辟新的领域，进行多元化转型成了企业发展的必由之路。梁昭贤接掌格兰仕之后，开始进军其他产业。梁昭贤说：

未来，我希望能够拥有多个单项世界冠军。格兰仕走专业化集成的多元化道路，能够不断派生出多个全球单项冠军，我想这是格兰仕人共同追求的目标。希望终有一天，格兰仕能成为国际知名品牌，那是我们奋斗的目标。

该如何走好多元化道路，再创新的巅峰呢？秘诀有两个："格兰仕模式"和技术创新。

格兰仕首先选择了空调业作为多元化转型的切入点。2000年9月，梁昭贤宣布投资20亿元，"高调"进军空调业，2003年，又追加投资20亿元，在广东中山圈地3 000亩，宣言打造"全球最大的空调生产中心"。圈地的豪言一出，"格兰仕疯了，梁昭贤疯了"的质疑声也跟着铺天盖地而来。

当时国内空调业已经进入成熟期，业内群雄盘踞，和企业初创时微波炉市场大不相同；空调市场竞争愈演愈烈，空调企业的淘汰率达到60%；再加上原材料的价格不断上涨，市场一片惨淡。就在这时梁昭贤却突然发力，他凭什么敢这么干？

前文说过，格兰仕通过三招儿把微波炉总成本价格降了下来。梁昭贤沿用之前的策略，将"格兰仕模式"和"技术创新"进行到底，所谓"格兰仕模式"就是大规模、低成本生产。他把这两招儿复制到空调上……坚持"产业搬进来，产品走出去"，利用微波炉积累下来的全球资源，引进欧洲和美、日等国先进的空调生产企业、生产线以及装备，让跨国公司发挥技术、资源等方面的优势，加上格兰仕在生产力水平、劳动力成本等方面的强项。

在微波炉时代，格兰仕以低成本人工获得竞争优势，但在人工、房租、设备等所有生产要素成本都提高的情况下，格兰仕空调如何确立新的竞争优势呢？梁昭贤总结道，一是规模化生产不能丢，要用大规模的生产，确保大规模的销售；二是改变过去粗放的生产方式，挖掘发展潜力，进一步提高工作效率。很快，格兰仕空调异军突起，成为中国空调出口前三强。

但毕竟，在空调行业，格力和美的已经"珠玉在前"，想靠价格战取胜，有点难。此时格兰仕需要突破"价格屠夫"这个桎梏，价格战就要升级为价值战，技术创新再次成为重中之重，这也是格兰仕在多元化转型中的第二大核心要素。梁昭贤甚至把"创新"上升为公司文化的核心。

格兰仕铆足了劲，不断地研发新技术、新功能产品。1997年，格兰仕一年的利润不过11亿元，当时，格兰仕的名字在国外名不见经传。梁昭贤将这一年工厂的利润基本注入美国研究中心的建设中，当时不少公司骨干都不理解：公司正处于扩张高峰期，有钱应该是首先用来加大生产，而不是去"养10年也可能下不了蛋的鸡"。但今天不难看到这步棋的长远意义。经过多年摸索，格兰仕终于掌握了微波炉核心零件——磁控管的核心技术，当时，这项技术一直被日本等其他国家垄断，掌握了这项技术就等于掌握了微波炉生产的命脉。

梁昭贤还投资几千万元修建了近1万平方米的技术研究综合楼，实验室的检测能力达到了国际先进水平。从微波炉的磁控管到空调、冰箱压缩机，洗衣机的电机，格兰仕在自己所涉足的领域，都实现了核心零部件的自我供应，也就是说没人能卡着它的脖子了。

之后，梁昭贤带领格兰仕进一步在家电领域做深做透，生活电器、日用电器等都成为格兰仕涉足的领域，电烤箱、早餐机、电饭煲、电磁炉等产品也都取得了不错的成绩。梁昭贤在接受《中国经营报》采访时说道：

> 发展到今天，我们必须开始强化，要做自主品牌。作为家电产业，像格兰仕这样的企业，改革开放四十多年，已经形成一条具有全球竞争力的产业链。那条产业链让我感觉到，全世界任何一个国家都代替不了"中国制造"。一步一步有力地往上走，我们才会有机会、有底气、有实力做自主品牌。格兰仕人也清楚地知道，市场经济就是实力经济，实力是走向世界的通行证。

> **编者说**

格兰仕以擅长打价格战闻名,甚至用这种"微利策略"构筑了自己的经营安全防线。

从梁庆德到梁昭贤,格兰仕从微波炉进军空调等产业,也用了格兰仕的"三板斧",正如曾国藩所言"结硬寨、打呆仗",格兰仕以稳定的节奏步步向前,格兰仕集团创始人梁庆德先生第一次说出"做 500 强不如做 500 年"这句话的时候,梁氏家族传承也在继续。2019 年 3 月 28 日的格兰仕年会上,第三代接班人梁惠强首次以公司副董事长的身份公开亮相,他提出:"在如此严峻的经济形势面前,那些一直积累核心工业能力,同时对数字化转型有着清晰判断的企业,却面临着'变道超车'的大好时机。"

在处理长辈与晚辈之间、上级与下级之间、家族和公司之间三种关系时,梁昭贤说:"这不是用 IQ、EQ 去解决那么简单,而是在血液当中,从有我到无我到忘我的状态。没有这种状态就处理不好这种关系。立品立德才能立志,才能自强不息,这是最根本的,也是最重要的。"

以"微利战略"构筑经营防线,以"立品立德"追求基业长青。所以,找到经营或精神上的"关键资产",是家族和企业传承的重中之重。

海澜集团周建平/周立宸
"我不是空着手回来的!"

韩瑶

海澜集团"少帅"周立宸沿袭了这样一条成长路径:清华大学读书、上海挚信资本工作、回归海澜之家。在净利润增长率断崖式下降,以及品牌老化的冲击下,拥有开阔眼界和敏捷思维的周立宸回归,的确给这家老牌服装企业带来了一阵清新的风。

2019年2月8日下午,在江苏海澜集团飞马奖颁奖典礼上,海澜集团宣布年仅29岁的周立宸出任集团总裁,董事长周建平现场亲笔书写"建功立业"四字赠语。此时距离周立宸在回归时宣言"我不是空着手回来的",恰好6年。

一 "直男"的创业法则

在中国的服装行业中,有一家非常特别的公司,这家公司和他的老板一样,有着浓浓的直男风格。让我们来感受一下这位企业家与众不同的思维:当所有人认为爱逛街的女性才是商场主力时,他提出来做"男人的衣柜";生意嘛,肯定是客人光顾越多越好,他却说"一年来两次就够了";面对竞争,有人韬光养晦,有人暗自发力,他上来就喊"跟优衣库拼了"!

这家公司就是海澜之家,这位有着"直男"气息的霸道总裁就是创始人周建平。

1960年出生的周建平,刚好赶上了1977年恢复高考。以前的高校招生政策是"自愿报考、领导批准、严格考试、择优录取",但是邓小平把"领导批准"四个字删掉了,四字之差预示着一个新时代的到来。拿到中专学历证的周建平没有选择深造,他看到了一个发财的机会——照相。凭借着这个新鲜事物,周建平在老家江苏省江阴市的新桥镇,挣得了人生"第一桶金"——30万元。20世纪80年代,"万元户"就可以骑大马挂红花游街了,但"小富即安"不是周建平的性格,他早就开始思考怎样做更大的事。

一个国家的发展,必然要走重工业和轻工业结合之路。1988年,周建平瞅准机会,一口气把钱全都砸在经营不善的新桥第三毛纺厂。这是一家集体性质的工厂,总共才18名工人。周建平不顾众议,甚至不惜在镇里立下军令状:钱,我来出;风险,我来担;企业办成了,是集体的;办砸了,就算我交的学费。

原来,1986年召开的国务院会议,专门讨论了扩大纺织品出口、振兴纺织工业的战略,特别指出纺织品是我国今后一个时期增加出口创汇的重点。他瞅准了这个趋势。但是新桥第三毛纺厂的产品质量,显然难以达到。企业下一步怎么走呢?周建平一次跟着朋友去当时刚刚崛起的杉杉西服订货会,偶然了解到精纺的市场需求很大,他回到厂里就宣布——转型!由粗纺生产着手转为生产精纺。周建平在新沪商财智论坛上回忆说:

> 永刚是老前辈了,他的杉杉西服名扬全国的时候,我们还没做服装——当时我们是做面料的,是他的供货商,跟他是业务关系。那么他现在转型了,也推动了我们的转型。其实,企业的发展永远

在一个转型的路上。企业要转型一定要脱胎换骨,转不好粉身碎骨,而转型的过程当中又可能伤筋动骨。

放着好赚钱的项目不干,去开拓新领域,当然有人反对,但周建平始终坚持。事实证明,他的决策是正确的,到1994年,第三毛纺厂精纺产品销售额超过了1亿元,同年周建平正式创立了江苏三毛集团,继续乘胜追击,到1996年,公司的总资产就达到5.5亿元,年销售额达10亿元,生产规模和经济实力在同行业内都排在前列,当时做粗纺的那些企业早被他远远地甩在了身后。

从粗纺到精纺的"转身",让领先同行一步的周建平收获颇丰,但很快,他再一次"转身"。

2002年,周建平赴日本进行考察,他走进一家店,这家店宽敞明亮,所有衣服都摆放得整整齐齐,简洁而"克制"的风格给他以深刻的"撞击"。后来他知道这家店的中文名字是"优衣库"。

周建平在店里转了好久,竟然没有一个导购跟过来主动贴身做介绍。只有几个理货员在整理衣服,所有衣服按照性别、功能区分,同一款衣服提供很多配色选择,货架上的货品尺码齐全。就像逛超市一样,顾客完全自主进行选择购买。

当时,这种量贩式自选购衣,在国内还没有概念,但在日本早已实现品牌连锁化,周建平心里"蠢蠢欲动":为什么不把这种平价的服装自选超市引进中国呢?优衣库颠覆了他心目中传统服装店的概念。

在回国的飞机上,周建平就拿定主意,要开一家全新模式的服装店! 2002年,"海澜之家"首个门店在南京中山北路正式开业,以"男人的衣柜"定位,专门做男装。"以海阔天空之博大,创波澜壮美之事业",彰显了周建平的勃勃雄心。

海澜之家把全新的、自选式购衣模式引进中国,也为中国服装经营模式掀开了崭新的一页。消费者能够更加主动从容地去了解产品、认知品牌。在轻松的环境中购买产品,大大拉近了消费者与海澜之家的距离。

这种新颖的模式让海澜之家在国内迅速走红,一年之内,就布局15座城市,拥有50家专卖店,年销售额达2亿元。

二 海澜之家,不只是衣服

自2002年,海澜之家的首个门店开张后,公司以破竹之势迅速发展。但是经过10余年的发展,海澜之家和优衣库终于还是狭路相逢、直面竞争了。

优衣库兼营男女基本款,海澜之家在商务西装外,也提供日益多元化的男装休闲服饰。而不仅仅是服装款式,在地域上也有争夺。优衣库原本主打一线城市、多在大型商场内开设专卖店,但随着形势变化,优衣库宣布未来将大力拓展二、三线城市,而这正是海澜之家的主要客源地,势必分掉它的"蛋糕"。

于是在2014年的海澜之家投资者见面会上,周建平直接放话叫板:"我要和优衣库拼了!"他甚至自信地说:"海澜之家的模式,在中国独一份,没有人能模仿。"

周建平要跟优衣库叫板,底气从哪里来呢?我们如果跳出来看一下,就会发现海澜之家的经营模式和优衣库很不一样的地方,甚至会直接产生一个疑问:海澜之家,真的是在卖衣服吗?

海澜之家上市之后,在2015年总资产已经超过500亿元,登上了福布斯亚太最佳上市公司50强。再看海澜之家2018年的成绩单,总营收额达到190亿元,全国各地开了将近6 000家店面。6 000家是什么概念?我们可以拿麦当劳做一下对比,麦当劳在中国城市算是抬眼可见了,总共也就2 700多家店,而海澜之家的门店数可是麦当劳店面数量的两倍多!而优衣库只有不到1 000家。2018年4月24日,在新沪商财智大会上,周建平说:

> 我们是个男装品牌,在目前来看,单一男装品牌经营的,论规

模我们可以说最大。ZARA跟优衣库规模都很大,但它们女装是主体,像ZARA,男装只占百分之十几。我们只做了国内一个市场,它们做的是全球市场;我们只做了十几年市场,它们做了五六十年,所以我们和国际品牌比有差距是正常的。从国内说,中国境内38家上市服装企业,我们的营业收入占总行业的1/5,利润占近1/4。规模很大,但压力也很大,因为服装行业要保持持续的增长也很不容易。

海澜之家门店遍地开花的背后,是它的"海澜模式",即周建平把服装这种重资产行业实现了轻资产运营。

服装连锁店并不是个轻资产的生意,有两个重资产的大包袱是开店方很难摆脱掉的:一个是因备货而存在的大量库存;另一个就是动辄上百万元的门店,固定投资大。因此投资服装店,资本回报期相对比较长。此外,在服装行业里,大部分品牌是自己做产品设计,再委托代工厂进行生产,最后投放到自己的门店进行售卖,生产周期长、前期投资大。但是海澜之家采取的方式完全不同。

海澜之家所有的服装设计、样式,都是由供应商的设计师提供的,海澜之家并不直接参与设计,而是只负责挑选自己认为本季会大卖的款式。此外,在门店经营方面,采用赊购的方式,也就是海澜之家从供应商处采购商品,采用先销售后结账的模式。

这样,海澜之家在产业链上游减少了大量的资金占用,而在下游门店,采用"开放加盟"的方式。但和一般的服装品牌又不一样。加盟商交了加盟费后,并不需要亲自参与门店的经营管理,公司会委派店长负责。加盟商和海澜之家之间的合作方式叫作"委托代销",公司向线下门店提供商品,销售实现的利润加盟商拿其中的65%,海澜之家取得35%。这样一来,加盟商只需投一笔钱,什么事都不用做,就可以"坐享其成"了。

为了确保品牌形象的对外统一,在门店的管理经营上,海澜之家可以说是非常"强势"。曾经有这样的案例：有加盟商想在门口摆上一只招财猫，都被海澜之家拒绝了，原因是与店铺规划不符。

这么一分析，我们就会发现与其说海澜之家卖的是衣服，不如说凭借它的品牌、它的供应链、它的管理、它的流量，这些"无形资产"，是海澜之家能实现高速扩张的秘密。

而海澜之家核心竞争力又在哪儿呢？

当然是它的品牌定位。品牌价值是轻资产运营模式的核心，企业在这一模式下，主要是依靠自身品牌价值来进行业务扩张和谋求发展的。海澜之家的品牌定位瞄准男性消费者，比较独特，这一品牌价值在国内服装企业中可以说是名列前茅。2016年，"海澜之家"以品牌价值110亿元入选"胡润品牌榜"，并且位列榜首。

庞大的资金池也是海澜之家立于不败之地的坚实保障。海澜之家不需要提前向上游企业交付货款就进行采购，也不需要建造生产车间，没有厂房、机械设备等固定资产，固定资产少就意味着企业流动资金的增多，资金的灵活性很大；截至2018年，海澜之家总共拥有门店6 673家，每家店的加盟费是200万元，其中100万元是押金；通过这种方式，海澜之家仅凭押金就能够集资60亿元以上。2017年，在海澜"七一"大会上，周建平激情澎湃地说：

> 海澜之家营业收入全行业第一，利润全行业第一，增长幅度全行业第一，股票市值全行业第一，品牌价值全行业第一。我们在中国男装行业乃至在全行业的地位不可撼动。

三 衣柜不应是"老男人的专利"

在2017年2月8日下午举行的江苏海澜集团飞马奖颁奖典礼上，出现了这么一幕，海澜集团宣布重大决定——创始人周建平的儿子周立宸出任海澜集团总裁，而一贯在公众媒体前以硬汉形象出现的周建平，当场落下了眼泪，颇有几分"吾家有儿初长成"的激动。

1988年出生的周立宸正式出任海澜之家总裁，当时他才29岁，在公司内部，大家都称他为"少帅"。从父亲手中接过集团的大旗，也就意味着"周立宸时代"即将开启。但是周立宸很少抛头露面，他解释道："因为我们把精力放在产品上，只要产品好，一切都会有。"

学生时代的周立宸是个"学霸"，本科在清华大学金融专业学习。学生时期就曾在多家咨询公司和证券公司实习，他还热心于社会活动，先后担任过学院文艺部副部长和校广播电台副台长。

周立宸毕业后没有选择留学深造或是直接进入父亲的公司，而是独自去上海挚信资本工作了两年，在实践中深入学习了有关金融、投资、理财及公司管理的经验，他回归海澜之家时说："我不是空着手回来的！"

此时的海澜之家，虽然一直处于增长状态，但增速已经明显放缓，从2014年到2017年，海澜之家净利润增长率从75.83%一直降到6.5%，（到了2018年，其净利润增速更降到4%左右。）服装在样式上也越来越跟不上潮流趋势，若再不寻求突破，海澜的发展恐怕会面临危机。周立宸就在这样的形势下回归企业。周建平在新沪商财智论坛上说：

> 转型是必须的，我们国家现在也在转型。但是我觉得转型不是转行。"女怕嫁错郎，男怕入错行"，如果行业选错了，做起来就会艰难一点。有些行业你选对了，它本身在风口上，你不用使劲，它也在推着你往前走，但是有些行业呢，你不使劲它是上不去的。我们这个服装行业呢，全世界都知道是不好做的，门槛太低，但是呢，要是想做好，门槛其实也不低。

品牌是海澜之家的核心资产，要转型，首先就是重新定义品牌。周立宸上任后要打的第一仗，就是"品牌年轻化"。他同时着手几个动作。

一是更换代言人。要摆脱"老男人的衣柜"的大众印象，更换对外形象是必要的，周立宸找到了明星林更新。林更新在"90后""00后"群体中颇有拥趸，其实是他阳光帅气的外形和积极向上的形象比较符合现代年轻人的审美。

二是广告片拍摄更注重艺术感和质感。一直以来，海澜之家以品牌定位取胜，而在广告投放上显得"简单粗暴"，比如，在百度图片搜索"海澜之家"，会发现前几页都是广告，甚至千篇一律。周立宸接手后，一改从前夸张直白的风格，在拍摄上更注重以形象的艺术性细腻化呈现着装的质感，同时敏锐地捕捉时尚的新鲜元素，强化品牌的朝气。

接着，他开始注重消费人群的精准定位，也有两个动作。一是从综艺节目冠名入手，进行品牌宣传。2014年周立宸回归后，海澜之家开始以服装赞助的形式支持《奔跑吧兄弟》《最强大脑》《非诚勿扰》等知名的综艺节目。二是每年提高互联网视频、电影院、地铁、高铁的广告投放金额。为什么他会选择这些地点和节目进行品牌露出呢？以赞助《奔跑吧兄弟》为例，他用了大数据分析的方法，精准投放，直击目标客户心智。

在人群上，他通过分析《奔跑吧兄弟》的用户画像发现，节目受众中，以电视观看的男性占比为40.6%，在网上观看的男性占比达到57.8%，这与海澜之家专注做男装的品牌定位刚好契合。

从城市分布来看，《奔跑吧兄弟》的受众三线及以下城市占比为52.4%，二线城市占了35.4%，一线城市仅为12.2%。而周建平很早就在三四线城市布局，在别人都还在怀疑小镇青年的购买力时，他却发现，三四线城市的商圈特别集中，可以不用费力选址，在商业中心开一个店，全城人很快就知道了。赞助《奔跑吧兄弟》无形中强化了品牌流量。

甚至，周立宸还关注到，《奔跑吧兄弟》受众使用的设备，手机多于电视，而手机以主打"性价比"的国产品牌如"小米"为主，他据此分析，现在的年轻消费群体的消费心理逐渐趋于理性，不再以价格来衡量产品的质量，由此验证了海澜之家走亲民路线、追求高性价比的定价选择。

由此，周立宸重新把海澜之家的品牌擦亮。

周立宸走的第三步棋就是联手阿里巴巴，开启了新零售模式。这确保海澜之家能够在服装业实体店的生意越来越难做，甚至相当多的店铺被迫倒闭的形势下实现逆势增长。

2017年8月，马云走访了海澜集团，决定双方达成全面战略合作，共同打造智慧门店。海澜之家从底层数据层面更加清晰地掌握国内服装消费市场的动态，从而实现针对性、精准化、高效率的产品开发和品牌创新。

海澜之家通过无线射频识别技术，让2亿件衣服都拥有自己的"身份编码"，基本实现了线上下单、线下发货，门店数据达到共享和互通。这也奠定了海澜之家进军新零售的基础。

谈到与父辈对于企业经营思路之间的矛盾，周立宸认为，自己与父亲会有差异，但不一定有碰撞：

> 当然，企业管理的文化理念，是之前已经定好了，因为我们盘子已经这么大了，不可能一夜之间全部颠覆它，但在具体执行层面、发展方向，一些新的思维融入的话，我相信还是可以通过沟通，去全部解决掉的。可能需要一点耐心，我相信只要解释都是可以理解的。

编者说

中国有句俗话："富不过三代。"在美国，家族企业在第二代能够存在的只有30%；到第三代还存在的只有12%；到第四代及四代以后依然存在的只剩3%了。葡萄牙有"富裕老子—贵族儿子—穷孙子"的说法，德国也用谚语"创造，继承，毁灭"来代表创业家族三代人的命运。因此，接班人的培养至关重要。一个具体的问题是：在准备培养子女为接班人时，让他们接受正规教育后，是直接回到家族企业内部，还是去其他公司先锻炼几年？

　　这个问题并没有标准答案。但是对于海澜之家"少帅"周立宸来说，无论是本科时在清华当"学霸"的过往，还是毕业后去上海的投资公司锻炼的经历，都为他后来的接班奠定了基础。

正佳集团谢铁牛/谢萌
"红色"改造创二代

郑四方

有个词叫"香蕉人",取义香蕉外面的皮是黄的,但里面的心是白的,专指对于中国文化和思想不甚了解的海外华人。他们甚至没有吃过几顿中餐,也不懂平上去入四声分明的中文。

谢萌在多年留学之后,回国之初,也面临着和"香蕉人"一样的困惑。谢萌跟随父亲和广州市某位领导吃饭,领导为示对后辈关爱,给谢萌夹了一筷子菜。但谢萌的第一反应却是:"他为什么要用沾了口水的筷子给我夹菜?"他做了一件让人哭笑不得的事情:把领导夹给他的菜,又夹回领导的碗里。

谢铁牛把西装革履的儿子撂到了工地上,与建筑工人同吃同住一个时期,在与或粗俗或狡黠或强悍的包工头打交道的过程中,谢萌感受到父亲的良苦用心。

一 正佳集团12字发展心得

提起正佳,你会想起什么?可能很多广州人只会想到正佳广场,这个占地 42 万平方米的城市综合体一屁股坐在广州市中心，当时面积号称亚洲第二、世界第五。很多人能记住它，还因为它别具特色的体验式消费模式。

正佳广场是正佳集团业务的一部分，有人却说："正佳集团的诞生是因时而动，正佳广场的诞生却是中国地产行业的一个异类。"这句话就很有意思了，我们结合曾鸣教授《略胜一筹》这本书，提炼出 4 句话 12 个字，讲一下正佳的前世今生。

第一句话是"大舍大得"。

正佳集团的创始人是谢铁牛，谢铁牛的父亲是一名爬过雪山、越过草原、走过长征路的老红军，而谢铁牛也在父亲的感召下做了近 20 年的海军。在儿子谢萌记忆中，父亲谢铁牛很少讲述自己的事情：

> 我在和母亲整理他的一些文件的时候，发现他立过几次一等功和二等功，但他从来没提起过。我突然感觉到军人很伟大，就是很多东西他不会说出来。

谢铁牛当了 20 年兵，最后拿着 5 000 元转业费回家了。而这笔钱，毫无商业经验的谢铁牛，第一次做生意就被人骗得精光。这时候，他做了一个决定——举家南下，从北京来到改革开放初期最早的经济特区之一——珠海。

这一步就舍掉了温暖的家乡，还有多年沉淀下来的人脉，但很快顺应了"改革开放"这个大势，谢铁牛成为第一批"吃螃蟹"的人。珠海的常住人口从 1979 年的 36 万增加到 1990 年的 64 万，而与之毗邻的深圳常住人口 10 年间增加了 130 余万，他们如过江之鲫般义无反顾地投身于改革开放的洪流。谢铁牛就是其中的一员，他在珠海有很多尝试，却始终没能翻起很大的浪花。

不过，马上他就意识到男人的成功与行业的选择密不可分，随后又进行了第二次舍弃——舍掉了珠海，来到广州，正式进军房地产行业。

第二句话是"大赌大赢"。

在20世纪90年代以前,计划经济仍然是主体,住房由国家分配。直到1994年,国家启动了市场经济资源配置,其中包括住房市场化改革,住房逐渐商品化才有了基础。

谢铁牛正式进军房地产正是在1994年。跟现在的行业巨头横向对比一下：1992年,陈卓林和陆倩芳夫妇放弃了自己的家具生意,创办了房地产品牌——雅居乐；1993年,杨国强买下了自己工作10年的建筑公司,有了后来的碧桂园；1996年,受到老板不公平对待的许家印,一怒之下甩开膀子单干,创立了恒大地产。

这次,谢铁牛赶上了时代的浪潮。战略意味着对还没发生的事情进行预测,所以有冒险成分,但对企业来说,假如力度太小,就很容易被后来者模仿和赶超,而要想建立长久的战略优势,必须在一开始就全力投入。还是儿子谢萌了解父亲：

> 我父亲他是一个特别爱深度研究政策的人,而且一直对大的社会变革有宏观的理解,所以当时他预测房地产是一个大的行业,而且在未来是有可能有巨大的发展机会的,当时就说,对房地产这件事情"赌"下去,坚决地去做。在1994年到2000年我们是在广州开发了不少的楼盘。当时全力去做这件事情。

第三句话是"大拙大巧"。

2000年是中国地产业的一个分水岭,这一年,地产公司们面临一个千禧年后往哪里走的问题。

现在大家都知道,包括恒大、碧桂园、雅居乐等公司在内的"广州地产五虎"都选择了住宅作为主要产品方向,而正佳集团选择了商业地产做长线,这也成为当时行业中的一个"异类"。而这个抽象战略一旦定下来,对于执行战略的系统管理能力就提出了很大挑战。谢萌如此解释：

置地（控股）每年就收 4 亿美元（的租金），那块地方还没有一分钱贷款，而有两三百亿美元的估值。4 个亿美元的年收入收了多少年呢？一收就是 50 年。所以当时我们决定做一个更长线的东西，这需要站在一个比较长的视角，倒回来看我们现在应该做什么。

市场在不断地变化，但我们觉得还是要踏踏实实做实业，坚持把实业做好。我们决定要做一个更长久的生意，而不是把一个楼盘开发完以后，把它卖掉。

当时的正佳集团发展良好，但谢铁牛和谢萌父子二人铁了心要把所有的项目卖掉，去"赌"正佳广场这个购物中心。之所以用"赌"这个字，是因为当时的中国还没有 30 万平方米以上的购物中心。但父子俩的逻辑很简单：只要广州仍然是省会，只要天河区仍然是市中心，正佳广场就稳中有赚。

现在看来，"大舍大得"让谢氏家族迁入了广州这个急剧崛起的城市，"大赌大赢"让谢氏家族抓住了地产这个高速发展的行业，"大巧大拙"让谢氏家族在诡谲多变的商业环境中有了自己的定海神针。

二 把海洋搬进市中心

先问大家个问题：购物中心就是用来买东西的地方？按我们的印象，购物中心就应该是货架上一排排商品，摆得琳琅满目。其实这并不是购物中心创想时的样子。

1956 年，"现代商场之父"维克托·格伦建造了世界上第一座购物中心，他说这座购物中心的目的在于"田园式购物"和"促进亲密交流"。但很明显，不论是中国还是美国，大厦越来越挤，地价越来越高，但也越来越没有田园和自然生活的味道。换句话说，现在我们能看到的绝大多数购物中心都背离了格伦先生的初衷，所以他在晚年反思自己的

极为自律的谢萌,对身材保持和思维精进的要求,同样苛刻
@图片来源:企业提供

人生时说道:"我常被叫作'购物中心之父',我想利用这机会彻底否定这种定义,我拒绝为购物中心的蔓延买单,它们毁掉了我们的城市。"

但是时隔半个多世纪后,维克多·格伦的思想在谢萌身上获得了另一种意义上的重生。谢萌用一系列有想象力的措施,给购物中心这头笨重的大象插上了翅膀。而这并不是谢萌第一次展现他的想象力。

早在2005年,正佳开业不到一年,商场内店铺开业率从80%降到50%,经营每况愈下。眼看着商场在陷入慢性死亡,背负着巨额工程款和几百号嗷嗷待哺的员工工资的谢萌,肩头的那座山从未如此具体而清晰。

公司上下为此殚精竭虑,思考对策。有一天,一个保安在一张报纸上看到一个醒目的标题——"香港国际会展中心举办恐龙化石展,吸引40万人流",保安当即激动地攥着那张几乎揉烂的报纸放到了谢萌的办公桌上。

谢萌兴奋地联系上对方,然而甩在他面前的尴尬是,对方的报价远远超出他的想象:400万元。不搞恐龙化石展,正佳似乎在坐以待毙;搞化石恐龙展,万一没效果,则意味着亲手将正佳推向悬崖——谢萌陷入纠结。谢萌选择了后者,全力一搏。他借了200万元,加上预支36位高管的薪水,而最终这场活动为正佳广场创造了150万人次的流量奇迹。

从此谢萌的商业想象力被全力启动。目前我们能看到的谢萌最具有想象力的举措可能就是正佳极地海洋世界了。大家想一下,在长年炎热的广州,有个地方有12 000吨海水,里面有500多种、超过3万只海洋动物,而且还是悬空安置的,是多么震撼!谢萌这样回忆他的灵感来源:

在埃菲尔铁塔下面,我当时去看了一个非常小的海洋馆,进去以后看到一面特别大的水族墙,一个金头发的小女孩一直在跟水族墙里面的一条鱼对话,对话有半个小时。我当时觉得这个场面真的是很"治愈"，感受特别好。然后我又去了英国，看了剧院街，参观了很多博物馆、剧院、美术馆。我当时觉得这些都是能给人类，尤其是给我内心带来很多的愉悦感和喜悦的东西。当时我就有一个想法：能不能把这些东西带回国，把我的所见都给广州市民呈现出来？

很多人认为所谓想象力就应该天马行空，但谢萌反倒觉得想象力应该"戴着镣铐跳舞"，才不至于是胡思乱想。在他看来，首先，想法要符合企业发展主线，给企业做乘法，而不是做加法或者说慎重地做加法。以上面所说的海洋馆为例，它们的最终目的是吸引人流，增加正佳广场的流量，这对于正佳广场的主体业务拉动是十分明显的，这就是做乘法。

但教训都是用时间和金钱买来的。谢萌在正佳广场走上正轨、有了盈利以后，他做了两件事。一是于2005年创办正佳网，想把正佳广场从线下搬到线上，而也正在这一年，雅虎以10亿美元收购阿里巴巴集团40%的股份，互联网大势起来了，谢萌看到了这片山林，但没看到山林里藏着的猛虎。二是进军资本市场。谢萌学的是金融专业，再加上曾经在投银干过，所以在2007—2008年两年间，把正佳广场的现金流都投资了其他公司，结果输个精光。

> 就是你本来觉得往高处在走，"啪！"又给你跌到谷底去了。后来我父亲跟我说："我就告诉你一件事——别人争的事情，争得打破头的事情，你不要去做；别人不争的事情，你努力去做。"

谢萌通过这两次失败，学会了如何"戴着镣铐跳舞"，他为想象力划定了边界。这就包括：①不做高端，客单价在300~500元之间；②零售、餐饮和体验业态的比例大致为6：2：2；③所有的项目要符合正佳的使命——"为人类社会创造幸福和快乐，为城市注入想象力"。

> 我觉得回国后学习到第一件事是什么？如果你在一片特别黑暗的大森林里面，没有指南针，没有地图，但是你要找到一条出去的路，那个时候哪怕就是有一点点微光，你都要主动凑上去，即使你知道它可能是个陷阱，你也要把这个陷阱转变成机会……所以从来没有完美的想象力，只有有效的行动，你去做这件事情就好了。

而关于未来，谢萌在公开演讲中多次提到正佳广场会成为一个服务性平台，未来将不会以租金为盈利手段，但这仅是个结果，而对于实现这个结果的过程，他有着更为深入的思考。相比于传统人力密集型企业强调"秩序"，强调对人的控制，谢萌反倒更认可"混序"，也就是"打乱秩序"带来的创新力。他进一步解释道：

> 混序型组织的组织形态不一样，就是说，在组织里的每一个成员都是平等的，而治理结构也是分散性的，不会有几个大会员就能控制这个组织的情况，它的智力分布也是分散型的，就不让形成一个中心化的管控体系，所以这就是维萨管控体系——所有的创新都在边缘。大家想想，互联网思维不就这样吗，而人家维萨三百多年前就在干这件事情——去中心化。

谢萌认为未来的购物中心是"以技术和社群驱动的混合型使用的社交空间"。早在2013年，谢萌发觉传统的购物商场单纯靠租金营收的模式已到天花板，将购物中心变成超级体验中心与国际型旅游目的地，实现多层次混合收入结构，要从开发商思维转变为服务商思维，这是购物中心转型的一个过程；所以，定位好企业的发展方向，确定好企业理念，是转型发展的基础。

而谢萌还有这样一种理念：购物中心成功与否的关键不在于空间大小，而在于通过各种技术手段来呈现出什么样的内容。将技术与购物中心结合，才能给消费者更好的体验。

正佳从2016年开始搭建数据实验室，针对消费者的消费意愿、行动路线以及复购率等多个维度，把客群分为黄金、优质及蓝海用户，未来针对不同层次的顾客会推送不同的优惠信息。该系统还会对顾客在整个商圈的行动轨迹进行分析，假如发现某两个购物中心的客流动线基本一致，则说明彼此间的品牌重合度较高，反过来指导购物中心动态调整各自的品牌组合。至于商场内部，如果某些商户之间客群重合度较高，例如去华为消费的顾客，通常还会进入星巴克买咖啡，商场经营者则可以针对这两个品牌进行打包营销。

三 "海归欧巴"变形记

谢萌出身于军人家庭，祖父和父亲都在部队里淬炼过几十年。但谢萌十几岁就一个人前往新加坡留学，后来又考入了美国乔治·华盛顿大学学习金融。因为有个成功创业的父亲，他自然成为"富二代"；因为曾在海外留学，所以有个"海归"的头衔；因为长得比较帅、个子又高，所以被粉丝称为"长腿欧巴"。

但大家有没有发现一个问题，"富二代""海归""长腿欧巴"，这些公众印象是没有一点"军人气质"的。奇怪的是，谢萌和他的军人父亲分歧却很少。"富二代"很多，但和"富一代"没有矛盾的"富二代"却不多，尤其是喝过洋墨水的"富二代",常跟靠苦干起家的父辈有着"天然"的矛盾。那么谢氏家族有什么特殊的传承方法呢？

谢萌是地地道道的中国人,但多年留学经历已经让他的思维西化了。而后来，谢萌对于那次饭桌上的经历也进行了反思：

> 你想要把一件事真正做好，其实你要意识到，有些思考模式首先要转化，如果不转化思考模式，你会觉得什么事情都是很奇怪的，不能适应。就刚才讲的，我们有很多事情总是要去找领导去解决，可能领导有很多的原因，没有协助或者帮助你，你顿时觉得"哎呀，

不满！""不高兴！"，你质疑"为什么会是这样"，但实际是你需要把这种认知模式改变一下。

后来，谢萌学会了"中庸"，一方面坚持西方式的开诚布公，另一方面也学着糅合进中国式的人文关怀，站在对方的角度去理解"他要干什么？""他为什么这样干？"，这就大大减少了战略误判的可能性。靠着这种思维方式，正佳集团与政府一直保持着良好的沟通。

但就"传承"这件事而言，一个"创二代"的血脉觉醒不单单是浸染一下中国文化就可以的，他必须更具体，也更深刻地"回归"家族才可以。

而就谢萌的家族而言，有两个词最为核心。

第一个词是"红色"。谢铁牛从北京举家迁往珠海，又从多行业聚焦房地产行业。这种选择的能力是如何培养的呢？谢萌对《家族企业》杂志如此回忆他的童年：

> 从小父亲给我的印象就是，他永远在看报纸——各种报纸——天天看报纸。为什么老看报纸？因为那时候没手机没微信，报纸是唯一一个获得时事和信息的地方。我父亲到现在还坚持在做这件事情。后来我也学习他，但我坚持得不太好。
> 我觉得如果没有这么多年的积淀和意识培养，就是刻意地让你去训练和去理解这些（时政方针），不会有今天的正佳。从整个国家层面理解经济政策的部署，非常重要。

来自童年深刻的"红色基因"一脉相传，谢萌成年后也学会了基于国家政策对宏观经济做审时度势。

第二个词是"实干"。单看外形的话，年轻时的谢萌很容易给人一种奶油小生的感觉，但和平年代，谢铁牛又不可能真的让儿子去打一仗，锻炼"铁血精神"。所以他想了个"简单粗暴"的办法：在2002年，建造正佳广场的时候，谢铁牛把刚回国的儿子扔到了工地上。

到工地报到的第一天，谢萌好奇：天气还不是很冷，怎么嘴巴能哈出水雾？仔细一看才知道不是水雾，是空气里弥漫的灰尘。一天不到，"长腿欧巴"就变成了灰头土脸的工地民工。

或许是工地的打磨，激发了谢萌遗传自血脉里的踏实肯干，他遇到苦活儿累活儿反而抢着上，也正是这个过程中，谢萌无心中实现了"一箭三雕"。首先，他培养了和基层农民工的友谊，农民工中的一些，后来还被邀请来参与规划海洋馆的建设；其次，几个施工队的"包工头"，还对资金困难时的谢萌给予过支持；最后，就像一位将军打仗要了解他的士兵，谢萌对于正佳广场这位未来几十乃至上百年的"战友"，也变得了如指掌。

从中国式为人处世方式入手，继承家族"红色"基因，在工地打磨了踏实苦干精神，谢萌完成了从精神到肉体双重改造。

编者说

谢萌身上至今还有很明显的祖辈的烙印。

祖父和父亲都曾是军人，几十年铁血的洗礼，让他们身上有着一股子果决，这从正佳集团的发展历史就可以看出来。说发展则金鼓齐鸣，高歌猛进；说转型则掉转船头，"all in"商业地产。而谢萌本人也保持着很强的自律，无论是身材管理还是学习习惯。

谢萌的父亲谢铁牛"南下"进军地产业等关键决策，都是从《人民日报》研读而得。正确把握政策，是正佳成长的关键。而谢萌为了给思想"充电"，几乎把国内数得上名字的商学院都读了一遍，包括湖畔大学等。各种新锐知识和理念，谢萌如数家珍。

家族优秀基因的传承对家族企业的延续至关重要，谢萌家境优渥，年少即出国留学。而为这位"长腿欧巴"烙上家族印记的，"言传"还是不如"身教"，"'红色'改造计划"也是功不可没。

观澜湖集团朱树豪/朱鼎健
看好中国，"高尔夫+"

韩瑶

观澜湖集团主席兼行政总裁朱鼎健认为："创业难，守业亦难，既然都难，我就不想做守业的工作，我选择继续创业，我想成为一个被社会认同的'创二代'。"

如何实现这个"创"字呢？朱鼎健在父亲朱树豪的基础上，让观澜湖不但扩大了客户人群，还扩大了产业板块。

他的秘诀就是"看好中国，高尔夫+"。

一 荒地上的高尔夫球场

高尔夫，是英文"golf"的音译，"g、o、l、f"，这四个字母分别代表 green（绿色）、oxygen（氧气）、light（阳光）、friendship（友谊）。有人说高尔夫运动是从苏格兰传过来的，也有人说是咱们老祖宗"捶丸"游戏的变形，大家公认的是，它的门槛很高。

今天讲的这个人，是江湖人称"中国高尔夫之父"的朱树豪。为什么有这个称号呢？那是因为他在 1992 年，当时大陆 11.6 亿人刚刚解决温饱问题的时代,就大力推动了这项运动在中国的发展,这就颇有远见了。

朱树豪 1950 年出生于香港地区,祖籍广东的他有着典型的潮汕人不怕苦不怕累的艰苦奋斗精神。

在 20 世纪 90 年代初,香港是"亚洲四小龙"之一,经济发展迅速,GDP 足足是深圳的 25 倍!在大家纷纷跑到香港淘"第一桶金"的时候,朱树豪却反其道而行之,在改革开放之初就跨过罗湖桥回大陆投资。他先到珠三角投资设厂,产值在全国名列前茅。

1992 年,邓小平继 1984 年之后第二次到达深圳,皇岗口岸当时刚刚建好,那天风很大,原计划停留不超过 5 分钟,结果邓小平深情地望着深圳对面的香港,久久不愿离去。在回宾馆的路上,针对外资的问题,邓小平说:"从深圳的情况看,公有制是主体,外商投资只占 1/4,就是外资部分,我们还可以从税收、劳务等方面得到益处嘛!多搞点儿'三资'企业,不要怕。"

就是从这么短短的几句话里,朱树豪看到了别人看不到的机会。站在改革开放最前沿的他,已经嗅到:不远的将来,可能有大量外资涌进中国内地。商机来了,接下来该做点什么呢?在众多企业家涌向城市的时候,朱树豪独独选中了深圳、东莞交界处的一片垃圾填埋场。他准备在这里兴建高尔夫球会及综合休闲度假区。

朱树豪的儿子、当时还在加拿大读书的朱鼎健,特意在暑假回国,与父亲冒着雨从香港开了 4 个多小时的车到了这里。看着眼前这片杂草丛生的垃圾场,19 岁的朱鼎健傻了眼:观澜湖镇是当时深圳 18 个镇中最贫穷的乡镇,天一黑连个路灯都没有,抬头看过去,亮眼的只有路边一家狗肉店的招牌。

后来,朱鼎健在接受中新网采访的时候说道:

> 那时候的确也做了很多经济调查,全部有十分的话,十分都说"不可做,这个项目必须要枪毙",因为看不到回报的周期。

我感觉我父亲不是把钱放在第一位，而是要把我们中国、中华民族在全世界的地位展现出来，因为我们开始做观澜湖的时候，正赶上中国第一次申奥失败，大家都觉得中国和世界体育好像没缘分。后来我父亲通过几十年的努力，把一个有四十几年历史的高尔夫世界杯赛事，引到中国。

选择这么一片偏远的地方，做这么一个偏门的生意，别人都看不懂，但朱树豪有自己的打算：珠三角作为外商最密集的区域，要营造一个一流的招商引资环境，需要增加一些与国际配套的设施，高尔夫是外商喜闻乐见的社交平台和生活模式，在全球政界、商界都是有影响力的运动，发展高尔夫和综合休闲产业，正好可以为外资进入提供优越的配套条件。而且，别看现在深圳、东莞交界处是一片荒地，但两小时车程内人口达1.5亿，这是一个尚未被人发现的绝佳位置。

不过，选了一个好地方只是第一步，就算你有梧桐树，也得看金凤凰愿不愿意过来，更何况当时的观澜湖高尔夫球会还只是一片工地呢！如何在当时那种条件下，把高尔夫引到中国来呢？

朱树豪的过人之处就在于，想别人不敢想、做别人不能做。他宣布了一个令人咋舌的决定——1995年，将要在第一个竣工的观澜湖球场上，举办第41届高尔夫世界杯！

这个被称作"高尔夫奥运会"的国际赛事，之前从未在中国举办过。而这个时间点也很敏感，中国1993年申办过奥运会，却在最后的投票环节以两票的弱势落败，全国上下一片沮丧，对于竞技体育这个话题避而不谈。观澜湖要代表中国首次引进高尔夫世界杯，不仅要向国际高球协会支付费用，还必须快马加鞭地赶工期，保证比赛如期举行。一旦失约，后果无法想象。

朱树豪顶着巨大的压力走了这步险棋，中途两位合伙人不堪重压退出了，他一个人带着工人日夜赶工，终于在比赛前夕完成了基础设施的建设。在地方政府的支持下，1995年11月，第41届高尔夫世界杯在中国起杆，吸引了世界上 30 多个国家和地区的运动员参加，海内外观众每天多达 4 万人，100 多个国家和地区进行了赛事实况转播。这是中国首次举办国际型高尔夫赛事，创造了新的历史。

观澜湖举办了高规格的赛事，达到了行业制高点，但是有权威并不代表有名气，观澜湖还需要继续"搭车"宣传。这一次，它搭上了美国著名高尔夫球手、大明星泰格·伍兹的车。

2001 年，朱树豪邀请泰格·伍兹首访中国，在观澜湖举行泰格·伍兹中国挑战赛，把全球的目光吸引到中国。泰格·伍兹是中国加入世界贸易组织（WTO）的申请被审议通过后第一位到访中国的世界体育明星，正是他推动了全球的高尔夫运动，媒体报道、各界关注……观澜湖在世界上的知名度被进一步提升。

两次赛事成功运作之后，观澜湖在世界高尔夫界的地位成功确立。从 2007 年开始，曾经长期在欧美举行、有"高尔夫奥林匹克"之称的高尔夫世界杯连续多届在观澜湖举行，高尔夫国际赛事成为中国对外交流的一种新方式，观澜湖则成为中国竞技体育与世界沟通的桥梁之一。

二　"超级联系人"的超级策略

打造观澜湖高尔夫球会和综合休闲度假区，这是荒地上的奇迹，更是乘了改革开放东风的审时度势之举。选对"大势"很重要！朱树豪和儿子朱鼎健都是擅长观望"风口"的人。

"超级联系人"这个概念是香港前特首梁振英提出来的，他认为在"一个国家"前提下，香港既是经济腾飞之中国的一部分，但又因为"两种制度"，香港在社会、经济、法律、语言等方面，更容易与世界接轨。朱鼎健巧妙借用了这一概念，他要让观澜湖承担起中国内地与香港的地区"超级联系人"角色。

2015 年 3 月 28 日，国家发改委、外交部、商务部联合发布了《推动共建丝绸之路经济带和 21 世纪海上丝绸之路的愿景与行动》,这就是大家俗称的"一带一路"倡议。而观澜湖的业务布局在深圳、东莞、海南,完美坐落于"一带一路"沿线区域。作为全国政协委员的朱鼎健再一次审时度势,抓住时机,提出关于推进"一带一路"倡议落地的提案,包括建立丝绸之路博物馆、设立"一带一路"国际文化论坛,以及尽快推进"一带一路"国家和地区对华签证的便利等。

2017 年,观澜湖迎来了又一个"大势"——当年 7 月 1 日,《深化粤港澳合作 推进大湾区建设框架协议》签署,粤港澳大湾区计划升级为国家战略。而观澜湖选址恰好在深莞交界的观澜镇和塘厦镇。20 世纪 90 年代初,从香港坐车到这里要颠簸 4 个多小时;1995 年,在梅观高速贯通之后,从深圳市中心到观澜湖只需半小时的车程;2018 年 9 月,广深港高铁正式开通,广深港进入"1 小时生活圈",深圳和香港更是半小时可以互达,这意味着粤港澳大湾区内的商品、资金、人才流动会更加高速。"窥一斑而知全豹",交通的发展证实了观澜湖的潜力。

朱鼎健根据自己扎根珠三角 20 多年的经验判断,"粤港澳大湾区"计划将会带来新一轮的经济发展和市场机遇。以前媒体评论观澜湖是"香港人在深圳的后花园",而朱鼎健却预见,香港人到深圳已经不仅仅是休闲度假,而是来这里就业、创业和长期生活。

朱鼎健从 1995 年就回国参与观澜湖的建设,跟父亲朱树豪一起干,从无到有,从小到大,他深深明白,中国这个高速发展的经济体有着无穷的潜力。当前,全球化程度不断加深、信息技术高度发达、不同文化间的交流、交融、交锋和博弈,为以"90 后"为代表的青年成长提供了新的时代背景和空间参照系。一批有抱负有学识的青年人,希望在各种社会活动中扮演更为活跃的角色,引领社会渐进变革。在看到香港和内地交流日益增加的时候,朱鼎健决心发挥好"超级联系人"的角色,他的做法就是从"人"入手,这个人指的是"人才",尤其是青年大学生。他在接受海南电视台访问时如此说道:

朱鼎健对于健康极为重视,规律的训练赋予了他运动员般的健硕,他在安静状态下的脉搏每分钟只有 48 次

@ 图片来源:企业提供

支持香港和澳门更加融入国家的大趋势大发展，必须要从年轻人开始做起，就是从读书的时候，通过高校的互助和合作，来提升大家的认知度——对内地、对我们国家尤其对祖国业已强大的认识。

2016年5月开始营业的观澜湖艺工场就是该思路的实践。场馆总面积5万平方米，集手工体验、原创设计、博物展览、科技创客、文化娱乐五大功能于一体。其中最具特色的布艺、陶艺、皮艺等体验工坊，吸引了大批乐于动手的香港人前来探访。自己动手造一张纸、做一只包、塑造一个瓷瓶，一边动手一边听老师们讲解这些器物的渊源，他们欣然，在不一样的环境里了解到灿烂辉煌的中华文化。

观澜湖艺工场把文化藏在好玩里面，同时也将"方便"给予港澳台的年轻人和创业者。为了吸引创业者，观澜湖艺工场的租金仅仅是其他商场的一半，而且一手包办了公司注册、法律、财务等诸多事务，甚至连换灯泡这种小事都有人负责，创客们只需要提供创意，其他不需要操心任何事情，艺工场自然而然也就成为"创客的家园"。香港中文大学、香港科技大学、香港理工大学等主要高校的大学生，都曾来这里进行过实践和交流，也借此增加了对内地创业政策的了解。在创意文化领域，港澳台年轻人来内地创业成功者屡见不鲜。

依托"一带一路"和"粤港澳大湾区"的政策优势，观澜湖艺工场以"超级联系人"的定位，积极投身到新时代浪潮之中。

三 "二代创业者"朱鼎健

朱树豪成功打造了观澜湖集团这一国际品牌，实现了"从0到1"的突破。不幸的是，他英年早逝，偌大的家业交付给儿子朱鼎健。面对已经做到行业第一的观澜湖，朱鼎健是否能实现从"从1到100"的跨越呢？他决心以高尔夫为核心多方向突围。

2011年，朱鼎健给躺在病床上戴着氧气面罩的父亲送上了一份礼物——观澜湖集团未来五年的发展计划书。但是朱树豪已经连翻动书页的力气也没有了。朱鼎健就把计划书制作成录音带，放给父亲听。朱树豪听完后，微微抬起手，对儿子竖了一下大拇指。在病床上，两代人完成了实质性的交接。

在朱鼎健6岁那年，家里添置了第一辆车，那是一辆带天窗的丰田，朱鼎健高兴得这儿摸摸，那儿看看。朱树豪说："这都是爸爸辛辛苦苦才挣来的。"朱鼎健听了，对父亲说："等我长大了帮你吧！"

全社会已经认同朱树豪是一位好企业家了，而作为家中的长子，朱鼎健一直有一个愿望，那就是证明朱树豪也是一位好父亲。

朱鼎健说："我父亲那种支持国家的热血情意，他的为人处世，以及在商场上的深谋远虑、大胆决断，都给我很多启发，他留给我的几句话至今都是我的座右铭——'力不到，不为财''将勤补拙'等，都是教我能吃苦、要勤奋，这也是潮汕商人能走向世界的一种核心精神。"

从接班的第一天起，朱鼎健就把自己定义为一个"二代创业者"，他在接受《南方人物周刊》采访时如此说道：

> 很多人，乃至整个社会看我接班的过程中，首先他们很自然就把我套上一个词——富二代，的确，我觉得"富二代"这个词是有点儿贬义。那时候我就很坚决地希望能够有一个新的定性，而这个定性跟整个企业有很密切的关系，就是我不可以做守业的工作，因为守业代表着企业会停顿——你不进就会退。我必须做创业的工作。

朱鼎健的做法，让观澜湖跳出"高尔夫"的范畴。他努力拓展观澜湖客户人群的外延，从个人到家庭到社会，发展"大旅游"，极大地拓展了观澜湖的流量入口；在产业板块方面，他使观澜湖从高尔夫扩展到综合旅游，再到文娱商；他积极跨界合作，探索"旅游+文化""旅游+

体育"等独特模式，意图打造城市休闲新地标。

为什么要努力扩大观澜湖的客群呢？社会上有个词叫"高尔夫寡妇"，这个词的意思不难理解——丈夫都去打高尔夫了，留在家里的妻子就觉得孤独了。本来喜欢运动是好事，结果却引爆了家庭感情的矛盾，朱鼎健认为这是不应该的。他说，自己是一个很忙碌的人，每天要开30多个会议，但自己也是一个喜欢运动的人，自从父亲英年早逝后，他意识到了健康的重要性，每天都雷打不动锻炼一个小时。时间都给了工作和锻炼，什么时候陪家人呢？朱鼎健就买了一台跑步机放在家里，可以一边跑步一边陪孩子看动画片。结合自己的经历，朱鼎健推出了"高尔夫+旅游"的一系列配套措施，也就是说，丈夫去打高尔夫球时，小孩、妻子和老人也都能找到适合自己的项目，实质上就是丰富旅游内容，实现"老少咸宜，四代同堂"。

过去，高尔夫是一项花费相对昂贵的运动，会员证20万元起价，最高级别的市场价已经接近200万元，价格贵了，普通人就进不来了。朱鼎健反其道而行之，甚至推出了480元的场次卡，这个价位跟出去唱卡拉OK、吃饭差不多。海口观澜湖球场全年对公众开放，不收会员费，且拿出3个球场对16岁以下的青少年免费开放。这样，观澜湖就让高尔夫运动"从天上落入了凡间"。

但是，把产业从高尔夫延伸到旅游，再到娱乐，这又是怎么回事儿呢？俗话说"独木难支"，朱树豪以迅雷不及掩耳之势将观澜湖做成吉尼斯认证的"世界第一大高尔夫球会"，在已有品类"大无可大"的情况下，朱鼎健选择横向拓展，他配套了一批相关产业，尤其是在综合性项目上做文章，"以高尔夫起家，但不局限于高尔夫"，朱鼎健把这个战略称作"Golf and more"。

基于这个战略，观澜湖实行产业升级，拓展产业板块，在原有的高尔夫、休闲旅游以及旅游地产三大产业基础上，另外增加五个项目——文娱商、实景旅游、教育产业、养生产业旅游以及品牌输出。

那么，朱鼎健挑选项目的思路又是什么呢？

首先是投资兴建了深圳和海口观澜湖新城以及度假区，突出项目的"综合性"。其中深圳观澜湖新城建筑面积达50万平方米，涵盖了酒店、办公、公园、购物中心、文创产业、居住以及会展等业态；海口观澜湖新城有石矿湖、酒吧街、东方汇、购物中心等娱乐购物设施。两地的城市综合体项目，标志着朱鼎健带领的观澜湖集团开创了旅游、购物、娱乐相结合的商业地产新模式。而度假区引进了诸如万丽、丽兹卡尔顿、澳洲威秀等200余家国外著名品牌入驻，让国际化程度更高。

其次，朱鼎健还很在乎项目的"独特性"。2012年5月24日，朱鼎健、王中军、冯小刚，联合召开发布会，宣布将成立合资公司，打造电影旅游商业项目——观澜湖·华谊·冯小刚电影公社。这源于三人聊天时冯小刚的一声感叹：每次拍完戏，拆除那些苦心搭建的布景，当真心痛。朱鼎健提议说：要是让观澜湖把它们永远保存下来呢？冯小刚和王中军眼睛里都冒出了光。聊天结束时，三人拍板敲定了合作意向，"电影公社"项目就这样落地了。该项目的总投资额超过50亿元。其中，朱鼎健所在的观澜湖集团持股60%，王中军的华谊兄弟持股35%，冯小刚工作室持股5%。这种合作控股的模式，是朱鼎健的新做法。早年间，他的父亲总是独资开发，由观澜湖100%控股。

最后，除了对当下的利益考量，朱鼎健还在项目的"长远性"上做文章。"不谋万世者，不足谋一时；不谋全局者，不足谋一域"。而对一个地区也好，民族也罢，至关重要的是什么？是教育。基于这样的考虑，观澜湖与具有540年历史的英国老牌名校柏朗思联手，创办深圳柏朗思观澜湖学校，并与海南省重点中学——华侨中学携手办学。融合国际教育与学历教育，观澜湖将自身的体育、文创等资源融入教学课程体系，让学生均衡发展的同时，促进国际交流。

"旅游+体育""旅游+文化""旅游+娱乐""旅游+教育"……一个小球推动了一个城区和多种产业的协调发展；用一个个休闲旅游项目，带动相关产业、社区乃至卫星城的联动发展；以国际赛事和文体活动，构建国内与海外交流的平台，促进经贸、体育、文化的多元交流。持之以恒地看好中国，Golf+，这就是观澜湖发展模式。

编者说

> 顾城有首诗叫《执者失之》：
> 　　我想当一个诗人的时候，
> 　　我就失去了诗。
> 　　我想当一个人的时候，
> 　　我就失去了我自己。
> 　　在你什么也不想要的时候，
> 　　一切如期而来。

家族传承或许也是如此，你过分执着于什么，反倒会失去它，而当你对它并不在乎时，一切却又如期而来了……

企业家的高瞻远瞩、团结奋进、踏实肯干……朱树豪用16年的时间将它们一一教给了儿子。企业的传承，价值观应该是第一传承力。

制衡

吉利汽车李书福/李星星
家族创企，用人"排内"

《家族企业》杂志

李书福的成功，有两样东西必不可少，一是他个人性格中的偏执和敢为，二是创业初期家族的支持。正如所有的家族企业一样，在创业初期，家族成员勠力同心实现了企业的高速发展，但之后，家族化管理的弊端渐渐显露，2003年，李书福"大换血"式地清除企业中家族成员，建立职业经理人团队，让吉利汽车走向规范并成功上市。

一 蛇吞象的"汽车狂人"

说李书福是个"狂人"，是因为这个人能"折腾"，创造了很多次"第一"，比如，造出了第一辆国产豪华型脚踏式摩托车，第一个以民营企业的身份造汽车。更重要的在于，他不仅造车成功，而且在2010年3月，以18亿美元的价格"蛇吞象"，收购了沃尔沃汽车，这被外界称为"穷小子娶了贵公主"。要知道此时的沃尔沃销量是吉利汽车的10倍！

我们来说说李书福的痴迷与"疯狂"。

1963年，李书福出生在浙江台州一个农村家庭，四兄弟中排行老三。从小，李书福对于赚钱的兴趣就比读书要大得多。上小学时，他利用暑假为生产队放牛，每天能挣一毛五分钱。1982 年，改革开放越来越声势浩大，李书福再也坐不住了，决定"下海"，这一年，他 19 岁。李书福在接受吴晓波采访的时候说道：

> 在我上初中的时候，十一届三中全会召开了，说土地可以承包了，说可以做生意了，等等，我当时已经没有心思上学了，就开始研究这些东西，等我高中毕业前后就开始倒腾这些和经济相关的事情。这 40 年的中国改革开放和现代化建设，我几乎全程参与。

接下来 15 年，是李书福不断"折腾"的 15 年。

看上去颇有农民气息的李书福，做的第一项生意十分时尚。他脖子上挂着一台照相机，骑辆破旧的"二八"式大杠自行车，走街串巷给人照相。偶然中，李书福发现，冲印照片后废弃的定影液里有银的成分，可以通过加氯化钠的方式提取出来，而且纯度相当高，这让他挣到了第一桶金。

挣到第一桶金之后做什么呢？多开几个照相馆？并不是。1986 年，李书福在几间民房里面，开始造冰箱，但三年后，正处于发展巅峰的北极花冰箱厂因为未列入定点厂目录而被贴了封条——1989 年 6 月，国家实行电冰箱定点生产，民营企业尚未被许可进入。李书福只能把工厂、库存、土地连同厂里的存折都上缴，北极花冰箱厂终究没能成为另一个"海尔"或者"美的"。

散伙之后，李书福选择去深圳读大学，这又是让人意想不到的一步。李书福怎么肯做一个安分守己的学生呢？期间，他去海南炒过房地产，结果把多年积累搭了进去，后来又发现建筑材料的商机，到 1993 年的时候，他又开始造摩托车，而且搞出了四冲程的摩托车和小巧的踏板式摩托车，面市后都异常火爆。

1997 年，李书福一脚踏进了汽车行业，成立了中国第一家生产轿车的民营企业。有人问李书福："想造汽车，你有经验吗？有技术吗？"李书福的回答很经典："汽车不就是四个轮子加两张沙发吗？"他在接受央视《对话》节目采访的时候说道：

> 那个时候的中国，不允许民间研究和生产汽车，轿车对中国来讲，是一个贵族的行业，像我们这些人是不允许进去的。尽管我们有一颗热心、有一颗红心，希望奉献给汽车工业，但这是非常艰难的。

李书福干过摄影、造过冰箱、炒过房地产、倒腾过建材、生产过摩托车……大概也只有天马行空的人才能做出这么不拘一格的事情。

2009年的时候，也就是吉利收购沃尔沃前一年，李书福在接受《华尔街日报》采访的时候说："沃尔沃像一位美丽的神秘女郎，我们只能从远处睁大眼睛看她，却不敢走近她，我们不过是一帮农家子弟。"

李书福说这些话并不单纯是因为谦虚，我们简单对比一下：从时间上看，沃尔沃成立于1927年，吉利第一辆汽车1998年才下线；从定位上看，沃尔沃主打豪华与安全类型，是能和"奔驰""宝马"打擂台的角色，但吉利一直走的是廉价路线；从资金上来看，2007年的时候，沃尔沃销售额100多亿美元，而吉利集团是100亿元。

做生意不是谈恋爱，"穷小子"吉利凭什么拿下了"白富美"沃尔沃呢？

沃尔沃的控股方是福特公司，2007年福特财务亏损达到126亿美元，新上任的CEO穆拉利提出了一个解决方案，叫"One Ford"，也就是"一个福特"，他下决心要把97个子品牌减少到40个，像"捷豹""路虎"等品牌都是这个时期卖出去的。"女神"要出嫁，追求者肯定很多，像美国的"雷诺"、中国的"长安""奇瑞"等都是"又高又帅的棒小伙儿"，吉利如何胜出的呢？

首先说"天时"。2008年国际金融危机的背景下，全球企业都自顾不暇，"地主家"也没有余粮，都在勒紧裤腰带过日子，只有受影响相对较小的中国，发展相对稳定，才有可能拿出那么多"聘礼"来。

其次说"地利"。在众多的中国买家中，吉利汽车是唯一的一个民营企业，这在以往是劣势，但现在却成为优势，因为李书福有绝对控制权。收购牵扯的因素太多，而一个强势的决策者有助于收购的达成。况且众所周知，李书福对沃尔沃已经仰慕许久，决心非常坚定。

再次说"人和"。李书福取得了汇丰银行和罗斯柴尔德家族的支持。汇丰银行自不必说，是全球顶尖的投行。而罗斯柴尔德家族，在2007年吉利收购澳大利亚DSL公司的时候，就是中间的斡旋者。这次收购，罗斯柴尔德家族在居中协调，以及建立谈判团队等方面发挥了重大作用。

最后说"聘礼"。据估算，收购沃尔沃需要18亿美元，加上后续的发展需要，一共要27亿美元，这份"聘礼"对于吉利这个当时年净利润只有10亿元的民营企业来说，非常沉重。李书福争取到包括中国银行在内的几家银行一共10亿美元的贷款。

李书福在和沃尔沃工会的代表谈判时，有个很有意思的瞬间。工会代表让李书福用三个单词说明为什么吉利是最合适的竞购者，李书福脱口而出："I love you."有人觉得这只是急中生智的风趣而已，其实早在八年之前的2002年，李书福就对员工说：我们要收购沃尔沃。爱与坚持是可以创造奇迹的。

二 营销实战手册

20世纪90年代，国家还不允许民营企业造汽车，所以说吉利一开始是"黑户口"。第一辆吉利汽车下线的时候，李书福摆了一百桌酒席请社会各界人士光临，但直到开席都空空荡荡，没有一个人敢来捧场，场景之冷清令人心酸。作为后来者的吉利汽车怎么去获得市场的认可呢？这不得不提李书福的营销策略。

他的招数最简单但也最有效，那就是跑马圈地打价格战。

李书福造的第一款车，名字"吉利豪情"，但这款车没有一点儿"土豪的情怀",它承载的任务是打开市场,与它对标的是当时市场上畅销的天津夏利车。吉利豪情的发动机是从天津车场采购的,内饰用的也是夏利的模具,使用的钣金工艺也相对粗糙,但它的核心竞争力也有,就两个字:"便宜。"

吉利豪情的上市,一下子把微型车的售价从 8 万元/辆拉到了 4 万多元/辆。尽管吉利豪情用的是便宜的钣金工艺,4.3 万元/辆的售价也基本是无利可图的。但是这个价格实在太吸引人了,很多人愿意试上一把。1999 年,吉利豪情的销量达 1 000 辆。而到 2000 年,销量竟达 10 000 辆。

后来与天津夏利旷日持久的价格战中,吉利汽车在 2004 年一度降价到 2.99 万元/辆,一时成为"中国最便宜的轿车"。当时整体的社会环境,普通百姓已经脱离生存困境开始转向追求生活便利,便宜的吉利车给人们提供了一个选择的理由,"吉利"凭借性价比迅速被市场接受。李书福的汽车终于在市场站稳了脚跟,他在接受《对话》节目访谈的时候回忆自己的引领市场之道:

> 在美国的话,一年的工资收入可以买两辆轿车,而在我们中国呢,10 年的工资收入还买不到一辆轿车,所以轿车普及不了。现在我们要中国人一年的收入能够买两辆轿车还做不到,那么,我争取让中国人一年的收入能够买到一辆轿车,比方说,一年的收入是 3 万到 5 万元,那我们的轿车价格就定为 3 万到 5 万元,这样的话呢,收入水平能够与消费品价格匹配起来,才能买得起、用得起,这是当时一个比较实际的想法。

汽车是一种耐耗品,是要不断开发新顾客的。随着人们生活水平越来越高,价格也不再是人们选择汽车的第一要素,而在产品与市场的中间,李书福关注到人们的愿望和需求,也捕捉到市场的痛点,为汽车培育了潜在市场。很多人认识吉利,是从认识李书福开始的,而他的做法,就是用"新闻营销"。

李书福是一个时代的代表，他总能说出很多人想说却不敢说或者不能说的话。1999年，改革开放已经初见成效，但在汽车行业，资源仍把持在国有企业手中，民营企业不被允许造车。李书福对前来视察的时任国务院副总理曾培炎说："请允许民营企业大胆尝试，允许民营企业家做'轿车梦'，几十亿元的投资我们不要国家一分钱，不向银行贷一分钱，一切资金民营企业自负。如果会失败的话，请给我一次失败的机会吧。"这代表了一大批中小企业的心声。

颇为体现李书福性格的一件事情是，2001年3月，李书福以1 000万元入主广州足球队，成立了广州吉利足球俱乐部。在吉利的严格调教下，广州足球队这支甲B球队已经出现了冲A的可能，结果在关键时刻，却被一声黑哨葬送了前途。

球队冲A失败以后，李书福难捺胸中不平，废止了原来30年的赞助计划，宣布退出足球界。在退出仪式上，他把律师为他准备的例行公事的说明词搁置一旁，开始自由发挥，他说："今年甲B联赛之所以丑闻不断，腐败丛生，其根子在中国足球管理层身上。我们非常欢迎足协来告我们——把我们告上法庭是我们盼望的结果。"

一个企业家，对着媒体控诉中国足协，这种新闻不能说不劲爆。而每一次李书福的公开亮相，都是对吉利汽车的宣传。

除了这些新闻，李书福营造的一系列吸引眼球的事情，也多少带有事件营销的性质，其中最著名的莫过于收购沃尔沃，蟒蛇最终吞下了大象。2008年发生了很多大事件。金融危机爆发，中国拿出极具魄力的4万亿元投资计划；奥运会在北京鸟巢举行，圆了"百年奥运梦"；"5·12"汶川地震，无数生命逝去，成千上万民众高呼："汶川挺住！中国加油！"……中国的民族意识空前觉醒，吉利的成功暗合了日渐升腾的民族自尊心。而在众多的事件营销中，台湾地区"飞人"柯受良驾驶吉利车飞跃布达拉宫，是很有代表性的一个事件，这标志着吉利从单纯的价格导向开始向用户价值导向转型。

李书福的"买买买",彰显了其在汽车国际化布局上的宏大野心,而十年以降,吉利和沃尔沃已经成为琴瑟和谐的"老夫老妻"

@ 图片来源:视觉中国

柯受良因为飞跃长城和黄河而闻名,当他宣布要飞跃布达拉宫的时候,很多汽车厂商请求合作,他们开出的条件无非是"我给你多少多少钱、我给你配的车有多好"等。但是李书福却说:"我们都是炎黄子孙,都有超越自我、挑战极限的拼搏精神。假如祖国需要,吉利能立马全心全意服务于祖国。"这句话让在台湾地区出生却心系祖国的柯受良感动不已。

但飞跃的过程并不顺利,汽车因为配重不足,在越过起跳台后,没有飞到对面缓冲区,而是落在水泥地上,然后以100多公里的时速撞在缓冲堆上。令众人惊讶的是,这辆吉利车除了左侧目灯震坏、发动机震歪之外,包括车身和油箱在内的其他装置都完好无损。"歪打正着",吉利车的质量一时间被广为传诵。

总结一下,李书福在产品初期,用价格战打开市场,给吉利车贴上"便宜"的标签;而后李书福的一次次的"露出",带动了吉利汽车的品牌发展,某种程度上说,他就是吉利最好的代言人;而吉利在发展中,能很好地把握市场和消费者的情绪所在,不断赋予吉利车品牌新的内涵。

三 吉利如何去家族化?

从1998年第一辆吉利车正式下线开始,20年里,吉利汽车成为一个年销量过百万的巨头。这样的成绩显然要有良好的组织结构才能撑得起来,而吉利恰恰和中国绝大多数民营企业一样,是靠着兄弟同心、家族帮衬才搞起来的。家族化是一把双刃剑,能让企业快速成长,但也会限制企业的成长,李书福是怎么样用好这把剑的呢?

李书福有兄弟四个,他是老三。李书福创业的成功离不开兄弟们的扶持。1984年,家用电器的市场开始兴起,但企业产能不足,零配件奇缺,有一种电冰箱的零件卖得很贵。李书福看到了商机,买了一套工具,自己在家夹锤钻铣磨,然后用帆布包兜起零件,坐公交车送到台州的冰箱厂去卖。

后来攒下一些本钱之后，他想：为什么不多找一些人生产冰箱的零配件呢？于是，李书福成立了台州石曲冰箱配件厂，他的三位兄弟都被拉了进来，他大哥李书芳任厂长，他自己管销售，他的姐夫、大哥的小舅子等都在厂里——这是一个典型的家族式小工厂。两年之内，这个家族工厂产值就达到400万元。

几兄弟也不总是一派和气，在决策上经常有冲突。尤其是李书福决定做汽车的时候，这种矛盾被激化了，只有大哥李书芳支持他。客观地说，就当时的内外环境来看，要生产汽车，没资金，没技术，更没有政策支持，其他家族成员的反对也不是没有道理。

后来，李书福在接受《中国经营报》采访的时候曾经说："其实我是不支持家族式企业的，现在我用人就排内。但我刚创业时，家族是我巨大的后盾。二十一二岁时我开始创业，那时社会上谁也不认识我，最能支持我的也就是我哥哥、弟弟了，尤其是哥哥绝对支持我。我在海南给家里打电话，告诉哥哥说我要生产摩托车，我哥哥有所犹豫，但是他觉得这是对的。当时我弟弟生产铝合金，正搞得一塌糊涂。我首先劝说弟弟和我一起生产摩托车，他吓了一跳，说这个东西太难（但最终跟着我干了）。后来我也跟一些朋友商量过，没有支持我的……短短一年左右，我们就生产出全国第一台踏板式摩托车。"

几兄弟的直接冲突是在1999年，就摩托车产业要不要打价格战这个问题，李书福与四弟李书通的意见相左，吉利集团董事会做出决议，李书通被解除职务。而大哥李书芳，在1997年就离开吉利，独自办工厂去了。2002年，二哥李胥兵也离开了吉利集团，之后他收购了江南奥拓汽车。三兄弟虽然离开了，但是还都持有吉利集团的股份，而他们所经营的事业，李书福也多有参与。他在《财富人生》栏目，如此描述这段经历：

家族企业有时候就会碰到问题，因为哥哥弟弟有他们的想法，有时候他们觉得我的想法不对、他们的想法更好。追求、战略、理想都不一样，我觉得这是人类发展史上的一个规律，也是在经济发展史上的一个规律，这个规律可能谁也无法改变，这不是某一个人或两个人的问题，这是整个企业界或者经济界乃至整个人类、整个世界的规律，它只得这么走。兄弟姐妹之间是一种亲情，这种亲情不可能因此而消散掉。现在我们兄弟姐妹相处都非常好，但是在工作和事业方面，大家都有自己不同的追求。

不过，就在这些分分合合中，吉利集团的股权关系被理清楚了，李氏四兄弟也完成了分家。

家族成员齐心协力完成创业之后，在守业阶段，家族化的弊端开始显露出来，拉山头和裙带关系，导致规章制度被架空。吉利汽车要想获得全社会的认可，必须进行社会化的管理。当时的共识是，吉利汽车已经过了原始积累期，个人奋斗仍然重要，但如何将团队合力最大化成为亟须解决的问题。于是李书福大刀阔斧地开始了管理改革，最重要的就是引进职业经理人。

有两个位置的变动足以说明李书福的决心。

第一个变动是董事长李书福本人把吉利集团首席执行官的位置让给了徐刚。徐刚是何许人也？他曾是浙江省地税局的总会计师，下海之前就已经是副厅级干部了。

李书福聘徐刚为首席执行官，有这么几个方面考虑：首先是徐刚有体制内工作背景，对于当时备受歧视的吉利汽车来说，是一个帮助；其次是徐刚的专业能力。李书福发现，放眼全球，像"奔驰""宝马"等著名汽车品牌，都任用有财务背景的人做高层管理。果然，徐刚不负李书福的期望，在当时吉利汽车面临发展瓶颈，也就是资金问题时，徐刚交出了一份让人满意的答卷。

第二个变动就是缪雪中辞职，柏杨坐上吉利集团总裁的位置。缪雪中从李书福做冰箱的时候就跟着他干了，是不折不扣的老臣。而柏杨毕业于哈尔滨工业大学，有硕士学位，她在企业重组、改造和培训方面的经验非常丰富。

柏杨为什么替换了缪雪中呢？这要从价格战说起。价格战让吉利汽车在市场站稳脚跟的同时，也让吉利跟"低水平"和"廉价"等负面词汇绑在了一起，而要想摘掉"低端制造"这顶帽子、进军中高端车型，必须进行人才和技术的升级，企业的改造和培训必不可少。而换掉十多年的老臣缪雪中，对那些资格老但技术水平较低的员工，未尝不是一种"敲打"。

到2003年，吉利集团的高管，都已换成了职业经理人。李书福"大换血"式去家族化，兄弟分家、老臣辞职、职业经理人完全接管吉利，这种激进的改革方式，虽然不可避免地引起了阵痛，但是也让吉利集团的人才更为专业化，管理架构更科学，让吉利变为一家现代治理结构的公司。2005年，吉利在香港成功上市。

企业去家族化并不只是意味着家族成员的退出。就像普通企业需要解决代理人的问题，家族企业往往因为企业和家族的界限不清，导致管理落后。在世界范围内，有很多大企业仍然由家族运营；中国民营企业要想做大做强，重在企业和家族的明晰治理。

而在李书福"去家族化"的过程中，他1985年出生的儿子李星星已经成长起来。李星星大学毕业就来到吉利摩托车部门工作，从基层干起，一直做到吉利集团副总裁、吉利集团汽车销售有限公司副总经理。但很显然，父子的兴趣不太一致，李书福致力于造车，李星星却在2018年5月成立了"帅车联盟"，这个组织已吸引了300多家诚信认证车商加入，累计成交二手车16 450辆。2019年，"帅车联盟"拓展至全国30个城市，车商数量增加至1 200家。

李星星用联盟经营的方式做二手车市场，打造一个线上线下融合的"二手车新零售服务平台"，雄心很大，想法也很独特。从外界看来，这位吉利的"少东家"以后或许能探索出一条新的道路。

编者说

做李书福家族专题的时候，发生了一个小插曲，在联系时，吉利汽车的公关人员一度拒绝了采访，理由之一是：企业要走"国际化"和"现代化"之路，而"家族企业"听起来与之调性不符。

这是一种刻板印象。什么是家族企业？从狭义而言，全部家族持股及家族经营的企业才叫家族企业，比如，娃哈哈集团、均瑶集团等。从广义上而言，家族控股或家族经营就叫家族企业，比如，美的集团、宜家家居等。甚至很多家族企业，家族既不控股也不主导经营，但因为其对企业注入了无形资产，这种象征性的关联无法解除，家族对企业仍具有影响力，比如，日本丰田家族虽然在丰田汽车中的股份只有2%左右，但是在2010年，丰田汽车陷入危机、实行全球召回的时候，为了重新赢得市场和消费者信任，当时的职业经理人渡边捷昭引退，丰田章男出面道歉而回归丰田。

"家族"是不是"国际化"和"现代化"的反义词呢？我们可以看到，保时捷、福特、丰田这些誉满全球的汽车品牌背后，都有着家族的影子，但并不妨碍其实现技术创新和国际化扩张。家族企业只是社会组织生产的一种形式。

中国有着浓厚的家文化传统，数千年来，家文化商业一直是中国商业存在的重要形式之一。但在近几十年的经济发展中，家族企业却被视为"落后"的代名词。家族式管理的弊端应当被看到，但它在信任和集权方面的优势也应该受到足够的重视。

联想集团柳传志/杨元庆
如何打磨接班人？

郑四方

1984年，柳传志创办联想集团，这一年，他40岁，此后，联想以狂飙突进之势发展壮大。2005年4月30日晚间11点左右，北京几家主要媒体的记者都接到了联想集团的电话：联想成功收购IBM的PC业务！这是联想全面国际化的开端，也是中国民营企业巨额海外并购的最初探索之一，引发了一批中国民营企业的出海并购风潮。

一 "IT教父"，40岁创业

柳传志被认为是中国民营企业界的"教父"，他在中国商界的地位可见一斑。柳传志创立联想的1984年后来被称为中国公司元年，联想的崛起也被看作是中国崛起的一个缩影。

1978年11月27日，柳传志还是中国科学院计算所的一名普通技术员，这天他像往常一样从传达室打了瓶开水，又取走了当天的《人民日报》，本想着跟往常一样，一上午的时间就靠看报纸打发掉了，但没想到瞥了一眼报纸后，他激动不已。因为在所有"政治挂帅"的文章中，竟然有一篇文章教大家如何养牛——在此之前，在街上吆喝卖菜都被看作是"资本主义尾巴"，有着敏锐政治嗅觉的柳传志意识到：气候真的要变了。

但是学术机构里的变革姗姗来迟，直到 6 年之后，在跃动的大环境下，中科院时任副院长周光召来到柳传志面前，问他有没有兴趣搞个公司试一试。这一年柳传志 40 岁。

40 岁在今天来看早已过了最佳创业年龄，但在改革开放初期，这个年龄段创业倒不新鲜。这个年龄对柳传志的意义在于他已经经历了很多重要的历史时期，正是这些经历，塑造了柳传志后来的管理风格和他创立的联想。让柳传志引以为荣的是，"联想"创立时的 20 世纪 80 年代，"两通两海"——四通、信通、科海、京海已经是中关村信息产业的明星企业，而后来者居上，联想是后来几十年中极少数活下来的企业。众多 IT 企业没能跑赢摩尔定律 18 个月的速度，即使侥幸，没有被 2000 年前后的第一波互联网泡沫淹没，后来也倒在了不同的关口。

柳传志带着 11 个平均年龄超过 40 岁的老同事创业了，计算所 20 平方米的传达室就是办公室。这家叫作北京计算机技术发展公司的企业，就是联想集团的前身。最初，因为找不到主体业务，柳传志甚至摆过地摊……1984 年年尾，柳传志带领的团队成员不约而同地戒烟，因为出门谈生意，劣质烟实在拿不出手，好烟又抽不起。

1985 年刚开年，中科院要采购 500 台 IBM 的计算机，联想借此机会成为 IBM 的中国代理商，一台计算机的售价高达 2 万元，而经过中关村一倒手就能卖到 4 万元。柳传志终于找到了自己的主体业务，但是问题又来了，这些计算机缺乏中文操作系统，怎么办？

当时，中国人开发了十几种汉字系统，简称"汉卡"，原理和运行过程都大同小异。但有一种汉卡很特别，因为它可以"联想"。《中国青年报》的记者记录了他第一次看到"联想汉卡"时的情景："我看到操作人员打出一个'记'字，屏幕上迅即闪现出'记者''记录''记分牌'等一连串联想出的词组，再按一下键盘，就输入一串汉字。"

现在随便一个智能手机能实现的功能，在当年都是一个创举，而这个创举者就是中科院研究员——倪光南。汉语的"一音多字"是个大问题，比如说，你打个"yi"的拼音，一下子跳出来137个字让你选，很费时间，而倪光南开发的联想功能把双音词的重复率降低50%、三音词重复率降低98%，四音以上的词几乎没有重复。汉字录入的速度由此提高了至少两倍。

这套系统被命名为"LX-80联想式汉字系统"。1984年底倪光南带着汉卡加入当时还是北京计算机技术发展公司的联想，担任公司总工程师。"我保证把你的一切研究成果都变成产品。"柳传志这个人和他说的这句话对倪光南来说，都有致命的吸引力，而1989年公司正式更名为"联想"集团，也源于这套系统的名字。1987年，联想汉卡销售了至少6 500套，彻底站稳了脚跟。

从倒腾电脑，到开发了第一款产品——联想式汉卡，再到代理AST电脑，联想开始产生了生产自己的品牌电脑的想法。柳传志在市场上做了一个小调查：1994年的北京，有近八成的家庭准备在两年内购买电脑，但当时中国城市居民年平均收入不到4 000元，而国外电脑动不动就要上万元！旺盛的需求和高昂的价格矛盾很大，柳传志决定从这个角度切入。

联想电脑的E系列是中国第一款经济型电脑，联想利用几个相互竞争的供应商提供配件和组合件生产计算机，让这些供应商相互竞标，并以很大的批量来降低成本。为了压缩成本，甚至连包装的硬纸和泡沫都花尽可能低的价钱。当时国内市场的电脑差不多要3万元一台，而E系统每台只要1.6万元。结果，E系列大获成功。

比如说1994年，单独成立一个事业部之后，"外国大兵压境"，比如说康柏、IBM全在中国，你想，我们怎么能在中国跟人家争呢？后来我们在中国占到30%的份额，那凭什么呢？凭我们对供应链的深刻认识，比如，知道了成本变动最核心的部分原来是元器件降价，所以我们要把库存压到最短——这时候其他人都没意识到。又比如说，知道了如何把市场推广和渠道销售配合在一块、"空军轰炸"和"步兵作战"怎么配合。

1994年，是联想的一个"大年"。这一年，联想在香港证券交易所成功上市，此后，不断成为新闻媒体关注的焦点；柳传志与总工程师倪光南分道扬镳，联想确定"贸工技"的路线；国外品牌电脑进入，杨元庆带领的微机部崛起……

在确定国外国内两条线并重、专注IT领域深耕10年之后，在2004年，联想完成了对IBM全球个人电脑业务的收购。柳传志如此回忆那个高光时刻：

> 当时在场的人都刻骨铭心地记得，因为所有的记者都热烈地、疯狂地鼓掌……他们鼓掌下来以后呢，一些记者老朋友握着我的手说："柳总，我不一定相信你们能赢，但是，就是死了，也给中国人争光了。"

联想收购IBM，不单单是一次公司行为，更被媒体看作是中国的胜利。柳传志身上有着浓重的家国情怀，在2007年，柳传志曾给未来国人写过一封信，在信的最后，他殷切地问100年后的中国人："中国是不是世界强国了？排第几？"

二 "贸工技"还是"技工贸"？

"搭班子、定战略、带队伍"是柳传志多年来的思想总结，有意思的是，在常人看来"定战略"最重要，但他却把"搭班子"放在了第一位。柳传志在接受"正和岛"社交平台访谈的时候，有这么一番说法：

我自己觉得，可能还是人更重要，因为有人的话，他的追求、他的意志力和他的能力，来决定机会在他面前会不会失去。即使能力很强的人也可能失去机会，但是他会跟着抓住第二个机会，他还会拼了命地去找机会，逮住不放。而对有些人来讲，机会即使到了手边，有的时候也会放过；或者即使当时抓住了机会，日后好好的机会也会给耽误了。像这样的事情在我们的子公司里面，也有发生过。所以应该讲，还是人更重要。

柳传志明白，自己再怎么能干，也不可能做所有的事情，比不上杨元庆、郭为、朱立南们在一起能干。在柳传志看来，"有的人不是珍珠，不能像珍珠一样闪闪发光，但他是一条线，能把那些珍珠串起来，做出一条光彩夺目的项链来。"他觉得自己就是那条线，他在前期与擅长技术的倪光南合作，让联想走上正轨，后来又发掘了杨元庆、郭为、孙宏斌等一帮青年人才。

首先，关于搭班子，柳传志认为最核心的是一把手，而一把手身上最核心的是要把企业利益放在第一位。举个例子，联想有个规定：不许员工的子女进入公司工作。与柳传志共同创业的11个人都来自中国科学院计算所，这些元老们的子女很多也从事计算机行业，假如没有这条规定，元老的子女们再进入公司，其他年轻人会怎么想？所以连柳传志的女儿柳青也没有进入联想。而就算是正常的社会推荐，柳传志也是慎之又慎，要求所有被推荐人必须参加笔试，而且要有三位副总裁同时签字，确认他／她进联想公司靠的是实力而不是私人关系。

再说"定战略"。柳传志设立了"定战略五步法"：一要设立愿景，企业要长久地做下去，做什么；二要设立中远期目标，大体量的公司三五年，小体量的一年就是中期目标了；三是思考具体实现路线，也就是该做什么不该做什么；四是针对路线，思考如何布局业务结构，设定组织架构、管理模式等；五是推进战略目标的执行、考核和调整，这里最关键的是执行环节。

柳传志（左）非常看好杨元庆（右），甚至再次出山"拯救"联想。第二次功成身退时，为表示对杨元庆的支持，连执行董事的身份也一并辞去

@ 图片来源：视觉中国

2003年,联想第一次系统地制定战略,而且之后的发展基本也是在这个框架内,包括在IT行业里多元化发展,在国际、国内市场同时发展等,但这里面最有争议的是第三条:采用"贸工技"还是"技工贸"路线。

前文说到在1994年,国外计算机品牌大举进入中国,联想决心对抗这股洪流,但是在内部产生了分歧,集中表现就是柳传志倡导的"贸工技"和倪光南倡导的"技工贸"的冲突,也就是"贸易、生产、技术"谁前谁后的问题。倪光南坚持高举高打,走科技制胜的道路,于是请求造中国自己的芯片,走向高端;和倪光南一样同是知识分子出身的柳传志遵循自己的理念——有理想但不理想化,下海以后,企业的生存压倒一切,在他看来,企业发展路径的选择跳不出当时的发展阶段,他必须选择"贸工技",用贸易养活技术。柳传志在接受《面对面》节目访谈时,说过自己的想法——联想集团曾经被质疑,为什么不选技术优先的"技工贸"战略。

> 你在这儿研发的时候,别人也在研发,也在抢领先的路,也许你做得很好的时候,别人"唰"一下就抢到前边去了,如果小的企业,它就经不住这个。当时我们的联想呢,在中国说起来占有市场份额最大,其实现金的存储、资金能力等,都是相当地薄弱,一年也就几个亿的利润,研发上的投入也是寥寥,一两个亿就算很多,跟人家一投就是十几亿美元,那就没法比。

再说"带队伍"。柳传志认为,带队伍的核心是激励和文化,"激励"容易懂,但为什么"文化"也那么重要呢?柳传志把联想文化打造为"企业利益第一、求实、进取、以人为本"四个层面。

在"企业利益第一"和"保证联想文化的纯净"之间,柳传志做了不少平衡和取舍。1991年,联想采购部经理,也是创业时的元老之一,私下里收了回扣,按规定应该是撤掉他。但是问题来了,撤掉他,公司对应的业务没人接得起来，损失比他贪污的还大，柳传志就用了委曲求全的办法，先培养人替代他，逐步撤掉这位元老。但有一种情况是例外，当贪污被其他员工知道、影响到士气的时候，柳传志马上会用霹雳手段。在"野蛮生长"的初创年代，柳传志用以人为本的方式，确保了企业利益第一。

从另一个细节可以看出联想的求实和旺盛的进取心：早期的时候，员工习惯了相对自由散漫的工作氛围，迟到早退是家常便饭。于是有了一条规定：迟到者，罚站一分钟。而柳传志迟到过三次，也被罚站过三分钟。

三 接班，为什么是杨元庆？

2000年5月12日，是联想的历史性瞬间，创业16年来，公司员工从11个人增加到1万人，平均年龄则从45岁下降到28岁，在"誓师大会"的现场，柳传志做了两面蓝色大旗，把写着"联想集团"的那面交给了杨元庆，把写着"神州数码"的那面交给了郭为。

大家都知道，杨元庆和郭为都是柳传志最得意的高管，但孙宏斌，也一度被柳传志视作衣钵传人。最终接班的，为什么是杨元庆呢？

1988年，孙宏斌从清华大学毕业后进入联想企业部，并在短短两年内成为柳传志的左膀右臂，分管联想在北京以外的所有业务，那时候郭为是联想公关部主任，杨元庆仅是一名普通的工程师。从资历和能力而言，不出意外的话，孙宏斌会是柳传志的接班人。柳传志评价，孙宏斌有三个优点一个特点：三个优点分别是极强的上进心、非常强的韧性、"一眼看到底"的能力；一个特点就是"做事不留余地，往前冲冲冲"。这个特点成就了孙宏斌，也差一点儿毁掉他。

1990年3月，柳传志正在香港处理AST微机事务时，某天，一觉醒来发现一份《联想企业报》放在了自己面前，但这份报纸不是自己写发刊词的那份。好奇的柳传志打开之后，发现这是孙宏斌领导的企业部自己办的报纸。头版刊登的"企业部纲领"第一条就是"企业部的利益高于一切",甚至还有企业部经理拥有"分公司经理任命权"的说法。柳传志气得直拍桌子:孙宏斌想干什么?他这是要建独立王国啊!

企业部与集团的对抗逐渐升级,孙宏斌等人在北大勺园餐厅聚会时,有人甚至喊出"赶紧独立,把贷款移走"的话。孙宏斌并无此意,但此事惊醒了柳传志:孙宏斌领导的分公司掌握着至少1 700万元的资金,倘"卷款而逃"的事真的发生,必将置联想于巨大的财务和信用危机。5月28日,孙宏斌被羁押,最终定为"挪用公款"罪,获刑五年;1994年3月,获得减刑提前释放。假如事情到此结束,也就是一个天才青年折戟沉沙的故事,但是故事远未结束。

孙宏斌进监狱时,孩子刚满两个月,放在普通人身上,早就恨意滔滔,但结束了近45个月的关押,孙宏斌服刑期满后,首先找的是柳传志,他正式表白自己想"了结过去,重新开始"。柳传志在《渣打财富人生》节目中如此回忆道:

> 所以我一直在关心他在监狱里的表现,了解他的情况。直到他出来以后,他不是那种虚与委蛇地说"我要怎么怎么样"——他还是真的想做番事情。所以我们内部,就为他这事开了会,先给了他十几万块钱,这不是借款,是让他先安身的;后来他在天津发展房地产的时候呢,借给他500万(元)。

不单单是借钱,柳传志还当面对孙宏斌说了一句分量很重的话:"从今天起,你可以对别人说,柳传志是你的朋友。"

对于杨元庆和郭为,柳传志开玩笑地譬喻说:郭为是孔雀,以美貌影响别人心甘情愿跟他走;杨元庆是老虎,靠内在实力震慑四方。柳传志说这句话是1994年,这一年,是杨元庆和郭为这对双子星同时闪耀的开始。

这一年,郭为在广东惠州接手"联想科技园"项目。这原来可是一个烫手山芋：至少 4/5 的土地还在那里荒着，而地价已经跌去 70%；管理也混乱，正在兴建的 8 万平方米厂房一片狼藉，工程成本失控；工程质量也没法保证，钢筋混凝土的结构里面，被人掺了不少黄土，还因为工程事故死了好几个人。

郭为意识到"信心比黄金更重要"，他的策略是"讲好故事"。首先他把深圳赛格工业园的生产线全都搬到这里来，接着对外宣布：联想建成了"亚洲最大的板卡生产基地"，这么讲是因为联想的主机板本来就占有 1/10 的世界份额，加上惠州这条生产线，能确保"亚洲第一"。郭为还把国务院发展研究中心的研究人员请来撰写可行性报告，这也获得当地政府的青睐和支持。1994 年 6 月 18 日，"联想科技园二期工程"——科惠线路板厂举行奠基仪式，郭为以联想科技园总经理的身份面对记者，畅谈联想科技城的大好前景。

于是，一个濒临死亡的项目硬是被郭为救活了，这也是他外号"孔雀"的由来。而相比于对郭为的不管不问，柳传志对杨元庆的打磨更为细致。柳传志在 2016 年联想春节联欢会上，如此评价杨元庆：

> 元庆是个不服输的人，有追求有韧性，懂得搭班子、定战略、带队伍，我坚信有元庆的坚韧，有联想积淀的深厚文化，有你们这支攻无不克的伟大的队伍，我们的联想一定能够大展宏图，再次一飞冲天！

前文提到的"E 系列"电脑，就是杨元庆冲锋在前，打赢这场仗的，在被国外计算机品牌垄断的市场上，杨元庆带人硬是撕开了一道口子。但是在他掌控微机事业部之前，远没有这么圆融，执拗得像石头的杨元庆一度让柳传志非常头疼，但也更能显出他的良苦用心。

原先联想微机部在几个副总裁手上，他们年龄都比杨元庆大，资历也都比杨元庆老。1994 年，几千台库存电脑交给继任者杨元庆的时候，他不接受，梗着脖子说："这是历史烂账，谁的账谁负责！"这就得罪了一个元老。杨元庆强行建立分销体系，让代理商面对客户，又得罪了一个元老；后来他要收回分公司的特权，与代理商一视同仁，这就又得罪了一个元老。平心而论，以企业利益为核心，杨元庆做得都没错，但是方式太激进了，柳传志说得很形象："你想到墙那边去，就一定要把墙打一个洞。人过去了，可是墙被打破了。你为什么不能好好沿着墙走一遍，找到门，从门里过去？"

于是一向内敛的柳传志在公司高层会议上，破天荒地对杨元庆指着鼻子劈头大骂，要求杨元庆一年内必须做出几件妥协的事情，并且把他的得力助手刘晓林即刻调赴企划部。杨元庆满心委屈又沮丧，第二天垂头丧气来上班的时候，推开办公室，却在桌子上看到了一封亲笔信，信里面柳传志颇为关切地写道："来香港后，虽然任务繁重，但对你的情况仍不放心。自我检查后，觉得这几年和你沟通少，谈的都是些你要解决的具体问题。客观原因是你和我都忙，主观原因是没有特别注意我们之间沟通的重要性。"信里对杨元庆殷切地嘱咐：作为年轻领导，一要有德，忠诚于联想的事业，能实心实意地对待前任的开拓者们；而且要总结自己的优点弱点是什么，联想的环境给了你哪些支持，主动向更高的台阶迈进要注意什么……

这封信，直到今天，杨元庆还一直小心收藏着。

编者说

柳传志说要把联想做成"没有家族的家族企业"，用文化和机制的力量驱动管理公司。女儿柳青在毕业后进入投资银行高盛，后来出任滴滴出行的总裁；儿子柳林哥伦比亚大学硕士研究生毕业后，只在联想实习过半年。柳传志说："我是一个有主人翁意识的创业者，我会考虑如何接班。因此，凡是年轻人能够做的工作，我就一定不自己做，放手让他们去做。"这里的年轻人指的既不是儿子也不是女儿，是其他人。

早年柳传志视野中有三位接班人选，但后来基于种种原因选择了杨元庆。柳传志说，杨元庆性格中最大的特点就是"执拗"，这个特点适合冲锋陷阵，但不太适合运筹帷幄，所以也对他进行了一系列的打磨。

后来，杨元庆就任联想集团董事长后，为自己的工作原则定了三个关键词：坦诚，尊重，妥协。

美的集团何享健/方洪波
美的模式,"体外"传承

郑四方

何享健的独子何剑锋缺乏接班意愿,所以并未参与美的的管理。但或许何享健走了一条另外的传承之路。

何剑锋虽没有进入美的,但在家电行业经验丰富。1995年10月,何剑锋成立广州东泽电器公司,涉足家电商贸。1999年9月,收购鹰牌集团华英风扇厂,成立顺德金科电器公司。2002年10月,何剑锋正式注册成立广东盈峰集团有限公司,其掌控的企业开始进入集团化运作时代。

而无论是盈峰集团也好,后来成立的合赢投资也罢,何剑锋在贸易和投资上的成功都与美的集团密不可分。2019年,为实现长期资产配置的多样化、科技创新以及在新兴产业领域的发展,美的集团全资子公司美的创新投资有限公司参与投资宁波美智和创投资中心发起设立的一只产业投资基金。该产业投资基金以有限合伙企业形式组建,名称为"广东美的智能科技产业投资基金管理中心"(有限合伙)。在金融投资方面的探索,恰恰是何剑锋最为擅长的方向。或许有一种可能,在不久的未来,何剑锋在家电行业实业投资以及在金融投资领域的经验,都将使他能够胜任对职业经理人的监督和战略指导。

一方面，美的重用职业经理人，改革组织架构，优化公司治理机制，为基业长青打下良好的制度性基础；另一方面，以"体外模式"培养接班人，让其学会独当一面，充分培养管理能力和领导魅力等"专用性资产"，为日后顺利交班打好基础。如此这般，实现基业长青。

一 "三好学生"美的如何打怪升级？

美的的成长过程，堪称中国制造业发展的范本，美的是制造业的"三好学生"。第一，它的"成绩好"，2017年年底市值达3 630亿元，营业额达到2 400多亿元，是当之无愧的行业巨头；第二，有自己的成长方法论；第三，从低端加工到自主研发的完整经历，并且每个阶段过渡得很平稳，企业一次次转型升级的道路非常清晰，大家既容易看懂又容易学会。

所以美的是一个学习成绩好，又愿意把学习方法分享出来的"学霸"，我们来说说它是如何一步步打怪升级的。

1968年，26岁的何享健和23位村民，凑出了5 000元钱，创办了"北滘街办塑料生产组"，生产塑料盖和玻璃瓶。厂房其实就是竹子做梁、沥青纸做顶的简易房子，厂房里的机器也非常老旧，压塑瓶盖时，得两个人一起使劲才能摁下去，甚至被打掉门牙的事情也是曾有的。这个时期的美的还处在第一形态——低端加工，也没有什么技术含量可言。工人的热情很高，但被时代限制，始终没有大的发展。要知道，直到1979年，全国范围内全民所有制企业占到81%，集体所有制企业占19%，没有私营企业。

直到1980年，美的第一台电风扇问世，叫"明珠"牌。11月的广东已经很凉快了，但工人们抱着风扇不撒手，激动得热血沸腾，当时的他们不知道，自己正在创造历史。接着，美的在电风扇这个行业坐了30多年的头把交椅。

在这个时期，风扇是佛山无可争议的支柱产业。1984年，时任顺德县委书记的欧广源向前来考察的邓小平汇报时说："顺德经济发展那么快，就靠了四个字——'摇头摆尾'。'摇头'是电风扇，'摆尾'是养鱼。"

这是第二形态的美的，它找到了企业发展两个重要的支撑点。一是市场——因为靠近香港这个国际贸易中心，所以出口占了美的销售额的很大份额。二是创新——比如，早期的风扇是两个风扇叶，而且是铁做的，又贵又笨重，美的研发出全塑料的风扇，成本大大降低，而且耗电也少了很多。在产品做出来就能卖掉的年代，还能有意识地提高产品质量，这种产品精进意识实属难得，是公司不断成功升级的软实力之一。

1984年，美的成立空调筹备组，第二年何享健领着考察团去日本走了一圈，回来就开始建空调工厂，进入第三形态产品的试探。不过空调是一个资金密集型行业，也是一个技术密集型行业，加上20世纪80年代的中国，空调市场基本是被松下、三洋等日本品牌一统天下的，所以，美的面对的挑战更为艰难。

何享健于是说："宁可走慢一步，绝不走错半步！"他选择了用金钱换时间、换空间、换技术。比如，跟东芝合作，引进交流变频技术；大举收购东芝万家乐电机公司，构建自己的空调产业链，甚至靠收购广州航海仪器厂因经营不善而下马的一条空调生产线，摆脱靠手工敲敲打打的局面。就这样，在一无所有的情况下，美的慢慢有了自己的生产线，培养了自己的技术工人，掌握了空调生产的核心技术。

2002年的时候，何享健回忆说："20世纪赚的是大规模低成本制造的钱。非要在高投入、高技术上去跟国际资本碰撞，美的获胜的概率很低，所以要扬长避短、趋利避害。"所以美的在第三形态，面对膀大腰圆的国际家电巨头，何享健甚至宁可放下身段，低头做贴牌加工。他在韬光养晦，一方面积极进行品牌建设，比如，1992年请当红影星巩俐代言；另一方面从90年代开始，大规模引进高学历专业人才和高级经理人，最具有轰动性的事件是1991年把马军博士引入美的。要知道20

世纪 90 年代，博士走进民营企业，就像是黑人奥巴马当选美国总统，冲击是很大的！

2011 年，何享健明确要求企业围绕产品领先、效益驱动、全球经营三大战略主轴，加大研发和技术投入，坚持产品技术创新、实施精益制造和精品策略，坚定不移地推动企业的转型升级。经过 20 多年的深耕，当初的种子终于长成能乘凉的大树。有了技术腰杆就硬，自 2015 年起，美的连续三年的专利申请数量，位居全球同行业第一。从跟随到领跑，美的完成了向第四形态的转变。

二 "机制管理"大师那些年绕过的坑

讲述美的集团的发展史，对比几组有意思的数据：中国中小企业的平均寿命是两年半，集团类企业的寿命是 8 年，美的从 1968 年创业到现在，已经有 50 多年的历史，并且身子骨越来越好；何享健创业时集资 5 000 元钱，现在美的市值已超过 4 000 亿元。

还有个奇特的现象，全国大一点的家电企业有 4 000 多家，单单在广东佛山一个地方，就有格兰仕、容声、科龙等很多家电品牌，而美的独有自己的特质——发展稳健。何享健曾经对媒体说："我普通话不好，文化水平也不高，我不如不讲。少讲多干，把企业做大了，让企业赚钱了，比什么都强。"

这种一把手带头"少讲、多干"的风格，使美的发展非常稳当。何享健喜欢"改革"，改革从来不是头痛医头、脚痛医脚，而是对一个组织的系统性纠正，让这个组织更适应内外部环境。美的这些年以改革一次次稳当地避开了雷区。

1. 上市，规范赛道，理想丰满

1993 年，美的成为中国第一家上市的乡镇企业。当时美的员工内部认购价只需要 1 元/股，每人可以认购 4 000 股，但是大家还是不愿意买。何享健无奈地笑骂道："送台摩托车给你们都不要！"今天看来这就像一个笑话。但是在那个时候，股票对于大部分人还是相当陌生的事情，敢吃"螃蟹"的人少之又少。

但何享健却敏锐地意识到上市的重要。一是当时美的正在高速发展之中，各个项目都要资金，就算暂时用不着，放在那里也是对企业多一层保障。二是上市之后，美的能占据行业先机，并且在并购手段、国际合作等方面有更大的空间和操作余地。三是上市公司要求治理结构更加规范，并且要对股东们负责，这就倒逼美的去改革自己的财务、生产、销售、管理模式，使之更加科学。第三条最重要。

正如何享健所说："有了资金，有了好的机制，企业何愁不能发展？"而通过上市，美的筹到了12亿元，摆脱了乡镇企业野蛮生长的路子，进入了一条规范的赛道。进而，美的销售额迅速攀升到家电行业前三。

2. 放权，五个事业部分权而治

商场如战场，难有常胜将军。1996年，美的市场份额突然滑到了第七名，问题出在什么地方？假如把企业总部比喻成心脏，那么后面的每一个环节延伸都是齿轮，企业越大，链条就越长，反应就越迟钝。举个例子，销售员这一会儿还在吆喝着电饭煲，过一会儿就要去卖空调了，责任不清，天长日久，就会失去积极性，而且企业环节太多，信息反馈太慢，决策者掌握的信息永远比市场慢半拍，"规模是效率的敌人"似乎成真。

这时美的仍然是垂直管理，从生产到销售，总部把控一切，但美的这时候光产品有2.2万个，样样都管实在力不从心。于是何享健进行了事业部改革，也就是"放权"。权力是不好放的，有些企业也实行了事业部改革，结果拿捏不住火候，"一抓就死""一放就乱"，企业被搞得元气大伤。

美的是怎么确保变革过程中的平稳过渡呢？首先以产品为中心分成了空调、风扇、厨具、电机、压缩机五个事业部，各事业部独立经营、独立核算，研发、生产、销售甚至人事权，都由事业部自己负责。总部只保留财务、投资以及高层职业经理人的任免权。改革是艰难的，高层

90%的人反对，何享健拍着桌子怒吼了一句：反对全部无效！

另外，美的还订立了一本70多页的《分权手册》，这本手册理顺了各层级的关系，详细而清晰地描述了业务流程，也划分了权利和责任范围。这样，给各大事业部极大的自主权，这叫"放"，但是这种"放"又统领在美的这个大系统的下面，是有边界的。美的建立了以结果为导向的管理系统，有部门经理拿着千万级别的项目来找何享健，何享健就一句话：你自己看着办！

改革后，美的这个组织焕发了新活力。比如，在家电卖场，竞争对手为吸引顾客，从100元降到98元，你跟不跟？如果美的的营销人员再打报告走流程的话，审批下来黄花菜都凉了，所以在一定范围内，比如，在5%的波动区间，营销人员可以不必请示，有权自己定价。这就相当于把指挥部建在了市场最前沿。

3. 改制，股权收归

2001年，美的启动了MBO改制，也就是"管理层收购"。这里面有两个难处，一是清退位高权重但已经跟不上时代的老员工，让新人上位，何享健曾指着一台电脑说："谁能使用这台电脑，我马上给他升一级，否则……"公司管理层利用融资购买本公司的股份，更好地激发内部人员的积极性。何享健用这种"杯酒释兵权"的方式让"老臣"们让出位置。第二个难处就是让政府让出大股东的位置。有次何享健为了激励人才，提议提高管理人员待遇，结果文件发过去后，没有被批下来，理由是："一个保安队长的工资，比我们公安分局的局长工资还高，这怎么行？"

经过反复磋商，2000年年初，美的管理层和工会共同出资成立了顺德市美托投资管理公司，政府将所持有的3 518万股份转让给美托投资。到这时候，何享健才算真正地掌握了美的，而管理层控股，也为后来的职业经理人在美的的发展铺平了道路，避免了李经纬和健力宝式的悲剧。

何享健在"众人皆醉"的时候，毅然决定上市，倒逼企业规范化，

2012年,美的集团创始人何享健将总裁和董事长的职位交托于已培养10年的职业经理人方洪波,何享健与其子女只担任大股东

@图片来源:视觉中国

使美的摆脱乡镇企业烙印，走上良性发展的道路；在企业做大后，变革组织结构，实行事业部制，从一核变为多核心，让企业活力得以释放；在恰当的契机，把企业股权收归到管理层手中，及时排雷。

三　去家族化传承，"管家"如何管好家？

事实上，职业经理人制度的执行并不容易，因为选接班人的时候，人品、能力缺一不可。我们不妨掰着手指头数数，国美电器的陈晓，曾联合外部资本意欲将创始人赶出国美；名噪一时的"打工皇帝"唐骏，在新华都集团光环破灭；万科创始人王石，始终以职业经理人自居，但被宝能这个"野蛮人"登门质问"你凭什么5年白拿5 000万"；玻璃大王曹德旺，用过丰桥重男和刘小稚两位职业经理人，但最终还是选择让儿子曹晖回来接班。

关于人才，何享健曾经说过："美的60年代用北滘人，70年代用顺德人，80年代用广东人，90年代用全国人，21世纪用全世界的人才！"方洪波作为职业经理人，也是何享健选定的接班人，在他执掌美的的这几年，美的年销售额从2013年的1 200亿元增长到2017年的2 000多亿元，这证明了方洪波的能力，同样也证明了何享健的眼光。方洪波能取得如此成绩，何享健做对了什么？

1983年，年仅16岁的方洪波就考取了华东师范大学，读的是历史专业，毕业后在第二汽车制造厂过着悠长又一成不变的生活。1992年，他读到一篇通讯报道叫《东方风来满眼春》，记录了邓小平视察深圳改革开放情况的讲话，出于历史专业的敏感，方洪波毅然决然辞掉"铁饭碗"，去南方，去改革开放最热烈的地方拼一把！

有个现象必须说一下，2000年以前，美的的年终大会都是用顺德方言开的，而方洪波一个安徽人能够立足，自然有其不平凡的地方。25岁的方洪波进入美的后，从内刊编辑做起，因为文采好，有想法，为人稳健，很快入了何享健的"法眼"，他会让这个小伙子一起陪同出差，有意不断观察他,有的时候何享健会拿出一沓记了密密麻麻小字的便利贴,以长者的姿态给他一些建议,比如说:"你要让别人把话说完,不要太快做出反应;有些话,你说不合适……"

著名经济学家科斯认为:企业的诞生是因为企业内部的信任关系,造成内部交易成本比市场交易成本要低。所以某种意义上就可以说,企业员工越是互相信任,越容易挣到钱。而信任,也是职业经理人面对的第一道考验,它不像父子之间有天然的维系。

在情感上有了信任之后,美的在利益上也给予职业经理人保障。从1992年进入美的到2012年正式接班,20年的时间,何享健于方洪波来说亦师亦友,正式接班后,何享健对方洪波说得最多的一句话是:"做你认为正确的事!"方洪波的能力毋庸置疑,除了职位像火箭一样晋升外,2001年的MBO改革,管理层掌握了11%的股权,确保了方洪波的年薪加分红,2018年加起来差不多1.7亿元,所以有人说他是最像老板的打工者。

很多企业请职业经理人还有一个心态,把自己解决不了的麻烦丢给他们,让职业经理人解决。可他们是否想过,有绝对权威的老板都解决不了的问题,职业经理人又如何操作呢?何享健的方式是留给管家一个"好摊子",在美的集团2013年整体上市之前,他把棘手的问题先清理了一遍。

在2010年到2012年间,何享健有三个大动作:一是彻底清算美的集团与关联方的资金占用;二是把集团旗下子公司或优质资源注入集团公司或美的电器,优化业务结构;三是进行企业架构重组,撤销原有的四大二级平台,原职能由总部或事业部承担。

老板信任,给的钱多,交到手里的企业还没有死结,方洪波这个职业经理人也太舒服了吧。不过,还少一样至关重要的东西——权威。

何享健只有一个儿子何剑锋,但是儿子对金融和投资更感兴趣,每年只作为美的大股东列席董事会。既然没有接班意愿,何享健严格规定:儿子不准插手美的企业具体经营。而何享健的夫人梁凤钗也是美的的创业元老，但她在美的集团工作15年，仍然是一名仓库管理员，从未升职，在1993年进行改革时，被劝退。同时，何享健严禁自己的家族成员进入美的，避免裙带关系，可以说美的在管理上几乎没有家族色彩。

无人掣肘，方洪波当然可以全力施为，他接棒后第一件事就是改革。方洪波砍掉了所有不盈利的产品品类，特别是一些像电熨斗、剃须刀这些跟主营业务无关的产品线，并变卖、退还了超过7 700亩土地，确立了专注家电的方针。在元老纷纷离职、股价一路下跌的情况下，方洪波完成了对美的"产品领先、效率驱动、全球经营"的方向调整。

也是这场改革，让方洪波确立了领导地位。

但这并不意味着高枕无忧，在美的，获得权力是因为业绩，而不是因为职位。何享健对企业高管的考核有三个硬性指标：一是利润，二是销售规模增长，三是费用控制。所以方洪波除了接受企业内外的监督，还要完成硬性考核目标，时刻不敢松懈。

职业经理人制度在美的能够良好执行，首先，职业经理人靠长期培养，认同组织文化，双方建立足够的互信；其次，建立短期、长期激励机制，让职业经理人有足够动力；再次，创始人清除掉棘手的难题，不奢望职业经理人解决掉自己都不能解决的问题；最后，充分放权的同时要监督权力。

编者说

在职业经理人制度尚未完全成熟的中国，何享健带领美的集团走出了一条成功的道路，被称为"美的模式"。何享健曾说："只要把激励机制、分权机制和问责机制建立好了，自然就会有优秀的人才来帮你管理。"

从激励机制来说，从美的历年年报看到，美的集团董事长方洪波从最初持股3 600万股，到13 699万股，是目前美的所有高管中持股数量最高的，持股比例为2.09%，为公司第四大股东，也是最大的个人股东。2018 年，方洪波分红 1.78 亿元，待遇不可谓不优厚。

从分权机制来说，1998 年，何享健亲自操刀制定了长 70 多页的美的集团《分权手册》，致力于形成"集权有道、分权有序、授权有章、用权有度"的分权经营模式，强化美的人的职业经理人观念，并降低企业对关键人物个人的依赖，形成完善的契约治理体制，实现企业和职业经理人的双赢。

再说问责机制，一是要求权责一致，职业经理人有着明确的经营目标，业绩不佳将面临引咎辞职的风险；二是美的有完善的审计监察体系和全面的财务预算体系；三是董事会成员多元化，在职业经理人主导下，以战略投资人董事和亲密属下行使监督职责，保护已经不参与经营的大股东利益。

正是以上的基础，从 1997 年开始，何享健本人基本上退出对美的日常经营活动的管理。2009 年 8 月 26 日，何享健辞任美的电器董事局主席及董事职务，仅任非执行董事，其原职由原总裁兼董事局副主席方洪波接任。2012 年 8 月 25 日，70 岁的何享健宣布退位，45 岁的方洪波接棒出任美的集团董事长。

美的进入"后何享健"时代，方洪波们开始发光发热。

碧桂园杨国强/杨惠妍
选择道路，不握方向盘

王玉玲

杨国强是个妙人。一度荣登财富榜榜首却低调少言，也不许家里人张扬；学历不高，但喜欢题字表意——这不仅是他的喜好，也是他的管理手段。

如果对职业经理人约束太死，没法发挥主观能动性，也就失去了建立这个机制的初衷，但如果不加以约束，则有可能陷入南辕北辙的境地。于是，杨国强在企业发展的不同时期，题不同的字送给总裁莫斌。比如，在面临险境时，他题字"生于忧患"；在成为行业第三后，他写道"会当凌绝顶，一览众山小"。

是进是退，杨国强一幅字就可以说明白；如何进如何退，就交给职业经理人操作。

一 "借人帮忙"杨国强

杨国强应该是房地产大佬中最没有大佬风范的一个人了，他常常穿着拖鞋和不合体的西装，开会时喜欢脱了鞋、光脚盘坐在凳子上，甚至还闹过一个笑话：在自家楼盘售楼处巡视时，他被在场的保安误以为是在此歇脚的农民工。

那他又是如何缔造碧桂园神话的呢？简单说，就是"借人帮忙"。

1954年，杨国强出生于广东顺德北滘镇，但这个孩子的降生，带来喜悦的同时也带来了担忧。我们很难想象今天这位房地产行业的大佬在年轻时穿补丁摞补丁的衣服，吃饭也是有了上顿没下顿。杨国强曾回忆道：

> 我年轻的时候也很贫困，我都借住在做老师的哥哥的几平方米的房子里面，有三米多宽、两米长一点点，住了很多年。我18岁之前连鞋子都没得穿，所以没房子住我是深有体会的。

高中毕业后，杨国强承包了一亩耕地，日日辛苦劳作，到头来一年只有200元的收入。有一天，他终于忍受不了这种"一眼望到头"的日子，他在大哥杨国华面前，边哭边说：一年种田收入200元，50年也就1万元，一辈子怎么过？当时还是泥瓦匠的大哥杨国华，就开始手把手地教他成本核算等技术活儿。那时候，白天要忙农活，晚上，杨国强就自己在家研究图纸，学习如何做预算、如何做采购。

这一步出于朴素的初心——谋生，却误打误撞走了大运。1980年全国基本建设会议期间，邓小平做了一段指示："要考虑城市建设住宅、分配房屋的一系列政策。城镇居民个人可以购买房屋，也可以自己盖。不但新房子可以出售，老房子也可以出售。可以一次付款，也可以分期付款，10年、15年付清。"住房子要靠分配的制度逐渐淡出历史的舞台。

后来，杨国华成为顺德县第二建筑公司负责人后，就介绍杨国强进入北滘公社房管所当施工员。"师傅领进门，修行在个人。"当时，杨国强所在的房管所只在有项目时才需要施工员，闲不住的杨国强，在工程空档期召集十几个兄弟组建了一支施工队——北滘区建筑施工队（简称区建）。杨国强明白，自己和别的施工队相比，是"野路子"出身，没有经验，也没有人家活儿干得漂亮，就只能尽可能压价。有一次，他得知顺德有个建中学的项目，就熬夜做预算，然后按照标准去投标，算上人工和材料成本，他的报价还比别人低15%以上，后来这个工程成就了杨国强人生的第一桶金，并让他在镇上有了"Boss 杨"的美誉。

这时，杨国强发现自己的正式工作施工员的收入已经远远比不上副业包工头了，而正当他准备辞掉"铁饭碗"、专心做包工头时，杨国强生命里的第二位贵人出现了。据杨国强回忆，时任北滘公社党委书记的冯润胜在街上看到他，隔着车窗就跟他打招呼，第一句话就是："强仔，是不是考虑一下'招安'，为群众、为社会服务一下？"这又是怎么回事呢？

原来，1984年，邓小平为倡导改革开放，乘坐火车来到顺德视察工作，鼓励顺德"要按自身的生产特点，因地制宜布局"。当时的顺德县委书记欧广源向邓小平汇报工作时说，北滘镇将大力发展乡镇企业，组建建筑施工队，建设需要的厂房和其他基础设置。

1987年，北滘镇为了引进当时顺德最大的一个工厂项目——蚬华电器制造厂，要求北滘区建筑施工队半年内完成6万多平方米厂房建设。当时镇领导和香港地区的合作方，都对杨国强将信将疑，杨国强立下了军令状。当时区建上上下下只有二十来个人。为了"拉人"，杨国强开着一辆旧车到顺德大良、容桂等各个工地挨个找包工头求援，施工队的规模迅速扩大，1月打下第一根桩，7月，就交出了符合要求的厂房。这在设备落后的情况下，刷新了当时镇上的建房速度，名利双收。在之后，整个镇上80%的项目都来找杨国强，而隔壁的老牌二建却在持续亏损，最终，人才济济的二建被区建兼并了。这也就是杨国强在日后常常提起的"一只狮子带领一群绵羊打败一群狮子"的故事。1992年，北滘建筑工程公司改制时，杨国强和几名同乡成为大股东，杨国强正式成为公司总负责人。

但福祸相依，正在兴头上的杨国强，在10年顺风顺水后迎来了劫难。这又是怎么回事呢？

原来，杨国强曾在1992年为三和物业公司建造了4 000套别墅，这个别墅群因为左依碧江、右靠桂山而命名为"碧桂园"。然而在第二年，国家为调控房地产过热，禁止机关单位购买别墅，三和公司的梦碎了，碧桂园4 000套别墅，只卖出了3套，一下从大热楼盘沦为全国最大的烂尾楼盘。三和公司提议，让杨国强销售别墅用来抵工程垫付款，并在当时政策号召下，把股份全部转让给杨国强。

这道摆在面前的坎儿，逼着杨国强从一个包工头变成一个开发商。如果这批房子卖不出去，过去的努力全部覆灭，还要背上巨额的债务。而这时，有一个人出现了，他就是当时任新华社广东分社记者的王志纲。

身为记者的王志纲对国家经济形势和房地产发展很有了解，他分析道：广东地区作为改革先锋，有一批资金实力雄厚的"先富者"，所以碧桂园的价格不是问题，但关键是怎么把他们吸引过来呢？王志纲洞察到这些"先富者"有个共同的焦虑，那就是子女教育的问题。在亲自考察碧桂园后，他建议杨国强在这里建立一所贵族学校，孩子来这里读书，必定会带来家庭成员对于住房的需求，促进周边楼盘的销售。杨国强采纳了王志纲以学区带动住房的策略。最终，4 000套别墅很快销售一空，凭借此举，碧桂园走出了房地产寒冬。

看似"贵人"相助，实际上，我们不难看到杨国强在人际交往中的个人魅力。碧桂园能够脱离困境，成为地产行业的领跑者之一，也跟他善于用人的领导才能密不可分。

二 碧桂园模式：水桶管理法

房地产市场百花争艳，房地产企业各家有各家的法宝。在激烈的竞争中，碧桂园的独门绝学是什么呢？答案就是高周转模式。

实际上，高周转模式并不是碧桂园首创的，早在十几年前，万科就提出了"5986高周转原则"，即拿地后5个月动工、9个月开盘、第一个月卖出八成、产品必须六成是住宅。而碧桂园则在这个基础上进一步提速,在三、四线城市开启"456"原则,即拿到地后4个月开盘,5.5个月资金回笼,6个月资金再周转,创造了让人惊叹的"碧桂园速度"。

房企都强调高周转,为什么碧桂园既可以达到最快速度周转,又保持稳定迅速扩张呢?这就源于碧桂园的"水桶管理法"。

高周转,就好比是高速喷薄而出的流水,利润丰厚的同时,也意味着高强度的风险,稍有不慎,流水就可能演变成洪水,造成资金链断裂。为了承载调整周转带来的风险,碧桂园就为它打造了一个结实的、承载力强、根基稳固的"水桶"。

这个水桶的"桶底",就是碧桂园的核心战略:避开一、二线城市的主流市场和竞争对手,扎根在三、四线城市和郊区。这样做有几个好处:一是错位竞争,在商业模式健全的一、二线城市,标杆房企扎堆,但是在交通和商圈都不完善的三、四线城市,很多大牌房企不愿意去;二是降维打击,碧桂园下沉到三、四线之后,对手就变成了本地开发商,他们在资金、管理、施工上,不是碧桂园的对手;三是多层考虑,碧桂园这样的大型房企入驻,地方政府会在政策上给予优惠,这样拿地成本就下来了,办事效率却上去了,这就为碧桂园的高周转提供了前提和保障。

有了稳固牢靠的底,在高周转开闸放水时,还必须说碧桂园"水桶的桶体"——全产业链的功劳。碧桂园大多在三、四线城市或者是偏远郊区进行大盘建设,拿地价格下来了,而另一个问题也出现了——由于交通不便,供应商很难供货。在建设顺德碧桂园时期,自来水公司就因为地处偏远,而不愿意在当地建自来水厂。被逼无奈,杨国强只能自己建了自来水厂。在此之后,碧桂园不断延伸上下游的业务链,逐渐形成了从前期投资,到中期设计、建筑,再到后期装修等"一条龙"式全产业链。

为了提高效率,碧桂园组建了自己的设计院,有6 000多名设计师,会预先根据地区和地域特点的不同设计出与之匹配的产品户型。每个月,总部向各地项目输送图纸几十万张,往往这边项目刚刚着手谈定,当天晚上产品规划图已经成型了。这就把设计时间，把高周转的周期从"月"变成了"日"。

而除了节约时间成本外，碧桂园还着重于挖掘住宅的深层次价值。前文提到，在顺德碧桂园时期，为了盘活别墅，碧桂园开创了"学校＋地产"的类型，成功地打开了偏远处高端住宅的销售模式。第二年，碧桂园又将酒店式物业管理引入住宅中，此后，这条产业链已经打通了楼盘开发的上下游。楼盘开发前，配套先行，配合政府城镇化，帮当地做好水、电、道路等基础设施建设。楼盘开发后，完善社区的商业配套，配建五星级酒店、商业中心、中英文学校等，这样，碧桂园所售卖的就不仅仅是一套住房，而是以住房为中心的社区式生活环境，为住房提供附加价值，也实现了品牌溢价。

全产业链和三、四线城市的布局，不仅为碧桂园高周转模式带来了维持和实现的可能，还降低了碧桂园的房产价格。甚至有人夸张地说，碧桂园"像卖白菜一样卖房子"。杨国强说过：

> 我们将永远谦卑地努力为社会提供又好又便宜的房子，如果能做到，未来呢，我们都尽力而为。

除了水桶管理法，作为最重要的资源，如何确保"流水"的可持续性和质量呢？碧桂园的做法是水龙头管理法，于2012年引入"成就共享"和"同心共享"两个人才激励机制。所谓成就共享，就是通过让员工跟投的方式，将普通员工、股东和公司利益捆绑在一起，在项目获得盈利时用利润作为奖励，如果项目亏损则要上交罚金。同心共享是在成就共享基础上，把集团项目变成合资运营制，公司上下、所有员工自愿参与。

集团和区域之间，始终存在着信息不对等，有时集团下达的命令，对于区域而言并不适用。而这样的人才激励制度，就好比是一个水龙头，当经济形势好、利于投资时，区域效益好，投资热情高；反之，当竞争激烈、政策背时，区域就会收敛扩张，降低风险。这相当于为高周转建立了风险防护机制，当面临较大阻力时，拧小水流，保全自己；当外部环境宽松时，则加大水压，全面扩张。

然而，这只"桶"，不是一开始就结实的，而是基于造"桶"的思路，在不断遇到问题、解决问题的实践中摸索出来的。

三 家族成员和职业经理人的"收"与"放"

纵观中国民营企业发展历史，在企业发展前期，血缘关系和乡土文化是企业凝聚力的来源，也为企业的高速增长提供了动力；但是随着企业规模越来越大，人员越来越复杂，如何处理家族成员和职业经理人的关系，某种程度上就决定了企业能走多远。

这对于碧桂园来说，同样是个难题。2008年之前，尽管已经上市，但碧桂园内部仍然是家族式的管理。元老们在高位争抢胜利果实，上上下下的事情都需要杨国强批阅审核；项目越来越多，但是施工的仍然是北滘建筑公司时期的"杨家建筑队"；内部管理陈旧，外部新鲜血液难以输入。这导致了在2008年金融危机时，碧桂园股价跌了九成，全年收益不足预期的一半。

这次沉重的打击，让杨国强充分认识到人才的重要性，他对当时的人力资源总经理下了命令："我给你30个亿，你去给我找300个人来。"一句听来粗率的话，一个深思熟虑的决定。碧桂园开始引进职业经理人，不过从一个人决策走到职业经理人管理，是个痛苦的过程。

杨国强主要引进了三个人，巧合的是，这三个人名字里都有一个"斌"字，暗合"文武双全"。2010年，曾任中建五局总经理的莫斌空降碧桂园，担任总裁，负责碧桂园的制度化改革，杨国强没有试用没有考核，在莫斌到来当天就直接对他开放了碧桂园的财务权、人事任免权和项目调度权，还把自己的助理和秘书调给莫斌用。2013年，杨国强请来了朱荣斌，负责开拓碧桂园在一、二线城市的业务；2014年，来自中海地产的吴建斌出任碧桂园首席财务官，主要任务是降低碧桂园居高不下的资产负债率、提升财务管理水平。

但是招来金凤凰之后，怎么用呢？杨国强的方法总结起来就是"放钱、放权、收方向"。

杨国强用直接待遇激发积极性，据公开的数据，2017年，"三斌"中的莫斌薪酬高达3 389.5万元，朱荣斌是2 185.8万元、吴建斌是461.6万元。这个数字可以说非常惊人了！

而想要做成事，还会牵扯权力的问题。有的企业家比较强势，职业经理人就变成了提线木偶，完全发挥不了主观能动性。杨国强恰恰相反，在2016年的业绩发布会上，他开玩笑地说："我是莫总的助手啊，我管的是图纸规划和土地采购，其他的都是莫总管，他很能干，所以我们碧桂园才有今天！"从这句话，我们能看到杨国强和莫斌分工明确。在管理上，杨国强极为克制，比如，万科管理层60多人曾经到访碧桂园，万科总裁郁亮提问："我们万科只进入60多个城市，你们碧桂园却能进入100多个城市，怎么做到的？"杨国强的回答是："这是莫斌的水平，我不会管的。"

但杨国强真的就不管了吗？显然不是的。杨国强很少对莫斌的业务直接指指点点，或者发号施令，每当他有想法或者有战略上的思考时，杨国强表达意见的方式是"题字"，来把握企业的战略方向。2012年，在行业寒冬时，杨国强的题字是"生于忧患"，鼓励莫斌顶住压力，寻求突破。在碧桂园迈入"中国企业家千亿俱乐部"但外界仍然有质疑声音时，杨国强题字"曾经沧海难为水，除却巫山不是云"，用这句古诗寓意，稳定经理人的心——碧桂园曾在没钱没市场的一片烂尾楼中发家，年销售额达千亿元之后，更是有信心抵御风险，稳渡难关。2016年，在碧桂园销售额成为继中国恒大、万科地产之后的行业第三名时，杨国强题字是"会当凌绝顶，一览众山小"，莫斌明白，这是杨国强又有了新的战略目标。

杨国强曾经对高管说："你能不能帮我搞一个盒子？把一个人装进

去，然后按钮一按，就可以知道这人行还是不行，是 60 分还是 70 分。"如此求贤若渴，又出手大方，碧桂园迅速建立起完善的职业经理人制度。

但是这并不意味着杨国强要放弃家族企业这种模式。2007 年，碧桂园上市时，杨国强把集团全部股份转到二女儿杨惠妍的名下，一时间，这位之前名字都未经曝光的女孩，拥有了"中国女首富"的名号和光环。万众瞩目之下的 12 年来，杨惠妍从未接受过媒体采访，网上也没有公开流传的照片。在她曾经就读的碧桂园学校，有记者跑去询问，老师却说，"在获得同意之前我们是一个字都不会说的"。

这种强有力的保护，就是杨国强家族管理的另一种层面——"收"。杨惠妍在美国留学时，住的是地下室，没有空调，杨国强给女儿的钱天天住五星级酒店都用不完。当父亲问起时，杨惠妍不接话，反倒催促父亲赶紧去办学校，不要管她。杨惠妍在美国一边打工，一边读书，甚至国内成为首富的消息传来时，她的同学还不知道她有这样阔绰的身家。而毫无疑问，杨国强对女儿谦虚低调的性子十分欣慰。

从美国俄亥俄州立大学获得市场营销及物流专业学士学位之后，杨惠妍就回国担任杨国强的私人助理及采购部经理，在 2018 年末，杨国强还在会议上承认了杨惠妍担任联席主席的身份。有记者这么问他："小杨主席在去年年底正式上任了，您作为父亲跟作为主席对小杨主席的评价如何？"杨国强洒脱地说："我就用英文回答可以吗？ Very good！"

进入碧桂园以来，杨惠妍经历了碧桂园的上市、职业经理人的引入、集团业务的拆分，从基础部门实习到被称为"小杨主席"，或许与杨国强对她的收敛式教育有关，在"富二代"光环后面，杨惠妍正在逐步展现出新一代的管理能力和水平。

编者说

碧桂园集团的核心资产很难标准化，加上企业发展壮大之后，家族成员在企业岗位上力有不逮的情况比较普遍，所以有必要在集中所有权的同时，实现职业化经营，故引进了职业经理人以提高管理能力。

职业经理人，拆解开有三个关键词：首先是"职业"，这就要求他们有较高的专业技能，是一个"T"字形人才，在不错的综合素质基础上，有至少一项专门的才能；其次是"经理"，美国通用电气公司在德鲁克的基础上，补充了一个新的界定："一个以个人方式做出贡献的专业人员"，从而使专业人员有"平行的发展机会"；最后是"人"，这要求职业经理人要有良好的道德观念，不能见利忘义。

但这并不意味着职业经理人制度是完美无缺的。职业经理人的缺点主要表现在两个方面：一是业绩直接关乎薪资，所以他们对短期业务报表比较看重，容易缺乏长远规划，而且不太敢进行颠覆性的决策；二是缺乏忠诚度，因为他们比较在乎个人品牌，在企业下行时，会更多考虑职业前途，加上选择比较多以及薪酬要求较高，所以稳定性稍差。

杨国强求贤若渴，大力招募职业经理的同时，对于企业的道路选择，并不放弃家族模式。

百年

华茂集团徐万茂/徐立勋
司令员是打出来的！

周蕾

华茂是一家以教具起家的公司，但它又不仅仅是一家公司。

华茂建美术馆，希望以"美育"的方式引导学生实现综合素质的进步；举办国际化的教育论坛，探索前沿的教育方法，强调中国本土实践；创始人徐万茂拟定了《徐氏家族共同协议》，规定：如果企业遇到不可抗力，徐氏家族把清算后的全部剩余资产转移给宁波华茂外国语学校，以表示徐氏家族对教育的最后贡献。

徐立勋认为财富是一把双刃剑，财富积累到一定程度，其实不再属于家族，而属于社会。他说："拥有财富当然好，关键在于掌握财富的人，如何去创造更大的价值。"

以做教育的心态做生意，以做生意的手法做教育，这种跨界形成了华茂独特的价值观：教育是立业之本，诚信是生存之本，品牌是发展之本。

一　篾匠办教育，一份情怀

在国内文教界，华茂集团是个响当当的品牌。其创立了国内第一个学具品牌"七色花",创建了浙江省唯一一所从幼儿园至高中全覆盖的国际学校——宁波华茂外国语学校,还建造了全国最大的私立公益美术馆——华茂美术馆。但是很多人不知道,开创了华茂集团的徐万茂却是一个"篾匠"。什么是"篾匠"?就是编筐织席的。

这两个风马牛不相及的行业怎么掺和到了一起?简单来说就凭一个词:情怀。

徐万茂出生在浙东四明山,那里漫山遍野都是竹林,村民们世世代代以竹谋生。除了种竹、卖竹,家家户户还掌握了一门祖辈传下来的手艺,那就是竹编。他们剖竹成篾,用竹篾编织各种各类器物,大到床铺、桌子、躺椅、竹椅、篾席,小到竹篮、筲箕、饭篮、蒸笼。"云洲工艺竹编厂"是华茂集团的前身,创办于1971年,当时依靠传统的手艺,把劈得比铅笔芯还要细的竹丝,编织成一件件工艺品,出口到国外。竹编厂把长在深山里的翠竹变成了真金白银的外汇。

1978年的广交会上,外商对徐万茂提供的样品非常满意,于是便问他能不能生产一种海棠果形的竹编香料罐,并要求一个星期后拿出样品。这是一种造型精巧、编织难度大又从未做过的产品。短暂的犹豫后,徐万茂答应接单,4天后,云洲工艺竹编厂制作的海棠果形香料罐的样品就摆在了外商面前。外商喜出望外,一次性订货120万只,单笔订单创收近100万元。这样巨额的一次性订单,在当时中国工艺竹编单件制品中也是破天荒的第一次。

订单签了下来,徐万茂却犯了愁。一方面是如何保证成品质量的统一。竹编工艺全凭工匠的手艺,编一只竹编海棠果形香料罐已经够难的了,现在要编120万只与样品一模一样的,谈何容易。另一方面,如何确保在交货期内顺利完成订单数量。竹编厂一共五六十号人,即使全员上场,每个人在半年内要做出两万只,平均每天做100多只,即使做最简单的竹篮子都不可能完成,更别提这种编织难度大的工艺品了。

徐万茂想到了翠竹如海的四明山,在这个山区里,到处都有竹编的能工巧匠,如果把那些能编能织的农户都组织起来,既能解决订单难题,又能帮山民们打开一条创收的渠道，不是两全其美吗？从今天来看，这是一个很直接的解决方案，但在当时可是要冒政治风险的。1978年的春天，十一届三中全会还没有召开，所有农村村民的生产活动只能在生产队里进行，个体农户之间的直接交易还是禁区，而像徐万茂这样跨村、跨乡、跨县地组织生产资源，是要担很大风险的。徐万茂说干就干，山里的农户被调动了起来。为了保证品质，徐万茂拟定工艺标准，亲自带头，和质检员们一起，到山里挨家挨户做培训。

一切都如火如荼地进行着，但是随着交货期临近，问题来了，有一批货价值在10万元左右，但是质量不过关。在20世纪70年代的中国，对于一个山沟里的乡办小厂来说，10万元意味着生死存亡。徐万茂当着外商订货客户代表和县工艺品进出口公司领导、全厂员工和几百个篾匠师傅的面，将这批价值10万元的产品一把火烧掉了！

用徐万茂的话来说，这价值10万元的一把火，是赌上身家性命的拼死一搏——拼的是做人的信誉，搏的是堂堂正正的商业品格！这一搏，搏了个柳暗花明，质量和信誉为他们带来了第二个订单，这个订单金额500万元！

竹编厂蒸蒸日上，村民们觉得大有奔头。徐万茂却皱起了眉头，他觉得"花无百日红，人无百日鲜"，竹编产品门槛太低，总有做到尽头的那一天。未来如何，村民说了不算，而他也主导不了国际工艺品市场，偶有机会赚几个钱可以，想做成一番事业却是困难的。

正在徐万茂发愁的时候，他受邀参访澳大利亚。在那个年代，农民企业家不容易有这样的机会，他很珍惜。这次出行意义重大，他见识到了圆规、尺子等品类众多的教学用具。在徐万茂心目中，办企业不但要堂堂正正地赚钱，而且要考虑这个钱赚得有没有意义。做竹编，赚外汇，利国利民，国家也倡导，小事就做出了大意义。而教育是功在千秋的大事，澳大利亚之行，让他在比对中看到了当时国内教具、学具匮乏，产品老化，更没有形成市场。徐万茂觉得如果做学具，为中国教育提供新式方便的教辅工具，实现真正的素质教育，更是功在当下利在千秋的，要比单纯卖竹编赚外汇意义大得多。

1980年,专门生产教具、学具的"宁波文教科技器材厂"在四明山坳里诞生了,这是全国第一家专门生产与教材配套的学生手工学具的工厂,他们给产品取了一个好听的名字"七色花"。可是,"七色花"起初并没有给它的创立者带来期望的收益,而是长达8年连续亏损。顶着各方面的压力,徐万茂用竹编厂利润贴补文教器材厂,一坚持就是8年。工人和社会不断质疑:"为什么不一门心思做挣钱的竹编生意,偏要搞这些小孩子的玩意?"徐万茂对《家族企业》杂志如此解释道:

> 成功在于坚持,虽然前面亏了8年,如果不坚持下去,还是失败。亏损8年,8年的亏损不是开玩笑的。当时坚持下去还是因为看重这个市场,国家重视教育,意味着这个市场是持续发展的。当时我认为(现有教育制度)还是应试的,学校里只有几本书,没有其他东西。作为学生来说,需要培养创造性思维,手脑要并用,这是最起码的道理。《教育法》强调德智体美劳全面发展,实际教学中除了重视"智"以外,其他的很难推行。事实上,到现在为止,我认为这个问题还是存在。

8年里,徐万茂带领研发骨干六上北京,最终产品通过了国家教委"学具作为教材辅助手段"的审定,由此,华茂也成为国内手脑并进素质教育的倡导者和推动者,"七色花"终于绽放神州。

徐万茂在大山里做竹编工艺品,但是因为心中的教育梦想,以及澳大利亚出访的契机,让他改作教学用具。这个执拗的老头坚持的教育梦想,究竟是怎样的呢?

二 做教育的"笨功夫巧方法"

在一个不挣钱的行业硬是坚持了8年,这就是徐万茂的"笨功夫",

他为企业立下一个"天条"：教育是华茂的立业之本，企业一定要跟着教育走。

20世纪90年代，国务院先后颁布了《中国教育发展和改革纲要》（1993年）以及《社会力量办学条例》（1997年）。政策法规的逐步健全进一步促进了民办教育事业的发展，华茂的办学之路，也始于那时，却并不一帆风顺。

1998年，华茂集团受邀参与宁波鄞县的开发工作。当时正是房地产行业迅猛发展的时期，面对600亩的土地，徐万茂并没有选择日进斗金的房地产行业，而是决定拿出5个亿办学校。他的这一决定，在董事会上遭到了大家一面倒的反对。徐万茂回忆说：

> 当时在宁波来说，我们应该是实力最强的。这几个亿投放到哪里去是非常重要的，因为不是向银行借钱投资，而是用我们自己的存款。但这个时候阻力还是比较大的，可以说90%以上的人都要选择房地产——大家对房地产当时是看好的，认为搞教育出力不讨好。
>
> 我们究竟投资教育还是投资房地产好呢？从长远来说，这笔钱做了教育以后，可以说出之于教育，用之于教育——这笔钱从哪里来，还要往哪里去。最终我用这一点说服了大家。

一年后，一座设施现代化的宁波华茂外国语学校顺利落成，开始招生。在徐万茂看来，华茂的事业是办教育，学校仅仅是一个载体。基于这样的定位，华茂集团形成了独特的"产、学、研"一体化产业形态，集团业务由教育产业、教育事业、教育论坛、多元发展四大板块构成。

作为一个有教育家情怀的企业家，徐万茂考虑最多的不是如何收回投资成本，而是考虑怎样才能把学校办成"百年老店"。在他看来，要办好教育就不能急功近利。他经常说，华茂的教育不是以年计算，而是以代计算。不管外部环境如何变化，他一直坚持以社会效益带动经济效益的思路。

随着华茂教育发展壮大，很多地方政府邀请他们合作办学，有的给出的条件很优厚，甚至承诺可以配套房地产。"认死理"的徐万茂果断拒绝了。在他的心中，教育是一个纯粹的事业，如果想赚钱就不要搞教育。徐万茂在这一点上非常执拗，丝毫不"通情达理"：

> 第一个区别，我是以代计算的，他们有些东西是以年计算的。第二个区别，我定的是"不跟风，不眼红"——人家都认为这个好的，我不要做，人家反对的我偏要做。

"不跟风，不眼红"，在教育行业死磕，这股子"笨功夫"是成就华茂教育的前提。但是除了"笨功夫"，徐万茂还有很多"巧方法"，他一辈子追求的是真正的"素质教育"，为了实现这个目标，徐万茂用了好几个妙招。

第一，徐万茂认为单凭一流的硬件办不出一流的教育，当下中国学生最缺的是创造力，而与创造力息息相关的是艺术，所以徐万茂从艺术教育入手，请普利兹克建筑奖获得者王澍设计建造了华茂美术馆，并且把个人收藏的几千件艺术品拿出来放在美术馆，让学生随时"遇到"审美熏陶。

第二，徐万茂认为，教育理念必须要前沿。2004年开始，历10余载，徐万茂筹谋创办东钱湖教育论坛，力求打造教育界的"达沃斯"，他希望此论坛成为世界教育人的精神家园和人文交流基地，让知名学者和艺术大师一起"思想碰撞"。

第三，徐万茂坚持走差异化发展道路，"一个区域有一个区域的文化，一个学校有一个学校的特色，一个班有一个班的文化"。探索每个孩子不同的个性和潜能，让学生自己选课程，并建立丰富的社团活动。他在学校里倡导"三课"改革，即将教育的核心问题归纳为"三课"（课件、课时、课堂），通过课件设置解决因材施教的问题，通过合理配置课时，构建"以学生为本"理念下的高效课堂，向课堂45分钟要质量。

徐万茂定下"育人为本、支教为荣、奉献教育、回报社会"的16字办学方针，他的梦想不仅仅是做中国的素质教育，还要实现家族传承、接力。

> 我认为传承不仅仅是物质的传承，或者是资产的传承，更重要的是一个家族究竟对谁负责的问题。我们的产业是社会产业，是公益产业。博物馆也好，学校也好，都是公益性的。开玩笑说，我们家族的人都是为公益事业服务的，这是家族的人都要统一的目标。

为了实现"百年华茂"的教育梦想，徐氏家族还共同签署了一份具有法律效力的家族协议，为华茂教育的长久发展和徐氏家族传承建立保护机制。从2008年开始，徐万茂聘请WTO法律委员会成员黄东黎律师团队，花了2年多时间，拟订了一份"分家不分产"的《徐氏家族共同协议》，协议兼顾法律、习俗、文化等多个方面，对企业中的"家族干预企业"、资产分散、继承人的能力等三个核心问题，进行了明确而清晰的约定。

其中有一条规定颇为让人动容：如果企业遇到不可抗力，徐氏家族把清算后的全部剩余资产转移给宁波华茂外国语学校，以表示徐氏家族对教育的最后贡献。

为防患于未然，华茂早早建立了传承机制，明确家族后代只有分红权和经营权，没有财产所有权。华茂的财富属于社会，徐氏家族仅仅是财富的保管者和经营者。徐万茂年事已高，新一任掌舵人又如何做呢？

三 打响"三枪"，成为司令

1974年出生的徐立勋是徐万茂唯一的儿子，1999年，他从有"南方哈佛"之称的美国莱斯大学学成归国。徐立勋戴着一副金丝眼镜，不

虽然徐立勋（右）已经接班多年，但父亲徐万茂（左）
仍不时对其"面授机宜"

@图片来源：企业提供

对教育"情有独钟"的徐万茂（右）和徐立勋父子（左）

@图片来源：企业提供

喜欢喝酒应酬，他的理想是当个自由投资人，对于是否要进入华茂，他一直犹豫。他觉得当一个企业的经营者，是与自己的个性和兴趣相悖的。但一年后，一场突如其来的"意外"却让他"别无选择"地接了班。

事情是这样的。2000年，徐万茂发现，有华茂集团美国分公司，有职员冒用他的签名转移公司资产。于是徐万茂火速赶往美国，准备通过法律解决这件事情，但是没预料遭到"内鬼"反咬一口的举报。一时间事件被演绎得扑朔迷离，导致徐万茂无法回国，国内因此谣言四起。群龙无首的华茂，亟须一个人来主持工作，稳定企业。

为避免社会风波，当地政府牵头召开华茂临时董事会，徐立勋临危受命担任集团副总裁，全面主持华茂集团的工作。当时，华茂集团面临三大问题：一是华茂集团的负债率接近30%，这个数值并不高，但对于非常时期的华茂而言，资金链上的风吹草动很易加剧形势的恶化；二是当时华茂办学进入第二年，校园里有1 600名学生，一旦出现信用危机，徐万茂的心血和期盼将付诸东流；三是流言四起，影响了员工尤其是教师的情绪和工作状态。

徐立勋的策略是主动出击。银行催款会引发雪崩？那就调集各路资金，提前还清银行贷款。有人问学校还是否办下去、1 600名学生怎么办，徐立勋将华茂外国语学校的注册资金增资到1亿元，向外界传达明确的信息：资金到位，华茂教育不会动摇。他同时召开全体员工大会，通报整个事件的来龙去脉，安抚了员工情绪。

徐立勋第一枪打响之后，从2000年到2005年，徐万茂每年有七八个月的时间在国外。这是徐万茂特意给儿子留的空间和时间，让他独立做各种决策。徐立勋在接受《家族企业》杂志专访时这样说：

> 我很认同拿破仑的一句名言："不想当元帅的士兵不是好士兵。"一个士兵你要想当元帅，就要有战功。企业经营也是一样。你哪怕是创始人的子女，你如果没有业绩，你不能为这个公司带来经营利润、经济效益，员工就不会认可你。其实我深深地明白这个道理。

2001年,教育部门推出一个旨在为学生减负的新政策,把学具用品从全国的教育系统采购目录中取消了,这使得华茂的主营业务受到"灭顶之灾"。徐立最初勋接班的时候,企业利润有2亿多元,到2005年年底,华茂竟然历史上第一次出现了赤字。

备受煎熬的徐立勋,从那时候起,患上了失眠症。徐立勋心里明白,利润持续下滑有外部环境的原因,教育产业进入一个新的市场调整期,但根本的问题还是华茂需要转型了。

在公司转型的过程中,父子俩常常因为管理文化、观念、方式、手段上的差异,冲突不断。徐立勋喜欢授权,追求团队协同,讲究用制度去管理企业,强调总裁也要服从于制度。徐万茂则正好相反,他凡事讲究亲力亲为,要求管理者能够深入第一线,既要能营销,也要懂生产,他也要求团队绝对服从。徐立勋说:

> 其实我也是在一次次有意跟父亲争吵,或者叫"博弈"的过程之中,去体会他的人生感悟、他的经营哲学。他叫我去学会舍得,"你要'舍'才能'得'",让我学会不要局限于眼前的利益,恪守华茂"不跟风,不眼红"的理念,等等。

在父子俩的摩擦中,两代人实现了新旧管理观念的融合。为了培养徐立勋,为了让华茂浴火重生,父亲花费了大量的心血,华茂也付出了常人难以想象的代价。徐立勋对《家族企业》杂志说:

> 这5年时间里面,如果不是我在经营,而是我父亲在掌舵的话,企业在转型升级方面可能会更顺。但是这也就是培养下一代的代价。所以,我始终说,华茂,或者我父亲,为了培养我,确实付出了不是一点点的代价,而是在以华茂未来的发展做赌注。这个代价是血淋淋的。

徐立勋对父亲的期待和自己的责任始终保持清醒的认识。当公司舆论沸沸扬扬，议论徐立勋是否合格的时候，他接着用另外"两枪"确定了自己的"司令"地位。一是入股宁波银行，二是在2008年的金融危机时提前收缩战线做好准备。

早在2004年，徐立勋拍板，入股宁波银行。但当时这个决策近乎一意孤行，企业员工尤其是跟随父亲从大山里走出来的"老臣"，对于投资天然抱有一种敬而远之的心态，但徐立勋认为企业转型迫在眉睫，必须有新的利润来源，有必要打造以"教育"为核心的其他相关产业，这样的话华茂才不致成为光杆枝丫。2006年年底，徐立勋负责的投资板块为公司创造了70%的利润。2007年，宁波银行上市，为华茂带来了丰厚的利润。凭借骄人的业绩，徐立勋在公司里的话语权大大增加。2007年，徐立勋开始强势地进行公司战略调整，正式启动了经过一年梳理形成的"三三一"发展战略，以教育为华茂的根本，进一步为华茂确定了明确的方向。

而第二年，在全球金融危机爆发之前，徐立勋洞察到国际金融的异动，提议为"过冬"做准备，收缩投资战线，并保持充足的现金流。在经济危机的大棒落下、国内国外一片哀鸿遍野的情况下，华茂的销售收入与利润却以20%的速度持续增长！

现在，徐立勋制定的很多政策都是以可持续发展为核心的。徐立勋把华茂的战略锁定在教育、文化、医疗三个领域，并将收入与利润的增速控制在10%左右，在他看来，这个增长率是良性的，既可以高速、匀速发展，又可以保证整个体系的健康。

2008年，徐万茂回到了他创办的宁波华茂外国语学校办公，并且将全部的身心都投入毕生追求的教育事业上。集团总部的办公室迎来了新主人，徐立勋真正成为华茂的掌舵者。

> **编者说**

就接班来说,有两样东西至关重要,一是"法律上的父传子",二是"能力"。

正如企业家曹德旺所说,"让曹晖能接班是因为他是我的儿子"。这句大白话也道出了古今中外世代相传的家的力量。

但另一方面,正如华茂集团创始人徐万茂之子徐立勋所说:"你哪怕是创始人的子女,你如果没有业绩,你不能为这个公司带来经营利润、经济效益,员工就不会认可你。"作为接班人,徐立勋的经历颇有戏剧性。

学成归国后,自由洒脱的徐立勋对是否回归华茂集团十分犹豫,他说:"说实话,对自己未来究竟是加入华茂集团,还是做其他事情,自己还没有一个很好的规划。"但是2000年,公司一场变故,父亲徐万茂在国外被滞留无法回国,徐立勋不得不扛起华茂大旗。

而真正奠定徐立勋在企业地位的,是他填补上老华茂人所欠缺的金融思维,用投资在2007年大获丰收,由股市中产生的利润覆盖了公司80%的利润,遂一战成名。在取得个人权威后,徐立勋顺理成章地在企业进行组织架构调整,推行"制度大于总裁"的管理理念,出台"三三一"发展规划纲要,打造了一条有华茂特色的产学研联动发展的教育高端产业链……

这些事情有些徐万茂不方便做或者不能做的,而徐立勋的一系列组合拳,证实了他是一名称职的司令。

老牛基金会牛根生/牛犇
老牛要活一千年

娄华轩

老牛基金会初创之时，牛根生就有一个有关"千年"的愿景，他将基金会命名为"老牛"不单单是心血来潮。他曾对儿子牛犇说："我起这个名字就是为你们考虑。爸爸现在是老牛，我离开这个世界后，你就是老牛，你离开这世界后，你的子女就是老牛。这是咱们代代相传的名字。"

关于慈善，牛根生心中有三个"公理"，即慈善可以改变世界、慈善的目标是共同幸福、人人慈善。这也是老牛基金和老牛家族的价值观。

一 "想要知道，打个颠倒"——蒙牛睁眼狂奔

有个词叫"蒙眼狂奔"，但今天我们要讲讲蒙牛是怎么睁着眼睛一路狂奔的。2003年"CCTV中国经济年度人物"给牛根生的颁奖词是这样写的："他是一头牛，却跑出了火箭的速度。"我们先说一串数据，来看看牛根生为什么是火箭般的速度。牛根生在伊利干过，他把"苦咖啡"这一个产品卖出3亿元，那可是1996年的3亿元；牛根生一手创立的

蒙牛，仅仅 5 年工夫，其销售额增长 200 倍，而投资收益更是惊人——你要是在一开始投了 1 元钱，那 6 年之后，就变成了 50 元；而蒙牛不到 8 岁就有望争夺乳制品行业霸主地位，与牛根生昔日的"老东家"伊利一决雌雄……

这种速度真是让人叹为观止，而其中的诀窍来自牛根生妈妈经常说的一句话："想要知道，打个颠倒。"也就是换一个角度观察思考事情，这就决定了牛根生与众不同的成长路径和商业风格。

伊利牛奶历史上最具有轰动效应的营销事件之一就是"苦咖啡风暴"，背后的操盘手就是牛根生。他是从刷牛奶瓶子一步步成长起来的，他跟伊利的"恩怨"等，暂且按下不表。1996 年的时候，伊利推出一款冰淇淋，叫"苦咖啡"，广告语很棒，叫"苦苦的追求，甜甜的享受"，产品也独具魅力，却并没有几个人知道。牛根生想：这么好的产品没有好的推广，这怎么行？

"苦咖啡"问世的时候恰好是冬季，按理说应该是冰淇淋销售的淡季，通常这个时候工人得放假回家。但牛根生不信邪，他想前人不敢想、做前人不敢做，要让人们在大冬天里吃雪糕！

一番调查之后，牛根生决定先在呼和浩特与包头两个城市做试点。他确定的传播策略就是饱和攻击，广播、电视只要有广告时段，就植入"苦咖啡"广告，以达到"无孔不入、无人不知"的目的。这种"高密度全覆盖广告法"，属于国内首创，赢得了立竿见影的传播效果。与之相呼应，1996 年 12 月底，呼和浩特和包头两座城市满大街都是"苦咖啡"的广告。

"高密度全覆盖广告法"，说得通俗一些其实就是洗脑式广告。像我们熟知的脑白金、恒源祥广告都属于这一类。这类广告的好处有两点：第一，从品牌的发展阶段来说，重复性广告适合品牌初创阶段，这个阶段先不要讲品牌调性，因为受众连你是谁都不知道，所以，重复——不断地重复，告诉受众"我是谁"这个最基本的信息，不但吸引眼球、节约成本，在传播效果上还非常"快、狠、准"；第二，那个年代还没有

"信息爆炸"，用重复性广告抢占消费者心智，就能在消费者产生需求时，率先成为消费者的选择。

所以，"苦咖啡"制作广告片只花了500元，宣传费用是200万元，却获得了3亿元的销售额，这一切近乎奇迹。牛根生回忆道：

> 不按一种具体的销售方式——哪个地方、哪个人或者具体的情况、什么方法做销售是最强的，什么样的方法是最好使用的，我们就定什么样的方法。因地制宜——因当地的客观环境制宜。

1998年11月，牛根生离开伊利，这一年他41岁。两个月之后，蒙牛正式注册成立。注册资金只有100万元，是牛根生夫妇卖所占伊利股份的钱。但100万元远远不够，正当牛根生发愁的时候，他以前在伊利一起工作的老部下纷纷投奔过来，或者变卖股份，或者找人借钱，甚至把自己留作养老的钱全部拿了出来，很快凑了1 000多万元。至于牛根生为什么有这么大魅力，到后面再谈。

公司是创立起来了，但内蒙古乳业市场基本上被伊利"垄断"，蒙牛连前100名也挤不进去，这是蒙牛的最大难题。牛根生把问题颠倒过来想了一下，又有了神来之笔。1999年4月1日，呼和浩特市的老百姓一觉醒来，看到主要街道旁边的300块广告牌全是蒙牛广告：向伊利学习，为民族工业争气，争创内蒙古乳业第二品牌！就是这个"第二"，让一个名不见经传、处于起步阶段的"蒙牛"成了老百姓热议的一个话题，人们记住了蒙牛。牛根生如此回忆道：

> 首先作为蒙牛公司，如果在当地有一面镜子，有一个非常优秀的队友在领跑，我们感觉跟上他跑肯定不累。因为大家都非常清楚地知道，领跑是非常费力的，有一个对手或者队友，在前面领跑，对我们来说非常难得，是非常盼望能够实现的事情。我们作为一个"后生"，和前面的一个"先生"，能保持既合作又竞争，既有交流沟通，

同时还有摩擦的关系。我认为"宝马"之所以跑得快，是因为"奔驰"跑得特别快；"奔驰"之所以跑得快，是因为"宝马"撵得快。

定位理论、营销战理论的奠基人杰克·特劳特说过："只有争得第一才是最有效的营销战略。历史表明，第一个进入人们心智的品牌所占据的长期市场份额通常是第二个品牌的2倍、第三个品牌的4倍。所有实质性优势几乎都集中到了领先者的手里。"他在《定位》一书中还提了一个策略：如果不是行业第一，那要尽快占据第二的位置；使用关联定位，与第一产生关系。所以这就有点英雄所见略同的味道。

大家来看一组数据：1999年，蒙牛成立，当年销售额不到4 000万元，同业排名第119位；2000年，销售额接近3亿元，同业排名第11位；2004年，销售额达72亿元，同业排名第2位。短短5年时间，牛根生实现了国内行业"老二"的梦。

二　三大战役定乾坤

牛根生在1999年年初创立了蒙牛，8年之后，成为中国乳业冠军，营业额达到213.18亿元，这一路走来，并不是一帆风顺。刚成立时的蒙牛十分弱小，资金只有1 000多万元，但更致命的是，这是一个"三无公司"：无奶源、无工厂、无市场。这种状况放在任何一家企业身上都难以生存。

但是牛根生相继打好三大战役，一举冲出呼和浩特，走向全国。

第一战是"奶源之战"。乳界素有"得奶源者得天下"之说，然而，当时的奶源已被大企业"瓜分"殆尽，蒙牛想在其中捡漏，比登天还难。偶尔，勉强得来的原奶还被竞争对手半路拦截，牛奶被当场倒掉。初创的蒙牛实力比较弱，牛根生的策略是以退为进，避其锋芒，他很快制定了三个"凡是"政策：第一，凡是同行大企业有奶站的地方，蒙牛不干；第二，凡是非奶站的牛奶，蒙牛不干；第三，凡是跟同行收购标准、价格不一致的事，蒙牛不干。照这三个"凡是"看下来，蒙牛就彻底没奶源了，牛根生是高风亮节还是临阵退缩了？

他是釜底抽薪了！牛根生不抢奶源，改抢奶牛和奶农了。他一次性拿出500万元，给5 000户奶农发放贷款，作为养牛基金，条件是：亏了算牛根生的，赚了是奶农的。此外，他对养殖户的鲜奶采取兜底收购，价格就高不就低。这稳赚不赔的生意谁不做呀？于是鄂尔多斯附近很快就涌现出2万多家专业养殖户。到2000年，蒙牛的日收奶量首次突破100吨，一年后突破200吨。而到2006年，5万养殖户已经养牛100多万头，蒙牛就成了中国收奶量龙头企业。

第二战就是"工厂之战"。解决奶源只是第一步，问题是到哪里加工牛奶呢？如果按部就班地自建工厂，没有一年半载根本就不可能。在强大竞争对手的层层围困中，弄不好就会落个"出师未捷身先死"的下场。面对窘境，牛根生跳出"先建工厂、后建市场"的窠臼，创造性地提出"先建市场、后建工厂"的战略，也就是"借鸡生蛋"。

牛根生的法子叫"虚拟联合"，也就是用别人的钱和资源建设自己的品牌。牛根生看到，当时有许多乳品企业不景气，但这些企业并不缺乏厂房和生产设备，他们缺的是先进的市场开拓经验和规范的管理理念，而这些正是牛根生等人的优势。这些企业为牛根生提供加工车间，蒙牛的管理人员凭借对乳业市场的了解和工作经验，为这些企业引进先进的设备、优质的奶源，以及全新的管理模式。结果，这些企业成为"蒙牛"牛奶的诞生地，1999年，它们帮助蒙牛集团完成了2 000万元的订单。牛根生不仅没有给这些企业投资，蒙牛的管理人员还从中挣了47万元的年薪。牛根生如此解释他的"虚拟联合"理念：

> 所有社会上的资源，包括土地、房屋、设备，尤其是从国际上来的设备、包装、厂房，我们在合作的过程中，一般不做产权转移，就是说，只要能够支配就可以，不说非得拥有。我觉得别人兜子里的钱让我们支配，这样我们这个兜子里的钱才是最多的，如果花自

己兜子里的钱,一般是非常有数、非常有量的。

第三战就是"市场之战"。牛根生的战略是舍近求远、迂回前进。2000年,伊利、三元、光明等"瓜分"了黄河以北大部分城市的牛奶市场,硬拼显然是死路一条,所以,牛根生把目光投向了"敌人力量最薄弱的地方",也就是3 300公里外的深圳。但深圳市场也是一块难啃的骨头,因为改革前沿的深圳老百姓认可澳大利亚、新西兰等外国品牌,在蒙牛还没成立的前两年,也就是1997—1998年,伊利已经砸了千万元广告费,却无功而返。现在牛根生要说服深圳人喝蒙牛牛奶,凭什么?

对蒙牛既没有品牌认知也没有消费场景印象的深圳居民,是不可能主动购买蒙牛牛奶的。所以牛根生意识到按照传统营销路径,也就是"先超市后社区"是行不通的,他反其道而行之,决定直面消费者,先建立品牌认知,然后再谋划销售渠道。

牛根生一次性招了300多名地面推广人员,分成30个小组,每组10人,全部穿蒙古特色服装,一个小区一个小区"扫描"。广告语也充满挑衅的味道,"来自内蒙古大草原纯天然无污染的牛奶","不喝是你的错,喝了不买是我的错"。最关键的是每个小区门口摆上10箱,供免费品尝。这一尝,消费者就尝到了蒙牛牛奶的品质确实好,认可蒙牛的人也就越来越多。蒙牛牛奶由地摊到小店,再到商场超市,一路通行。牛根生回忆道:

> 与消费者的沟通是长期的,而且是与时俱进的。怎样把握好我们品牌的定位?我们跟消费者沟通目前主要靠什么呢?纯天然、无污染。关于客户定位,我们主要奔着从温饱型刚刚转入小康型的这一部分人,他们是我们研究的重点。

当年,深圳销售额突破5 000万元。后来,蒙牛又攻略北京、上海等一线城市，完成全国市场的初期部署。之后，牛根生将蒙牛与"申奥成功""神舟五号"等事件结合，进一步完成了品牌升级。

这样，牛根生用避其锋芒、釜底抽薪的策略控制了奶源的上游，也就是奶牛和奶农；用虚拟联合、借鸡生蛋的策略实现了"先市场，后工厂"；用先培养消费者再建立销售渠道的策略，拿下深圳市场。

三　慈善传家

在蒙牛上市之前，牛根生就开始规划自己的钱如何捐出去，为此还费了不少心思。牛根生说："蒙牛呢，我想做百年的蒙牛，但是这个老牛基金呢，我想做千年。"

牛根生为什么把钱捐出去？他让老牛基金活千年的底气是什么呢？

牛根生位于内蒙古的老家大门上有副对联，是他去杭州旅游时，在胡雪岩故居看到的，就直接抄了过来，上联是"传家有道唯存厚"，下联是"处事无奇但率真"，牛根生自己加了个横批"家系国运"，也就是家庭的幸福和国家的命运密不可分。牛根生觉得"度己只是小幸福，度人才是大快乐"。

这就要提到牛根生在伊利集团任职期间做的一件事。牛根生主导的"苦咖啡"冰淇淋项目获得巨大收益，公司奖励给牛根生一辆好车，但牛根生转手就把这辆车折合成4辆面包车，送给了4位直属部下。他在《财富人生》节目中如此说道：

> 我如果把本属于我的，给大家拿过去，这个时候"给"的作用才大；如果属于大家的给了大家，或者属于我的我拿走，这个可能不足以影响大家，不会让大家有更多的振奋啊激情啊激动啊，可能不会；把属于我自己的这部分，给大家分了以后，可以说，这一次的分钱，对我后来创立蒙牛的影响实在太大了。

蒙古大汉牛根生,
其商业手法彪悍中有着与外表不相称的细腻
@图片来源:视觉中国

而所谓的影响大，就是牛根生创办蒙牛的时候，他原本的老部下纷纷投奔他，甚至把自己的积蓄和老本都拿了出来，蒙牛的注册资金也从100万元一下子变成了1 000多万元。对于一个初创公司而言，"有钱""有人"是最基本的条件，而这些就是牛根生的那辆车换来的。

一辆车毕竟是小财，当牛根生宣布要将自己的全部蒙牛股份都捐出去的时候，周围的人只当是牛根生疯了。其实早在2003年，一次会后，牛根生突然把律师叫到一边，咨询怎么把自己在蒙牛的股份捐献出来，并且还确定了一条核心原则就是"不能继承，下代人不能享用"。

2004年2月，《基金会管理条例》出台。12月28日，牛根生在内蒙古成立老牛基金会，成为中国内地第一家依据《基金会管理条例》而注册成立的基金会。要知道，捐出股权做慈善，在牛根生之前，中国内地并无先例。而就金额而言，牛根生捐献的股份价值超过40亿元，所以他当时也被称为"中国捐股第一人"。

在牛根生的心中，有两种"福"比财富更加重要：一是"小福"，家族的凝聚和昌盛；二是"大福"，也就是企业对社会的回馈。牛根生看中的就是家族基金起到的传承和教化作用，他参照洛克菲勒基金会，为老牛基金会找到了两条运行方向，来实现那个"小福"。

老牛基金会首先突出"家族"的概念。牛根生的妻子负责"老人关怀"，儿子牛犇负责"环境保护"，儿媳负责"文化教育"，女儿负责"儿童关怀"。每个家庭成员都有相对应的分工，给任务而不是给金钱，可以看出牛根生的深谋远虑："能不能使自己的财富留给后代，和能不能把自己的事业留给后代，这应该是两方面的事情，我认为后者比前者更好。"

牛根生还从洛克菲勒基金会学到了家族基金会运营手段。在美国，公益信托已有百年历史，小至几千美元，大至数百亿美元，都有类型不同的公益信托管理模式与运作经验。而在中国，老牛基金会的公益信托和家族基金的"双治理"模式都属于首创。

公益信托和基金会是最主要的两种慈善模式。慈善信托是一种契约，当把一笔钱放进慈善信托之后，就永远只能拿来做慈善。慈善信托一般交给信托公司托管，不必自己处理行政事务。而慈善基金会是以公司架构成立的，需要董事会成员来运作公司。由于是一个公司架构，基金会就需要聘请专业人士来运作。牛根生所持有的蒙牛股份分为境内和境外两种，境内的股权采用基金会的方式，境外的股权以公益信托的方式，两种股权都在2010年全部捐赠完毕。

牛根生捐股做慈善想要换取的第二种"福"，就是希望更多人受益。这也正是符合中国人"达则兼济天下"的社会责任感。牛根生对话国家外经贸部原首席谈判代表、副部长龙永图时说道：

> 因为我自己非常清楚，现在世界上活着的人是60多亿，但是死去的人远比60亿多，那死去的60多亿人，都没带走什么财富。你说我老牛，能带走什么财富吗？

到2018年6月，老牛基金会的公益支出总额13.60亿元，遍及中国31个省（自治区、直辖市），共建设231个公益项目。从这些数字中我们能看到老牛基金会的使命与担当。

老牛基金会秘书长雷永胜认为，如果一家基金会具备以下三个特征，就可以称得上是"完全意义上的家族基金会"：一是资金独立；二是家族成员全参与；三是家族基金会的"有形资产"（财富）和"无形资产"（家族品牌、理念及价值观）要能够长久地代际相传。尤其是第三条，"财富和理念的传承性"，就目前来看，对老牛基金会起到了相当的作用。

2005年1月，牛根生宣布捐出所持蒙牛全部股份前，需要跟家庭成员商议。他的儿子牛犇那时刚从英国某大学毕业，作为财富继承人之一的他，非常认可英国年轻人对于财富的观点：财富来之不易，但需要靠自己去打拼、换取。所以在父亲召开的股捐家庭会议上，他坦然对父亲说：这是你辛勤劳作之后换来的财富，你有权利去处置。

牛犇曾跟随父亲一起去美国访问洛克菲勒慈善家族：1913年，老约翰·D.洛克菲勒创立洛克菲勒基金会；1940年，小约翰·洛克菲勒的五个儿子又共同创立洛克菲勒兄弟基金会。这件事给了牛犇很大的启发，他认为老牛基金会做的是父亲想做的公益，但是牛犇也有自己的想法，他认为公益不是高贵和身份的象征，而是一个人对社会的责任感。所以他想效仿洛克菲勒兄弟基金会，与妹妹牛琼一起成立兄妹基金会。2015年3月，完全独立于老牛基金会的"北京老牛兄妹公益基金会"正式注册成立。

总结一下，牛根生捐献全部股份成立老牛基金会，一方面是突出家族的概念，着重于传承事业而不是金钱；另一方面采用的是公益信托和家族基金的"双治理"模式，更为科学高效；而儿女、妻子在他的感召之下，也开辟了新的慈善阵地，实现了价值观传承。

编者说

看不见摸不着的价值观，不是一个徒有其表的空壳子，而是一只"看不见的手"，左右着企业的发展。在家族企业中，一致的价值观将有助于企业经营策略的延续，减少代际传承中企业的动荡；而当两代人价值观、经管观念不一致时，企业往往会出现比较大的波动，这种情况又非常难以避免。根据香港大学范博宏教授对近20年来我国港台地区和新加坡200多个家族企业的研究，在交接班年度及此前5年，家族上市公司的市值平均蒸发60%。所以代际传承尤其需要价值观的保驾护航。

企业创始人在对潜在继承对象培养和筛选的过程中，会选择性地向后者传递一系列有助于企业代际传承和长期发展的价值观。一致的价值观将有助保持企业不同阶段愿景的一致性，从而确保传承过程中企业的稳定。

均瑶集团王均瑶三兄弟
企业愿景要"看十年，做一年"

周蕾

2004年11月，王氏三兄弟中的老大哥王均瑶因病逝世。危难时刻，王均金、王均豪走到聚光灯下，携新董事局集体亮相，并做出"均瑶集团品牌不变、社会责任不变"的承诺。

从此，王氏两兄弟明确了"百年老店"的企业使命，擦干眼泪，带领均瑶集团实现平稳过渡。

一 胆大包"天"

可能有人知道，均瑶集团是一个多元化的企业，所涉行业从航空运输，到金融服务、现代消费、教育服务和科技创新。但是它最具有标志性的业务板块还是民用航空，而很多人不知道，均瑶三兄弟涉足航空业竟起源于春运期间温州同乡买不到火车票。

我们就来讲讲王氏三兄弟不拘一格的商业路径。

均瑶集团是三兄弟共同创业，老大王均瑶、老二王均金、老三王均豪，他们来自温州苍南县一个小渔村，从小缺衣少吃，人均土地少，兄弟三个下决心去外面找出路。1982年，16岁的王均瑶辍学了，后来他带领着两个弟弟背井离乡，在全国各地闯市场，"白天当老板，晚上睡地板"，他们走南闯北，卖过不干胶商标，卖过塑料饭票，卖过酒店用品，卖过五金……什么挣钱卖什么。这段经历，让三兄弟养成了胆大心细又果决"凶狠"的商业风格，很快，他们迎来了人生中第一次大机遇，并且一下子抓住了它。

1990年，北京将承办第11届亚运会，这是新中国成立以来，我国承办的第一次国际型体育盛会，也是全国上下关注的焦点。在长沙做印刷生意的王均豪，也在琢磨怎么能趁着亚运会找到一些商机。在喝茶闲聊时，他听说当时的湖南省体育场馆负责人正发愁为提供过帮助的人送什么纪念品，这个东西既不能花费太多资金，又要有纪念意义，王均豪脱口而出："送徽章啊！"

凭借着这个富有创意的想法，王均豪拿下了这笔生意，后来均瑶集团承担了整个亚运会纪念章的制作。回到温州，三兄弟用半个月的时间生产出10万个纪念章，10天就销售一空。一看纪念章卖得不错，他们开始生产旗子和贴画等周边商品。这种制作简单、需求大的小玩意儿，让王均瑶兄弟赚到人生的第一个100万元。这笔资金成为他们涉足民用航空的资本。在接受《家族企业》杂志采访时，王均豪回忆道：

> 我那时候在长沙的落脚地就是一个办事处——一张办公桌，一个沙发，沙发拖出来就能睡觉。周末没事干，老乡们就到我那里，在办公桌上放一个电锅，炖点小龙虾、小泥鳅。那时候长沙人不吃小龙虾，也很少吃大泥鳅，越大越不吃；我们温州人说泥鳅越大吃着越补。我们炖了泥鳅，炖了小龙虾，很多人就经常在这里聚会。我开玩笑说，这是温州商会的第一个雏形，虽然亏点酒钱，亏点小龙虾钱，但很多朋友在我这里聚会，那我就有一个可统计的数据。

辛苦了一年的温州商人都在讨论回家过年,讨论得热火朝天的时候，有人突然嚷了一嗓子："我没买到票,今年可回不去喽!"20世纪90年代的中国,火车班次少、速度慢,从长沙到温州还没有直达车,要转很多次车,平时都一票难求,春运期间更是难如登天。这时,喝得有三分醉意的王均瑶站了起来:"买不到火车票,我们就包一架飞机回去嘛!"大家哄堂大笑,那时候坐飞机是少数人的特权,很多人连飞机都没见过,包飞机更如同天方夜谭,并没有人把这话当真。

王均豪还记得:"我跟我哥两个人在办事处最后把计算器都按到没电,大概忙到凌晨3点多钟,觉得可行。能够把飞机包起来,就架起一座空中桥梁,是很有意义的事。当然我们也做好最坏打算,如果积蓄亏到一半就不干了。"别人看来天马行空式的想法,王氏三兄弟真的去干了。王均豪如此回忆道:

"大巴能包,中巴能包,飞机为什么不能包?同一个逻辑,就是包飞机比中巴大巴麻烦一些而已。当时湖南民航局还不是航空公司。在这种情况下,确实得做很多突破。湖南民航局运输处觉得可行,但是管运输的副局长,他觉得多一事不如少一事,当时也搞不清楚飞机包给私人行不行,怕犯政治错误。他出于这个考虑,一开始没有同意;但是从市场化角度,又觉得完全可以。所以后来上了他们的局长办公会讨论。

"我们的逻辑很简单:(在湖南民航局会上说)'你们飞一趟多少钱?我们给你。亏了怎么办?亏了我们把钱补上,保证金就放在你这里。'最后,还要我们回去盖个章,证明我们是好企业。"

如何证明自己是好企业?三兄弟心里也没有底。王均瑶找到了县政府,说明来意后,有关负责人认为,包机为温州和长沙架起空中桥梁,是件很有意义的事情,愿意给予支持。三兄弟花了半年多时间,各个部门跑个遍,盖了近百个章,全部批文摞起来有几十厘米厚,终于办妥了湖南长沙至浙江温州包机航线的全部手续。

一个偶然的灵感,被王氏三兄弟做成了生意。别人看来不可思议,他们却觉得顺理成章。一是开设飞机航线,跟铺火车铁轨和汽车公路,没啥区别。二是这符合市场化思维,是对几方都有利的好事,市场有需求,政府有需求，为什么不能做呢？三是王均瑶心里那把算盘早就"噼里啪啦"拨拉了一遍，客户有多少，成本要多高，他得出的结论是稳赚不赔。

1991年7月28日，一架"安–24"型民航客机从长沙起飞，降落温州机场。三兄弟包飞机的成功，标志着中国的民营企业首次介入国家专控领域。

此事令王氏三兄弟名声大噪，"农民兄弟，胆大包天"的新闻一夜之间席卷中国。从长沙到温州的包机，48个座位，票价400元，一趟利润在3 000元左右。一年下来，三兄弟赚了20多万元。尝到甜头的三兄弟，干脆成立了全国第一家私人包机公司——温州天龙包机有限公司，这就是均瑶集团的前身，公司进而包下了全国50条热门航线。

美国《纽约时报》记者克利斯朵夫如此评价："王均瑶超人的胆识、魄力和中国其他具有开拓和创业精神的企业家，可以引发中国民营经济的腾飞。"2002年，在控股提议被政府否决以后，均瑶集团以18%的份额，入股东方航空武汉股份有限公司，首开民营企业进入民用航空业先河，一度被认为是民航市场化的标志性事件之一。

二 后均瑶时代，如何给大船掉头？

就在企业如日中天的时候，创始人之一的王均瑶在2004年突然病逝，而均瑶集团也在专业化和多元化之间纠结。

"王均瑶"这个名字的品牌效应如何转化为公司资产，是悲伤的均金、均豪必须面对的现实问题，两兄弟一度万念俱灰，甚至动过卖掉公司、去一个山清水秀的地方养老的心思，但是一句话打消了他俩的念头："纪念历史最好的方法，就是将过去未完成的、现在正在做的和将来要做的，做得更好。"

均瑶集团从壮士断臂式的减法开始，实现向现代企业制度的转型。

均瑶集团很早就涉足奶制品。1993年，一则报纸上的消息吸引了王均瑶的注意力：中国是目前世界上唯一一个白酒年消费量超过牛奶的国家，人年均喝奶量不足 7 公斤。他判断，随着大家生活改善，越来越多的人会喜欢上喝牛奶，而相关供给仍然不足，更没有形成品牌效应，均瑶集团有机会占据头部位置。像包飞机一样，均瑶迅速进入奶制品行业。

1997 年，张学友代言均瑶牛奶。1998 年，温州市政府向社会拍卖 300 辆出租车经营权。他们三兄弟以 68 万元的均价拍得 80 个牌照。一时间，温州大街小巷到处都是均瑶牛奶的"活广告"。通过这两步，2000 年，均瑶牛奶的销量冲入全国前五。均瑶形成了"航空 + 奶制品"两条腿走路的模式。

而在"后均瑶时代"，均金、均豪兄弟俩主动做了两次重大转型。一是断臂工程，砍掉鲜奶业务，聚焦做乳酸菌饮料，这使他们成功避开了 2008 年的三聚氰胺风波。二是在多元化生产中重新定位，确定均瑶集团的属性为现代服务业，并且引入职业经理人，同时，两兄弟逐渐退出经营，为企业建立了科学的管理组织结构。

第一次转型始于牛奶行业的危机。自 2000 年以来，由于进入牛奶行业的企业越来越多，在激烈的市场竞争中，价格战越来越惨烈。有的企业为了通过蛋白质检测，甚至往鲜奶里添加化学物质三聚氰胺。王均豪敏锐地洞察到奶业市场将有大危机发生，他对《家族企业》杂志说道：

> 奶那么便宜是不对的，我们当时也在想：奶卖得比水还便宜，怎么可能呢？所以觉得，这步我们不能走。外面的"问题奶"都不收，就这样造成了亏损。亏损了之后，要么加（三聚氰胺），要么不加，但是加的话，肯定 2008 年的时候就死了。所以做了转型，我们开玩笑叫"断臂工程"。

"断臂"意味着均瑶乳业要放弃 10 年的辛苦积累——全国前五的行业地位、数额可观的商超进场费、冷链系统建设以及好不容易培养出来的员工。王均豪甚至还面临着道德指责，"大哥刚走，他就把企业卖掉了，真没良心"。

2008年，行业的恶意竞争终于导致了"三聚氰胺事件"，对整个乳品行业一度带来致命的冲击，人们对国产奶制品几乎失去了信任，之后的七八年里，中国奶牛保持量几乎没什么变化，进口奶粉量却增长了10倍，而早已转型的均瑶乳业却避开了这次冲击，在常温乳酸菌饮料市场常年稳居第一名。如今，均瑶乳业继续向大健康领域转型，更名为均瑶大健康饮品股份有限公司，并于2018年正式启动了IPO。王均豪说：

> 这是市场的规律，你要找到它的"道"，任何时候它都会有。一个行业刚开始，是蓝海，蓝海之后进入红海，只是时间问题。像养牛，7年，全世界杀一次牛，倒一次奶，这也是规律。你不要违背规律，要顺从规律，这很重要。所以我们也要考虑每个行业的规律性，以及怎么避开危险。

均瑶集团面临的另一个问题是：如何用一句话，给别人讲清楚自己是一家什么样的企业。实际就是企业的定位问题。

在2005年，均瑶集团申请成为2008年北京奥运会赞助商的时候，遇到了难题，因为奥组委希望赞助商是品牌专注的企业，他们问：均瑶集团是做什么的呢？这个问题不好回答，当时均瑶集团的业务板块涉及航空、房地产、乳制品、宾馆等10多个领域。虽然均瑶集团最终获得授权，成为2008年北京奥运会特许经营商和零售商，但这次经历却促使董事会下定决心进行变革。

第一，均瑶集团要摆脱什么热就做什么的思路，确定自己的核心业务，有选择地拓展业务边界。旗下的10多项业务，通过或合并或转让或出售的方式，均瑶集团将业务重心转向航空和现代营销服务。最终，均瑶集团将自己的行业属性定位为现代服务业。

第二，王均豪为集团制定了"五高"标准，这"五高"是指高素质

1992年8月,王氏三兄弟成立国内首家民营包机公司——温州天龙包机有限公司

@ 图片来源:企业提供

王均豪(左)、王均金(中)、王均瑶(右)三兄弟合影

@ 图片来源:企业提供

的人才、高质量的服务、中高端的定位、高技术的应用、产生高效益的回报。而要实现"五高",前提是要调整业务模式和组织架构,均瑶集团引进了毕博管理咨询公司原全球执行副总裁、大中华区总裁黄辉先生担任集团 CEO,各个业务板块的负责人也全部由职业经理人担任。

"现代服务业"是个新名词,1997 年已经在党的十五大报告中出现过,但直到 2012 年,国家科技部发布第 70 号文件,才界定"现代服务业既包括随着技术发展而产生的新兴服务业态,也包括运用现代技术对传统服务业的改造和提升"。而均瑶集团在 7 年前就已经开始践行这一概念。

三 中国百年老店的探索者

"后均瑶时代"的两次转型奠定了均瑶集团现代化企业的基础,但是王均豪兄弟还有更大的梦想,要做百年老店的探索者。这个事情有多难呢?欧美的统计数据显示,只有 30% 的家族企业可以成功传承到第二代,只有 10%~12% 传承到第三代,而传承到第四代的只有 3%。要做百年企业,则意味着得至少要传承到第三代。

从小渔村走出的王氏三兄弟,20 世纪 90 年代已经在商界崭露头角,那时,他们曾经专门开过一个会,不是商量如何赚更多钱,而是商量有钱了怎么办。三兄弟觉得能把企业做大做强做长久,比挣钱有意思得多。中国人的名字有着与众不同的含义,是抽象的人格,而王均瑶把自己的名字"押上去"做企业,凸显了他想把企业做长久的雄心壮志。在 2005 年,均瑶集团正式发布公告,要做百年老店的探索者。

随着企业的成长,百年老店的内涵和标准也在王均豪心中清晰起来,他是这样解释的:

> 恒心,恒新。有一帮团队,怀着永恒的心,把做久放第一位,做强放第二位,做大放第三位。为了"做大",有时候自己会膨胀掉;

围绕着"做久"这个目标,我们就要永恒地创新。打个比方,我们始终站在中国民营企业的前列,与时俱进还不够,要"与时领先"。我们的百年老店目标很清楚,每个行业进去,希望都能够做到全国民营企业的前茅。我不想第一,因为物极必反,但至少要到前茅,乃至有国际竞争力。路径就是要有一帮人愿意来做百年老店,这需要文化的认同。

在王均豪的名片背后,设计有一个醒目的房屋结构图。他说:地基寓意为社会创造价值,五根立柱代表了均瑶集团的五大主业——航空运输、金融服务、科技创新、现代消费和教育事业,屋顶则代表着"建国际化现代服务业百年老店"的追求;百年老店就像一栋大楼,需要多根支柱夯实基础才能屹立不倒。

第一,在经营策略上,均瑶集团采用的是"多元化投资,专业化经营"的理念。以航空和乳制品为主线,搭建自己的多元化布局,王均豪说,均瑶集团的投资有两个标准:一是要利国利民,不能是一锤子生意,那样不长久;二是要有独特资源,能做到行业前列。

像盖大楼做四梁八柱一样,王氏兄弟用建筑学的逻辑做百年老店,稳扎稳打,从不盲目和激进地多元化,而是把口袋里的利润拿出来做多元化。

第二,均瑶集团非常重视新技术、新产品的研发,这是不被时代淘汰的关键。2015年,均瑶集团抓住了上海建设科创中心的机遇,与上海交通大学、安徽省淮北市政府等单位组成政产学研用一体化平台。一年后,科技创新板块正式成为集团旗下第五大主业。"什么是创业?创业就是'无中生有、亲力亲为'。"王均豪亲自领衔研发,均瑶集团全程参与,融入新型材料陶铝攻坚战中。这项由上海交大老、中、青五代材料人攻坚30年的新材料,填补了国内研究的空白。陶铝全称超强纳米陶瓷铝合金,是一种轻量化材料,2017年列入《国家重点新材料首批次应用示范指导目录》,如果运用在汽车上或飞机上,将起到减轻自重、节能降排的效果。

为推动专业化经营,均瑶集团各个业务板块都聘用职业经理人和专业化的团队经营管理,王均金和王均豪只负责董事会层面的决策。得到充分授权的职业经理人,在均瑶集团找到了发展的平台。

在人才选拔中尤其是在培养家族接班人的时候,王均豪的第一个重点考察项就是,是否认同"百年老店建设者"的身份。家族的第二代在高中毕业时,都必须做出选择,决定是否回到家族企业中参与百年老店的建设。王均豪会和他们逐一进行推心置腹的谈话,从个人的兴趣爱好,聊到均瑶集团的过去、现在和未来。他希望年轻人能够在对家族企业的历史和使命有了足够的了解之后,再考虑自己未来的人生规划。王均豪说:

> 我们的培养方式,首先要培养他做一个好人,未来有一个独立生存的本领,把家训——"良心"传承下去。我爸爸虽然没读过书,但有文化。他说,不管做什么,都要摸摸胸口这巴掌大的地方,要对得起自己的良心。要做个有良心的人,做个对社会有益的,能自食其力的,对社会有贡献的人。先做到这一点,至于愿意不愿意接班,让他自己选择。

王均豪说,不管下一代是否接班,他都会给予他们足够的时间思考,并尊重他们的选择。经过这样的家族内部沟通,王均豪的侄子和女儿明确了自己的使命,都选择了回归企业。如今侄子已经工作多年,能够独当一面。女儿在大学毕业后,也将进入均瑶集团工作。

从三兄弟的百年老店梦想,到整个家族的百年老店愿景,再到一个集团的百年老店探索,均瑶集团在投资、管理、创新、接班人等各个方面都用"百年"这把尺子,丈量着自己的行为。

编者说

假如为民营企业家分级的话，我觉得可以分为三种：第一种是当今中国的大部分民营企业家，只管当下，在"利润、渠道、转化率"等关乎现实利益的点上苦苦挣扎；第二种是少部分民营企业家，会主动思考三五年后"企业将往何处去"的问题，当下做出行为调整；第三种则是极少数的民营企业家，他们以始为终，反过来指导当下的行为。

阿里巴巴原首席战略官曾鸣教授解释道：今天的战略核心是建立在 Vision（愿景）基础之上的。Vision 是要看 10 年，是对于未来的假设和信念的不断思考，对未来最可能发生的产业终局进行判断，要不断地实践，然后不断纠正。具体行动的时候，要落在一年之内。长期思考的能力和快速反应的能力，两者有机结合，决定了企业能走多远。

均瑶集团很早就提出要做"百年老店"，以终为始，在企业层面，他们在做大、做强、做久之间，旗帜鲜明地选择了"做久"，甚至提出"不争第一"，这就避免了功利性争夺；在家族层面，似乎对于接班人培养也不甚着急，并没有针对性地要求家族后代必须接班、必须锤炼相关技能，而是顺其自然，要求"先做好人"。

相比于财富，德行才是时间的朋友。

罗莱生活薛伟成、薛伟斌/薛嘉琛
圣贤心法，古为今用

周蕾

2016年，薛嘉琛在10年历练之后，终于正式接棒。罗莱生活联合创始人兼总裁薛伟斌在向侄子三年的"传道"过程中，虽然聘用了国际一流咨询公司在机制上给出了很多专业意见，但他深感没有文化的传承，机制只是徒有其表，不能从根本上保障基业长青。

罗莱并非个例。有人预言，中国家族企业传承在五年内将会全面爆发，预计2023年达到高峰，但一个让人悲观的现状是，很少有企业为此准备预案。

薛伟斌明确提出一个口号："以圣贤心法为本，以治理模式为用。"

一 "我最满意的四个决策"

从江苏南通三河口村走出的薛氏兄弟，白手起家，成就家纺行业的大型上市企业——罗莱生活，并连续13年保持行业领先。薛氏兄弟究竟做对了什么？

对于罗莱的成长过程，联合创始人薛伟斌归纳为"做了最满意的四个决策"。

薛氏兄弟的第一个决策，就是从个体户到公司化运营。

1980年，改革开放的春风吹到了江苏南通川港镇三河口村，这里距改革开放的前沿——深圳，有着1 500公里之遥，但是在拥抱变化上，却是同样热烈。人们最直观的感受是不再抓"投机倒把"了，生意也不用偷偷摸摸地做了，这个在清朝被"江宁织造"管辖的地方，"啪嗒、啪嗒"的织布机停歇了几十年之后，"哒哒哒哒"的缝纫机声音响了起来。只要有一双巧手和一点儿吃苦精神，就能造出漂亮的绣花枕套，而这两样，是江苏人最不缺少的。

22岁的薛伟成拿着枕套，跟着亲戚，往东北卖了几次之后，他决定自己单干。他开始挨家挨户地收枕套，一年跑上这么两三回，可以赚到上千元，比种地省事多了，也有意思多了。两年后，枕套销售的目的地，也从早期的东北、天津，扩展到山西太原等地。正当业务拓展、人手不足时，1988年，弟弟薛伟斌放弃了政府机关的工作，加入进来。

薛伟斌是家里唯一的大学生，也是单位重点培养的后备干部。基于对国家经济形势发展的判断和对自己能力的自信，他果断辞职，回到老家农村，与哥哥一起做起了个体户。薛伟斌用正规军的思路超越了那些散兵游勇，他不把卖枕套当成赚外快的手段，而是踏踏实实当成生意来做。

有两点体现得最明显：一是规范化，当别人家还习惯按农时作业，上下半年各外出一轮，区分淡季旺季时，薛家则滚动订单，全年无休；二是有了初步的成本管控意识，当别人舍弃零布，薛家却每次都把零布拼接，同样一匹布多做出几十对枕套。因为比别人更勤劳、更敢拼、更节俭，兄弟俩一年的利润能有100万～200万元。

但正当生意如日中天的时候，薛伟斌向哥哥提出：我们该离开了。薛伟斌在接受《家族企业》杂志采访时说道：

> 在当地，我们做个体户做到首屈一指了。但是后来觉得这样的

模式——自己没有品牌，没有产品设计，也没有产品生产的能力，产品的质量没办法保证……要真正地扩大经营，还是要办企业。

做出办企业的决定，薛家兄弟是当地个体户中的第一家。1992年，兄弟俩在南通注册成立公司。1994年，薛家兄弟成立了南通罗莱卧室用品有限公司，建成占地8亩的生产基地，又注册了"罗莱"商标，并拿出全年利润的40%，率先在国内同行业中导入CIS形象识别系统。公司化运营让薛家兄弟赶上了整个家纺行业快速发展的步伐，抢占了先机。

薛氏兄弟的第二个决策，是从办事处模式向加盟商模式转型。

20世纪90年代，由百货公司代销是最主流的销售方式。罗莱在各地设立办事处，由办事处与百货商场交易，先货后款。在1997年的时候，这种模式的弊端日益暴露出来，甚至给罗莱带来生存危机。薛伟斌回忆道：

> 1997—1998年的时候，我们曾经到了亏损的边缘。企业不挣钱了——以前每年都要挣几百万元的，因为欠账太厉害。当时的模式也是重资产，比如我们要开一个城市——一个省会城市，要投资几百万元：要建团队，设办事处，存货要设仓库，再从仓库分到各个商场去，当时资金的压力比较大。管理的压力也比较大——销售员拿的是提成收入，导致好卖的货他卖出去了，不好卖的就成积压。这样，仓库里的货，产品结构越来越不合理。

薛家兄弟意识到，罗莱的销售模式必须转型。两人迅速商量并且一致做出了重大决策：撤销办事处，转型加盟制。他们召集各地办事处的人员，告知大家：第一，只要买断办事处的货品，即可成为当地加盟商；第二，加盟商可以用专卖店和商场两条腿走路，形成双线互补；第三，总部会在标准化和服务支持上全力以赴；第四，罗莱只做加盟，绝不做批发。

这次转型让罗莱抓住了1998—2008年城市化快速发展的10年机遇，其增长速度超越了行业平均增长速度，一跃成为行业领军者。

薛氏兄弟的第三个决策，是转战上海。

随着罗莱迅速发展壮大，人才成了燃眉之急，而南通对于罗莱这条大鱼而言，池子还是小了些。2000年，薛伟斌在南通主持生产经营，建设新厂房；薛伟成则带着研发团队进军上海，此后，70%以上的高级职位都从上海人才市场引进，并招聘各类人才组建营销系统；成立东华大学罗莱研发中心，并长期与上海纺织科学研究院等科研机构开展合作。借助上海的人才、信息和科技优势，罗莱在产品设计、品质和品牌建设方面得到大幅提升，这个时期，罗莱终于打造出自己的核心竞争力。

薛氏兄弟的第四个决策，是推动罗莱上市，成为中国家纺行业第一股。

2006年，薛伟成意识到企业要做大，要规范经营，要创造更多社会价值，上市是最好的选择。2009年，罗莱成功上市，正式进入以资本带动企业发展的快速通道，上市所募集的资金主要将用于家纺生产基地扩建、营销网络建设和研发中心建设。

上市之后，薛氏兄弟最大的感受是所要担负的责任更为巨大，也更为艰巨。能否继续让社会各界保持长期信任，是薛氏兄弟面临的新征程。薛氏兄弟在公司成立20周年的重要节点，再次明确了罗莱不仅仅是销售床品，更是满足客户更高的生活需求。

正是在这个思想指导下，2015年12月，"罗莱家纺"更名为"罗莱生活"，公司发展战略也从家纺企业向"家居生活一站式供应商"转变，围绕家居、生活产业链和相关生态圈进行布局，积极进军智能家居领域。

二 罗莱的"伙伴"文化

前文讲到薛氏兄弟的第二个决策,是决定从办事处模式改换为加盟商模式,他们当时提出的"利益共享、长期共赢"的策略,20年不曾变过。这就是罗莱的"伙伴"文化。

其实早在2000年罗莱进军上海的时候,就采用过类似的战略。当时初来乍到,没有品牌,却要与已站稳脚跟的广东品牌在商场里抢位置,难度可想而知。薛氏兄弟的秘诀就是,把每一个合作者都当作伙伴。双方质量花色都差不多,卖得好与坏,在于另一些微妙的差别——由于地域文化不同和语言障碍,广东企业喜欢走"上层路线",跟商场高层和管理员打好关系,但很少与下面人员沟通,不太顾及一线柜台人员的感受。而销售的关键却是一线营业员。所以广东企业再怎么做公关,实际销售却不好。

"千万不要小看细节的力量。"薛伟斌有亲身体验,他说,"一个拖地板的人跟销售有关系吗?如果清洁工一看到柜台有顾客,就拿着拖把来做清洁,生意还怎么做?再比如,商场仓库保管员。那时新货由仓库统一储存发货,如果仓库人员把你的货压在最里面,售卖时取不出来,损失会很大。"薛氏兄弟的尊重和真心换来了他们的支持。

当薛家兄弟的"伙伴"理念,渗透到业务的每一个层面和每一处细节时,生意便没有理由不顺风顺水。薛氏兄弟也把这种思想延伸到销售渠道。

20世纪90年代家纺的销售渠道主要是以办事处的形式在百货公司代销,但到了1998年,随着百货公司的改制,以及过度扩张导致一些百货公司倒闭,严重依附百货公司的罗莱遭到了致命的打击。危机之下薛家兄弟开始实施渠道变革,撤销办事处,转变为加盟商制度。

> 当时,我们就要想办法找出路了。正好当时有一些服装行业的企业开始做连锁加盟,它们比我们要早一点。麦当劳、肯德基在中

国也开始有了。所以我们觉得连锁加盟这个形式比较好。后来我们就下决心,从 1998 年开始做转型,把原来各地的办事处卖给这些办事处负责人。

薛家兄弟一方面敏锐地抓住了办事处工作人员愿意"自己当老板"的心理,另一方面,解除了他们没有钱的后顾之忧。薛伟斌一个办事处一个办事处地去谈,帮助他们一个一个地转型,并且极大降低加盟的门槛——只要买断办事处的货品,就可以成为当地的加盟商,而且在给到折扣价格的同时,还允许赊账、贷款。薛伟斌说:

> 通过后来两年时间,他们把办事处都卖掉了,卖给了当地的加盟商……他们自己变成了渠道的管理人员,就有精力去发展加盟商。比如说,按原来能力他可能只能做一个省会城市,最多附带周边的一两个地级市。一旦卖掉以后,他就可以去招商,反正具体的经营、零售是由代理商来做的。这样子,他们快速地在当地发展地级市的加盟商,速度一下子就起来了。

薛氏兄弟并非行业内第一个尝试加盟模式的人,却将加盟模式经营得风生水起。原因在于他们建立了一套分工合作、权责明确的工作流程:罗莱公司负责新品研发、品牌打造、产品供给,也就是中后端的服务,前线的加盟商只需要专注终端零售。而终端销售也是标准化的,薛伟斌亲力亲为,帮助加盟商打造样板店、培训销售话术、完善售后服务。

我们通过一组数字能看到加盟商的巨大威力:2000 年,罗莱销售额为 5 700 万元;两年后,依靠近 200 个加盟商,罗莱的年销售额达到 1.7 亿元。"利益共享"成就了加盟商,也成就了罗莱。在薛氏兄弟心中,每一个加盟商都是一根柱子,他们一起顶起了罗莱公司这座大厦。而罗莱对市场和消费者的洞察,很大程度上也依赖加盟商的反馈。

这种风雨同舟的情怀,薛氏兄弟把它落到了行动上,一是给钱,二是养人。

"给钱"指的是从 2016 年开始，罗莱打造了高达 1 亿元的内部信用体系，用以解决新加盟商开店所面临的资金启动难题。但对罗莱而言，这个决定并非易事，因为罗莱是一家上市企业，在财务上既要考虑风险控制，又要考虑现金流。如果贷款过多，会影响公司报表，进而影响市场信心。但薛氏兄弟坚持，只要能确保贷款用于投资新店，就一定给予帮助。

钱到位了还不行，罗莱还要"养人"，他们不遗余力地帮助加盟商提升管理能力。当罗莱在不断转型升级的时候，那些合作几年、几十年的老伙计也没有掉队。而加盟商的升级，也为罗莱的未来增长创造了空间。

> 这两年我们也强化对零售的管控，琢磨怎样有效地帮加盟商提升他们零售的能力，帮助他们建立团队。因为加盟商以前很多是夫妻店，没有团队；没有团队，就没有办法开更多店，跨区域经营就做不到。现在我们就是推动他们把下面的团队建立起来，而且与罗莱总部形成功能上的对接。比如说，公司里面后台各部门，比如说，做商品规划的、做产品陈列的、做营销的，加盟商都需要有相应的专门的人去对接。这样，就可以从夫妻店到公司化运营。

帮助一个个加盟商，从指导他们如何开店、招揽生意，到如何提升经营管理，销售额从百万元做到千万元甚至上亿元，在薛氏兄弟看来度人亦是度己。到 2018 年，在全国 800 余家加盟商中，已有 10% 左右的加盟商家庭，进入了代际交接。也就是说，这些家庭的长辈在和罗莱的合作中发展出了自己的事业，而到了下一代，仍然在做罗莱的生意，这些人被称为"罗二代"。

2009年，薛伟斌（左）、薛伟成（右）上市敲钟
@ 图片来源：企业提供

薛伟斌（左）、薛伟成（右）与罗莱生活下一代接班人薛嘉琛（中）
@ 图片来源：企业提供

三 打造传承基因，从阅读圣贤心法开始

薛伟成、薛伟斌兄弟使用加盟商模式，抓住了家纺业发展的黄金十年，而且最为难得的是，他们还帮助加盟商培养了人才，也培育了下一代。在企业内部，他们有着怎样的传承规划呢？

薛伟斌说：要先多读圣贤心法。

在中国的民营企业中，薛氏家族是较早认真思考家族传承并真正践行者。从2016年开始，他们成立了"家族委员会"，制定了"家族宪章"，完善了传承机制的设计。2018年8月，薛伟斌完成了交棒，由侄子薛嘉琛接任公司总裁。而在这次接班中，文化传承基因起了至关重要的作用。薛伟斌说：

> 一个家族企业的传承，机制当然是重要的，但是建立这个机制的核心，实际上是家族传承的基因，或者说家族的精神财富，就是家族有什么样的使命、愿景、价值观，有什么样统一的信念来做家族的事业，我认为这是更加核心的。

薛嘉琛从小耳濡目染罗莱的一切。2006年大学毕业后，他进入罗莱。从基层做起，在营销、采购、品牌、财务、人力资源及供应链等各个业务板块，做了充分的历练。从2015年起，他被聘任为公司副总裁，后来又成为常务副总裁和公司董事。

在薛嘉琛接班前的两三年，薛伟斌对他的评价是"责任感强，愿担当，愿学习"。但有这些优秀的品质，还不足以成为一名合格的掌舵人。一名优秀的船长，最重要的是要有宏大的格局。所以从2016年10月开始，薛伟斌开始有意与薛嘉琛探讨心灵品质的提升问题，引导他学习圣贤之道。一开始，薛伟斌让薛嘉琛每天至少花半个小时阅读传统文化经典，并且每天记录心得体会，每周他还要一对一亲自给侄子讲解。

从《金刚经》到《论语》再到《道德经》，叔侄交流的内容极其广泛，

他们或者在家里当面沟通，或者出差途中打电话交流，这种互动从未中断。通过阅读圣贤心法，薛嘉琛渐渐明白，自己不能被自己创造的东西束缚，以往的经历能成就自己，但也会禁锢自己，所以应该把心放在"生出更多可能"的创造上。薛伟斌欣慰地感受到侄子的"心"在慢慢变大，看问题的格局和视野不一样了。

薛伟斌也用同样的方法培养家族下一代，他引导子侄们多看传统文化经典，让他们明白心灵蕴含无尽的宝藏，事业要想成功，心量必须大，胸怀也必须大。他说：

> 财富实际上不是传承的，而是不断地创造出来的。而创造财富的过程，实际上是为社会创造更大价值的过程，而不是只为自己享乐。我们从很多百年企业身上看到，虽然他们表达不同，但是内在有很多的相似之处，尤其是他们这种愿意为社会为他人做贡献、创造更大的价值的利他的精神信仰，是我们要建立起来的，而这个恰恰是我们中华文化的精髓。

在薛伟斌看来，企业传承的关键所在，不是富贵名利，而是心灵品质，不是有形资产，而是无形的文化力量。这不是通过利益诱惑或制度设计就能保障的，给下一代只传授经营之术，也能够满足罗莱一时的枝叶生长，但企业的大树要想长久地枝繁叶茂，企业家必须提升心灵品质，遵循"心—道—德—事业"的发展路径。固本才能荣枝，根深才能叶茂，培养出知行合一的接班人，才是家族企业发扬光大的关键。薛伟斌说：

> 一个家族要持续兴旺，就必须为这个社会做更大贡献，而不能计较个人的得失。学习中华文化的精髓——圣贤之道，让他们明白了，人是可以追求更高层面的，不应只满足于物质。

薛伟斌在完成家族企业交棒和治理机制设计后，立下一个誓愿："甘愿尽有生之年，为众多家族企业建立持续传承的伟大基因奉献和牺牲一切，让'富不过三代'成为历史。"2018年，薛伟斌开始了人生的第二次创业——成立明德传承学院，用圣贤的心法，加上现代化的治理模式，教授传承之道。

为什么起名叫"明德"？大家熟悉的是儒学经典《大学》的开篇语："大学之道，在明明德，在亲民，在止于至善。"薛伟斌则从众多圣人心法中总结："明是明理，德是正心，明德寓意知行合一。"

编者说

林则徐曾写过一副对联："子孙若如我，留钱做什么？贤而多财，则损其志。儿孙不如我，留钱做什么？愚而多财，益增其过。"林则徐也写下《十无益》，强调"善、孝、和、学"等，作为家族传承的规范。之后，林氏族人雄才辈出，与这种教育思想不无关系。可见家族传承，思想的传承比财富的传承更为重要，也更为深刻。

家族精神的塑造，是家族企业普遍存在的难题，往往流于表面，成为"无源之水""无根之木"，初看花团锦簇、其乐融融，细瞧没有根基、难经推敲。家族精神的传承有两条至关重要：一是要具体结合家族发展历程和独特气质，二是依附于某种具有强大生命力的文化。

罗莱生活在成长发展中，形成了"伙伴文化"，与加盟商和雇佣方都形成了良好的合作关系，在利益之上注入了一层情感因素，为企业保驾护航。在家族传承上，罗莱生活明确提出了要靠拢中国传统文化，提出学习"圣贤心法"。

方太厨具茅理翔/茅忠群
半部《论语》治方太

肖婧

走进方太的展示大厅,会有一种"违和的统一感"。

作为一个讲究研发的厨房电器高端品牌,方太展示大厅左边还是冷峻的科技之美,右边就是"子曰"的人文之美。在展示墙上,除了茅忠群和企业一众高管的名字、照片,"五个一"的目标赫然在目:"立一个志""读一本经""改一个过""日行一善""行一次孝"。

而这"五个一"目标,或许就是方太稳健前行的秘密所在。

一 方太做高端,首在不贪

在过去很长一段时间内,厨房电器是一个成本和技术含量低而利润却很高的行业,所以涌进很多想挣快钱的人,但早在20世纪90年代,方太就将产品定位为高端厨房电器,并且坚持只做厨房电器,在那个年代可以说相当另类。

且说茅理翔、茅忠群父子的创业史。

早在20世纪60年代,20岁出头的茅理翔开始在当时人民公社开办的福利厂里负责管理工作兼任会计。10 年后，茅理翔又转行做了 10 年供销员。在那个特殊的年代里，茅理翔见证了中国民营经济从萌芽到诞生的第一步。1985 年，45 岁的茅理翔创办了慈溪无线电元件九厂。但第二年，他就遭遇了创业中的第一次危机。当时出现了一拨严重的通货膨胀，茅理翔工厂生产的黑白电视机零配件严重滞销，导致工厂停工、发不出工资。茅理翔不是一个坐以待毙的人，很快，他找到了新项目——点火枪。于是慈溪无线电九厂当年开发，当年投产，当年就获利 20 万元。短短几年时间，茅理翔被誉为"点火枪大王"，最辉煌时，他生产的点火枪独占全球 50% 的市场份额。

回忆起去广交会门口卖点火枪，茅理翔在《生于 1978》节目中如此形容自己：

> 跳上火车像耗子，为什么呢？没有座位，只能钻到座位椅子底下，要睡觉……在广交会门口像要把戏，我手里拿着两支点火枪：一支枪是脉冲枪，"哒哒哒哒"；一支枪是喷火枪，"啪——"喷出了火。看见外商，我就说："Hello, Gas burner！Hello, Gas burner！"我自学了这么点英语。

1994 年对于茅理翔来说是既幸福又痛苦的一年。幸福在于，他创办的"飞翔牌"电子点火枪这一年全球销量第一，产品出口到欧美等国家；痛苦在于，因为电子点火枪门槛比较低，一下子跳出来 30 多家仿制者，所以市场乱成了一锅粥，结果电子点火枪的价格从 1.2 美元 / 支一下子降到 0.3 美元 / 支。

茅理翔对这种恶性竞争深恶痛绝，他意识到，如果不寻找新的出路，自己辛苦创立的这个企业很可能垮掉。他决定转行。

而这一年，也是儿子茅忠群在上海交大读研究生的最后一年。在年夜饭的餐桌上，茅理翔开始说服儿子回家乡慈溪，和他一起第二次创业。面对人生中的二难抉择——是出国留学或者留校，还是回到家乡创业？

茅忠群选择了回家帮助父亲渡过危机。投身于与父亲共同创业的茅忠群把理工男的特质淋漓尽致地发挥出来。在寻找新项目过程中，油烟机行业进入了茅忠群的视线，在第一时间他就确定要走高端、精品、专业化的路线。而彼时中国的厨房电器尚未进入全民普及的阶段，当时整个中国家电业，高端市场几乎都被外国品牌垄断。

这个选择是茅忠群经过市场研究得出的结论，今天看仍有先见之明：一是当时全国虽然已有 250 多家油烟机厂，但基本都挤在中低端打价格战，和点火枪行业有点像，但不同的是，油烟机的发展空间相对更大，技术壁垒相对更高，所以要做就做高端；二是在当时很多行业，高端品牌要面临跟外国企业的竞争，但是油烟机比较特殊，因为西方喜欢吃冷餐，而且没有中餐蒸炸煎炒这么繁复的做法，所以老外设计的产品搞不定中国厨房的熏天油烟；三是油烟机是每个城市家庭厨房的标配，而伴随着中国经济的起飞，人们对于美好事物的追求，将来肯定不仅仅满足于"能用就行"。

在正式设计前，茅忠群首先调研了 500 多名用户，他发现顾客对市面上现有的油烟机产品存在着六大不满：吸力差、噪声大、滴油漏油、拆洗不便、外观难看、不安全。而理工科硕士茅忠群意识到用户的这些痛点绝大部分是因为"工业设计"不过关，他找到两名浙江大学的学生，把要开发的项目作为他们毕业设计的课题，第一款产品就围绕着这六个痛点来打，并一一攻克。方太的新产品一经推出，因为良好的使用体验，尽管定价比同类产品贵 20%，还是挡不住消费者的热情，当年就卖出 3 万台。

方太凭借高端战略，销售额节节攀升。为了保持高端，茅忠群确立了著名的"三不原则"——不上市、不打价格战、不贴牌代工。这在崇尚资本速度和规模的"野蛮增长"年代，这可谓特立独行。

但"三不原则"在 1999 年遭受了挑战。当时，竞争对手开始纷纷模仿方太的产品，一时间，油烟机行业价格战烽烟四起，方太的高端策略受到严重冲击，产品销售额连续 5 个月没有增长。各地销售经理心急如焚，不断催促茅忠群降价以促进销量，甚至跑到"老茅总"茅理翔那里去告状。但茅忠群并没有妥协，他认为高端的路刚走通，如果自降身价的话，之前的努力将毫无意义。

茅忠群再次选择了另外一条出路——研发新产品，通过产品的更新换代把竞争对手甩到身后。在一次出国考察中，他被欧式机优雅的外观深深吸引，决定给它装上一颗"中国芯"。2001年，中国第一款"欧式外观中国芯"的油烟机在方太诞生，新机型的价格不降反升，比之前的机型贵10%，即便如此，销售依旧火爆。

因为执着于高端，方太甚至放弃了种种机会。有一段时间，当地政府希望方太出面整合当地的家电品牌，面对6 000家配件厂和2 000家整机厂，父亲茅理翔动心了，但茅忠群坚决反对。不仅如此，他还拒绝了上亿元的海外代工订单。茅忠群的理由是：方太只能专心做一件事。

对待资本，茅忠群同样冷静，他在《改变世界》节目中说：

> 其实也很简单，就是为了能够更好地专注——专注于自己想做的事情，因为方太是一家由使命、愿景驱动的公司，我希望我们做的所有事情，都是围绕着使命、愿景，而没有其他的因素。这就使产品非常单纯。大家知道，公司如果上市，受资本方、股东方还有股民的影响，是不可避免的。

二 科技的人文基因

大家可能都有过这样的体验：走进一家电器专卖店，一排排都是琳琅满目、闪烁着金属质感的产品，它们长着欧式、美式的面孔，顿时觉得"高大上"。方太也不例外，但是在方太专卖店，在显眼的位置都会摆上几本线装的《论语》等儒家经典。这个中西合璧的场景和谐得让人诧异。

会不会是茅理翔附庸风雅，蹭时下"国学热"的风潮？完全不是，这种中西结合的思想贯穿了整个方太。走进方太工业园区，你会发现，这里居然树立着一尊孔子雕像，布置着200多平方米的孔子学堂，每天早晨8：15—8：30，公司上到管理层下到车间的每一名员工都在诵读国学经典，连门卫大爷都不例外。在方太园区里遇到的每一位员工，他们交接物件时都习惯性地双手递上，上电梯时后行一步自觉排队，即使一个初中文化程度的车间工人，也能随口道出《论语》和《弟子规》中的经典语句。

一家注重科技和研发的现代企业，内核却是最传统的儒学文化，这不能不令人好奇而感兴趣。茅氏父子如何实现"半部论语治方太"的呢？

原来在方太成立初期，茅忠群也曾学习西方管理制度，聘请某些"世界500强"企业的高管来方太任职，并由他们拟定了严格的企业惩治制度。比如，员工的错误按严重程度分为A、B、C三类，对于轻度的C类错误，执行结果很简单，罚款20元了事。几年下来，茅忠群通过观察，发觉这种制度有点不对劲：交了罚款，犯错的人理所当然地认为"我为我的错误买单了"，有人甚至会说"我现在给你40元，明天我还能犯同样的错误"。

儒家思想讲求"齐之以礼，有耻且格"，儒家不喜欢动不动就处罚，因为处罚不会让人"有耻且格"。于是茅忠群就把C类错误取消了，增加了一个小动作：一旦员工出现以往类似C类的错误，公司会让直接主管去找他谈话。几乎没有人喜欢因为自己所犯的小错误而受到主管的"接见"，这会让人感到羞耻，羞耻心让他们会自觉、自愿地改正。"耻感文化"的建立让方太员工的犯错率一年内减少了一半。

通过推行儒家式管理，方太的监督成本大大降低，送礼、吃回扣等腐败行为也少了很多。制度管人，但文化诛心，方太通过一部《论语》完成了价值观的统一。2015年，茅忠群在世界商业伦理论坛上这样说：

> 孔子有句话："道之以政，齐之以刑，民免而无耻；道之以德，齐之以礼，有耻且格。"指出法家也是两条腿走路，一条腿是政令，

另外一条腿是刑罚。这两条腿虽然也能走路，但结果不一样，结果是"民免而无耻"。我的理解是，员工也好，群众也好，他一定会极力避免刑罚的制裁。但是呢，他内心是没有羞耻感的，因为他没有受教育；他内心也没有敬畏感，或者说，他敬畏的不是制度的内容本身，他敬畏的是刑罚——是后面的处罚。

方太内部一直在推行"三品合一"的价值理念，即企品、产品和人品的统一，而且每一个方太人必须接受四个方面的考核要求：传统美德、职业道德、敬业精神、工作能力，其中传统美德就是儒家的"仁、义、礼、智、信"，方太的薪酬福利体系都是以"仁义礼智信"为标准建立的，公司还把价值观判断纳入了绩效考评体系。在内部激励上，茅忠群把更加实在的措施拿了出来，实行全员身股制度——凡是在集团工作满两年的员工，不管是做保洁的阿姨，还是公司的副总裁，都可以获得身股，参与年终分红。

这听起来有点"大锅饭"的意思？其实不然，全员覆盖不等于平均分配，员工根据岗位和绩效获得不同数量的身股。工作时间越久、贡献越大，拥有的身股越多。以前没有身股制时，工人们抱着打工的心态混日子；有了身股制，他们很容易就培养出"股东"意识，主动开始关注质量和成本，次品率和浪费大幅减少。对于设立身股制的初衷，茅忠群说：

最后，讨论到关键环节：这个身股制，覆盖面多大，是覆盖到高层、中高层，还是其他？这个时候，我们就产生了分歧。大家普遍认为，所有的公司都这样，肯定只有小部分人才能享有股份。我就反问大家：我们强调儒家思想，我们提倡仁者爱人，我们说视员工为家人，那凭什么真的有享受的时候，只有中高层享受，基层员工就轮不到？最后，我们决定是全员身股制。

茅理翔家庭照

@图片来源：视觉中国

茅理翔在车间教导茅忠群

@图片来源：视觉中国

儒家重农轻商，但茅忠群却从儒学中提炼出"仁道经营"的理念。"仁"意味着"爱人"。董事长茅忠群认为，方太的一切创新都源于爱人，而爱人，也是儒家文化的核心。

由爱人而生的同情心、换位思考，也表现在产品设计上，方太强调替别人尤其是消费者着想，而不单纯是站在利益层面思考问题。比如说，传统式油烟机会有油烟跑出来，影响家庭主妇的健康，为此他们投入大量的金钱与时间，专门攻克油烟逃逸的问题。再比如，西方的洗碗机都比中国家庭的橱柜高出很多，而一般中国城市的厨房都是比较小的。因此，方太进行了大量的市场调研，研发出水槽式洗碗机，不仅节省空间，还增加了去除果蔬农药的功能。可以说，方太的产品创意始终都是围绕着用户的需求和体验来展开的。

三 "狭路相逢"，儿子胜

茅理翔和茅忠群是中国第一代民营企业"上阵父子兵"的典范。和很多家族企业第二代面临的交接班问题不同，茅氏两代人的交接班从茅理翔第一次创业转型就开始了，父子俩在一起创业中完成了交接班。所以也让很多民营企业家，尤其是找不到接班人的民营企业家好生羡慕。

但是茅氏父子这对传承典范，却是在无数次的分歧和争执中锤炼出来的。

1994年，茅理翔要儿子茅忠群回家共同第二次创业，但茅忠群没有一口答应，而是默默做了三个月的调研，他以一个旁观者的身份去观察父亲的企业，发现了很多问题。为了避免新的创业重蹈覆辙，茅忠群向父亲提出了回归企业的三个条件：第一，必须跳出原有的"飞翔"品牌，另外成立一个独立的品牌；第二，另起炉灶，新公司的人员不能用老员工，也不能用亲戚；第三，关于方太产品方向性的决策，茅忠群要说了算。

茅理翔急着让儿子回来，于是一口答应，但很快，两人就吵架了。

第一次是关于新项目的分歧。当时茅理翔提出搞微波炉，但儿子茅忠群却坚持做油烟机，提出了他经过大半年市场调查得出的三个无懈可击的理由：第一，在当时油烟机是家庭必需品，而微波炉可有可无；第二，微波炉已有外国品牌占领了市场，而外国品牌的油烟机因为烹饪习惯的不同，在中国"水土不服"，国产油烟机又都是国外产品的山寨货，因此高品质油烟机市场前景巨大；第三，现有的油烟机厂家都在忙着打价格战，高端市场还是一片空白。工科出身的茅忠群思维细致严谨，当他把一份完整的书面报告递到茅理翔面前，茅理翔心悦诚服，尊重了儿子的坚持。父亲随即开始筹措安排，让儿子潜心研发新产品。

但不久，对于新企业的名称和产品的品牌名称，父子俩出现了更大的分歧。父亲茅理翔想沿用"飞翔"的名字，除了这个名字已经有了一定的知名度，还藏着另外一个更重要的理由：当年他首次创业遭遇难关时，所幸有女儿茅雪飞辞职下海帮忙得以平稳渡过，取自父女俩名字的"飞翔"，蕴含着父亲对女儿的感激之情。但儿子茅忠群受香港一档美食节目《方太美食》的启发，认为"方太"两个字更合适，"方太"不仅从字面理解"方便太太"，还因笔画简单，好传播，而且作为品牌名"方太"显然比"飞翔"更容易让人关联到产品。这次，父子俩态度都很强硬，僵持了整整三个月互不相让。其实茅理翔内心觉得儿子说得有道理，但感情上过不去，最后聪明的茅理翔夫人出面递了台阶，茅理翔再次做出了让步。1996年，方太厨具正式成立，父亲茅理翔任董事长，茅忠群任总经理。几个月后，茅忠群带队研发的大圆弧形油烟机成功打入市场，基于产品的创新，"方太"这个颇有亲和力的品牌，也很快得到了市场认可。茅理翔在《波士堂》节目上如此说道：

> 实质上我倒是没有什么重男轻女，这也是客观形成的，第一次创业，这个企业品牌我给女儿了，第二次创业是儿子跟我一块儿创业，实质上真正是我在帮助他创业。所以也不存在什么重男轻女，而且呢，我还给女儿更加优惠，她在"方太"有持股，儿子在"飞

翔"还没有持股。

为了让茅忠群更好地接班,父亲茅理翔提出了"带三年、帮三年、看三年"的"三三制"。在这三个"三年"中,茅理翔有了几个新的角色。

第一个角色是稳定器。创业之初,各方关系错综复杂,而其中的火候,不是茅忠群一个初出茅庐的学生能够拿捏到位的,所以当时茅理翔将产品研发权交给了茅忠群,而几乎所有的外界交涉都由茅理翔出面,在那个时期,茅忠群没有主持过一场谈判,也没有签过一笔合同。但是困难时期过去以后,茅理翔自动调整角色,让儿子出面主导,自己只起到辅助的作用。

第二个角色是缓冲器。方太成立之初,为提升销售员的业务能力,茅忠群对营销体制进行大刀阔斧的改革,将传统的销售员制改为分公司制,同时大量引进外部企业销售精英。竞争变得激烈,活儿一下子不好干了,原有的销售员激烈反对,甚至扬言辞职,要用手里的市场去卖别的产品!这个时候茅理翔出面了,他提出"一厂两制、循序渐进"的改革思路:允许一部分业务能力强的销售员继续保留销售员制,但其他人可以自愿实行分公司制。

第三个角色是"白脸恶人"。在茅忠群回到企业的前提条件中,有一条就是"不任用亲戚",这一条本来茅理翔是不同意的,但为了让儿子更好地开展工作,他主动唱起了白脸,让儿子茅忠群唱红脸。

方太集团为了打造国际知名品牌,需要引进国内外优秀人才,塑造任人唯贤的企业形象。为此,茅理翔在1997年公开宣布,整个方太集团除了茅氏父子外,不允许家族成员担任干部。因为这个承诺,茅理翔的夫人和女儿都退出了方太的管理层。

消息刚刚宣布,茅理翔的弟弟就提出在方太担任部长及以上的职位。家庭情感与现代管理的博弈,谁胜谁负? 茅理翔回忆起当时的痛苦煎熬,依旧感慨不已:如果答应弟弟,方太的改革将折戟沉沙;如果坚守承诺,就得罪了弟弟。在召开紧急家族会议后,茅理翔坚决否定了弟弟的要求。因为这事,他的老母亲一边哭、一边骂,呵斥茅理翔飞黄腾达之后忘了亲情。茅理翔在母亲面前跪了10分钟,一言不发,但坚持了自己的决定。

之后的1998年,茅理翔提出了知名的"淡化家族制"理论。他认为,方太集团要进一步发展,必须淡化家族制,"但是淡化家族制是一场痛苦的自我革命,很痛苦"。

2002年,茅理翔把管理权和决策权彻底交给儿子,进入了"看三年"阶段。但仍有人向茅理翔汇报工作,茅理翔顺势开始"逃跑"。他的方法是四处讲学,把自己积累的传承经验向其他民营企业进行推广。这就避免了方太出现两个权力中心。

事实上茅理翔想"看"的,是茅忠群能否扛得起压力和责任,能否稳操企业管理权杖。显然,在前两个"三年"中,茅忠群的表现是令他满意的。茅理翔成了方太集团的名誉董事长,他将自己定位为"顾问"和"参谋",让企业运营管理以茅忠群为中心,全力支持儿子。但他也认为传承是两代人的事情,接班的不应该是茅忠群自己,而应该是茅忠群的团队,这个团队里可以有企业元老,但大多数应该是新鲜血液。茅理翔先生讲道:

> 父母要开明开放,子女要积极担当、勇于承担。"创一代"要认识到,"创二代"潜力巨大,他们只是内心的使命之火和智慧之火没有被点燃,一旦点燃就会迸发出巨大的能量。要充分信任子女。

的确,在创业前期,茅氏父子有着诸多争端,父子相逢,创新者胜,谁有道理听谁的。但是在"传承"这件事情上,茅理翔甘愿做缓冲器和救火队员,并且把得罪人的活儿揽在自己头上。

编者说

根深者叶必茂。

对于民营企业来说，度过 40 多年的高速发展期，尤其是进入新常态后，从片面追求高速增长，到追求高质量发展实现基业长青，成为一个标志性转变。在诸多力量中，可以说"文化"是一种潜在而持久的企业发展动力，可以对抗企业中的"死亡与破产基因"。

选择西方管理制度和选择东方传统文化作为企业基石的人都不在少数，而能切实奉行并实现文化落地的企业少之又少。方太是一个正向的特例。

儒学凝聚力强、集权式管理效率高、知恩图报的价值理念以及比较低的心理契约成本，是方太选择的关键。但方太略胜其他公司一筹的地方在于：使用身股制，成功弥补了儒学激励机制的局限；使用现代化管理制度，克服了儒学任人唯亲的弊端。

选择文化，削履适足，方太在企业应用层面赋予儒学新的内涵。